# いじめの社会理論

## その生態学的秩序の生成と解体

内藤朝雄

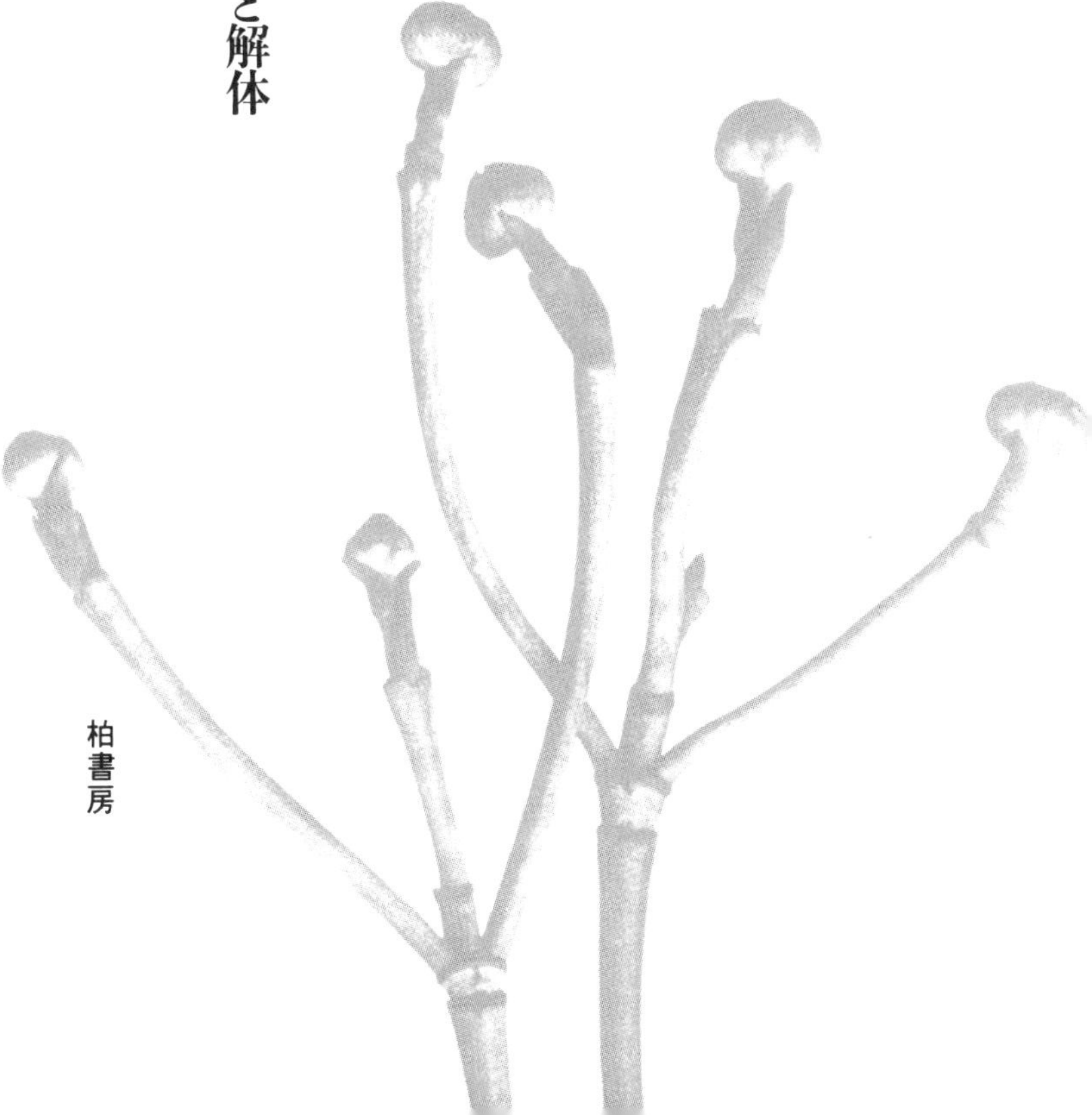

柏書房

# まえがき

実に多くの大人たちがいじめを語りだした。そしてその語ること自体が、大人にとってのいじめの意味を変貌させていく。

大人たちは「子ども」のいじめを懸命に語ることで、実は自分たちのみじめさを語っているのかもしれない。わたしたちの社会では（国家権力ではなく）中間集団が非常にきつい。そこでは「人間関係をしくじると運命がどうころぶかわからない」のである。この社会の少なくとも半面は、普遍的なルールが通用しない有力者の「縁」や「みんなのムード」を頼らなければ生活の基盤が成り立たないようにできている。会社や学校では、精神的な売春とでもいうべき「なかよしごっこ」が身分関係と織り合わされて強いられる。そしてこの生きていくための日々の「屈従業務」が、人々の市民的自由と人格権を奪っている。

大人たちは、このような「世間」で卑屈にならざるを得ない屈辱を、圧倒的な集団力にさらされている「子ども」に投影し、安全な距離から「不当な仕打ち」に怒っている。「子ども」のいじめは、自分の姿を映し出すために倍率を高くした鏡として、大人にとって意味がある。わたしたちはその投影をもう一度自分たちの側に引き受け、美しく生きるためには闘わなければならないことを覚悟すべきである。

問題はわたしたち自身だ。

本書は学校のいじめや、その生活空間の構造的な生き難さを主題とするが、大人も子どもも含めた自由な社会への関心に貫かれて編まれている。

第一章ではまず、大人社会の生きがたさを考えながら中間集団全体主義という概念を提出し、それと関連づけながらいじめ研究の射程を論ずる。

第二章では学校を舞台にしたいじめの問題に入り、生徒たちがどのような「世間」を生き、そこでどのような現実感覚や秩序感がつくられるのかを心理‐社会的に分析する。そこではまず当事者「なり」のローカルな社会秩序を典型的な事例に即して描く。次に全能追求のメカニズムを原理的に考察する。そしてローカルな社会秩序に埋め込まれた他者コントロールの形態によってこの全能追求が具現（具体的に現実化）されるメカニズムが、ひるがえって、当のローカルな社会秩序生成の原理に折り込まれる、心理‐社会的なループを描きあげる。

ところで第二章では、本書で展開するさまざまなアイデアの萌芽が折りたたまれ、圧縮されている。第二章が難解であっても一通り通読し、そこで現れた萌芽が本書全体で螺旋状に反復され、個別領域で受肉化し、展開していくプロセスを辿っていただきたい。本書ではいたるところに重複がみられるが、それはこの螺旋状の展開のために必要な重複である。できれば本書全体を通読した後に、もう一度第二章を熟読されたい。

第三章では、まず秩序の生態学モデルの概略を提示する。次に、学校共同体主義の教育政策のもとで構造的に強いられる隷従的な生活環境を分析する。そしてこの分析をもとに、「それでは今すぐできる対策としては、この現状をどうしたらよいのか」という実践的な要請に応えて、短期的な（今すぐできて、はっきり効く）いじめ対策の処方箋を提出する（中長期的な根本的教育改革案については第九章で展開する）。

ところでいじめ研究の射程は広い。いじめ研究は、心理社会学とでもいうべき心理と社会の接合領域を開くいわば学問領域形成的な成長点となる。Ⅱ部では、その接合領域に焦点を当てる。第四章ではIPS（Interpersonal Intrapsychic Spiral）という理論枠組を提示する。第五章では精神分析学の知見から抽象形式を抽出し、それらをIPSのミクロモデル部門に埋め込む試みを行う。第四章と第五章は、第二章の理論的前提部分を詳しく展開したものとなっている。

Ⅲ部では、利害と全能の接合部分に展開する権力の問題に焦点を当てる。第六章では権力の利害‐全能接合モデルを提出し、この権力モデルにもとづく臨床的政策を構想する。第六章は、本書の後に展開するさまざまな研究の出発点となるだろう。第七章では、利害‐全能接合モデルをDV（ドメスティック・ヴァイオレンス）に適用した。この議論は（たとえば、セラピー中心主義などの「こころ」系の隘路を塞ぎ）錯綜するDV論にクリアーな指針を与えるだろう。

Ⅳ部では、これまでいじめを手がかりに浮き彫りにしてきた生きがたい社会を、別のタイプの社会へと変更するプランを具体的に提出する。第八章では、改革の根本原理となるべき自由な社会の構想を提出する。そして第九章では、このリベラリズムの原理にもとづく新たな教育制度の骨子を提出する。これは二一世紀の日本にとってなくてはならない（そしてこれしかありえない）、中長期的な教育改革の姿である。Ⅳ部は教育制度の原理的改革を主題としているが、その論理は大人社会全般に適用可能である。

本書では二つのことが同時になされる。一つは、学校や教育の問題に対する深い現状分析と改革案を提示する仕事である。この仕事に重ね合わせながら、二つめの仕事が立ち上がってくる。それは、これから実現すべき自由な社会の構想である。学校のいじめにスポットライトを当てた本書は、日本に自由な社会を築く未来構想の序説にもなっている。

著　者

いじめの社会理論◉目次

まえがき

I部◆いじめの社会関係とそのマクロ環境

第一章　イントロダクション――中間集団全体主義といじめ研究の射程……13
1　中間集団全体主義　14
【事例1・近所の人たちが狼に】
2　いじめ研究の射程　25
3　いじめ概念およびいじめ対策に関する若干の諸問題　27
【事例2・クラスメイトの玩具】

第二章　いじめの社会関係論……39
1　いじめが照らし出す問題領域――独自の社会秩序と体験構造　40
【事例1・遊んだだけ】
【事例2・先生なんかきらいだ】
【事例3・ばっさり】
【事例4・学校のヨブ】

2　体験構造‐社会秩序群の生態学的布置モデル
　――従来のいじめ論の隘路をたたき台として　47
【事例5・他罰的？】
【事例6・子どもの〝自己開発セミナー〟】
3　基礎理論　57
①体験構造とIPS　58
②α‐体験構造　60
③β‐体験構造とβ‐IPS　61
4　全能筋書ユニットの圧縮‐転換モデル　69
【事例7・ヘルとクネヒトの弁証法】
5　投影同一化と容器――癒しとしてのいじめ　78
6　「タフ」の全能、「タフ」の倫理秩序　81
【事例8・いじめてける人は先生だ】
7　利害‐全能マッチング　87
【事例9・普通生活してるなかで、人のこと……】
【事例10・素直《すなお》】
8　容器の共同製作・共同使用とそれにもとづく社会秩序　93
9　いじめを契機とした自己産出的なシステム　97

第三章　制度・政策的に枠づけられた学校の生活環境と、その枠を変更することによっていじめ問題を解決する処方箋（即効的政策提言）……105

はじめに　106

1　問題解決アプローチのさまざまな水準とその位置づけ　107

【事例１・学校なんていかなくていい】

2　ローカル秩序の生態学的布置とその制度・政策的マクロ環境　112

【事例２・フシギな気持ちです】

3　共同体主義の制度・政策をマクロ環境とした学校の心理－社会的生活空間　119

【事例３・いつも人の行動に注意してびくびく生きている】

【事例４・ベンちゃん】

4　生活環境の制度・政策的なマクロ枠を変更することによって、いじめ問題を解決する処方箋（即効的政策提言）　138

II部◈心理と社会の接合領域――心理社会学の構想

第四章　心理と社会をつなぐ理論枠組と集団論――デュルケムの物性論的側面を手がかりに……151

1　心理と社会の接合領域　152

2　デュルケムの物性論的側面　155
3　IPSと集団的全能具現モデル　159
①IPS　159
②集団的全能具現モデル　164
4　非行少年グループのフィールドワークへの適用　167
①事例　167
②分析　171

第五章　精神分析学の形式を埋め込んだ社会理論……175

1　IPSの有用なミクロモデルを心理系隣接諸領域から抽出すること　176
2　精神分析学の批判的検討とモデル抽出の原理　177
3　体験構造具現モデル　179
4　〈欠如〉からの全能希求構造　183
5　内的ユニットモデル　187
6　投影同一化と容器－内容　192
7　全能憤怒　195
8　全能ユニットの圧縮－転換モデル　197
9　集団　200

III部◆権力・全能・制度


**第六章　利害－全能接合モデルと権力論そして政策構想へ**……207
1　合理的選択理論から利害と全能の接合モデルへ　208
2　利害と全能の接合に関する一般モデル　211
3　「弱い輪」としての利害と全能の接合面　216
4　利害と全能の接合という観点からの権力論　219
5　臨床的な政策　222

**第七章　利害と全能を機能的に連結する技能**
**──市井のバタラーに取り組むための分析枠組**……227
はじめに　228
1　DV問題　229
2　ホルツワース・マンロウらによるバタラー研究　232
3　批判的検討と別の理論的可能性　236
4　事例　240
5　市井のバタラーを特徴づけるもの
──全能図式と利害図式を機能的に連結する技能　245

## Ⅳ部◆自由な社会の構想と社会変革


**第八章　自由な社会の構想**……253
はじめに　254
1　ノージックによる自由な社会の構想　256
2　多元的共同体主義から多様なきずなユニット群のリベラリズムへ　259
3　自由な社会の構想　262

**第九章　新たな教育制度（中長期的改革案）**……275
【未来の少年　その1・チケット制と市民クラブ】
【未来の少年　その2・自由な試行錯誤によって自分に馴染む旅】

**引用文献一覧**

あとがき


装幀　高麗隆彦

# 第一章

## イントロダクション——中間集団全体主義といじめ研究の射程

# 1　中間集団全体主義

全体主義というとき、今までもっぱら問題にされてきたのは国家レベルの全体主義だった。たとえば、ナチズムや戦前の天皇教国家主義といった右翼全体主義にしても、旧ソ連や北朝鮮といった社会主義圏の左翼全体主義にしても、これまでは国家悪として問題にされてきた。

こういった国家悪としての全体主義に対して防波堤になるのが中間集団だと言われてきた。自治や共同といった概念は、戦前の國體や皇室と同様、無条件に肯定されがちだった。われわれは団結し自治の空間を築きあげ、それを砦として全体主義あるいは国家悪と闘わねばならない、というわけだ。これは、社会・思想系の書に親しむ者なら一度は耳にしたせりふである。だがこの紋切り型はうたがわしい。

ナチス・ドイツや天皇教日本帝国や社会主義国家群は、一見中間集団を破壊し、巨大な国家と個人(1)との二極構造のもとで強大な支配をおこなったかのようにイメージされがちであるが、実際には違う。これらの全体主義社会では、中間集団が個人に対して過度な自治と参加を要求する。そして個人に対して徹底的な締めつけを行う。たとえば戦前の天皇教国家主義を考える場合、次の二つの側面の両方を視野に入れなければならない。

①全体主義国家による人々への圧制的支配の側面。
②自治と共同を煽り立てる制度・政策的な環境条件のもとで、民衆が、「われわれ」の共同性あるいは共通善から離れているように思われる（あるいはそういうものとしてターゲットにされた）隣人をつるしあげ、ひどい場合には血祭りにあげる側面。

この二つだ。

たとえば戦時中には、地域コミュニティの自治と共同が過酷に強制された。生活物資の分配や労働力の提供といった基本的な機能まで、そのかなりの部分が市場から地域コミュニティに担われるようになった。これが隣組制度だ。

戦時中に近隣関係が組織化され、さまざまなイベントとともに「公」に献身する共同体的様式が強制されたとき、いままで潜在化していた妬みや悪意が解き放たれた。適度に物象化された市場と法に隔てられて、各自が適度な距離をおきながら私的な幸福を追求していたころには、決して起こらなかったようないじめが頻発した。

たとえばある六一歳の女性は、隣組の防空演習や行事でいじめられていた母がストレス死した体験を、新聞に投稿している（『朝日新聞』一九九一年一二月二日）。

**【事例1・近所の人たちが狼に】**

父が英字新聞を読んでいたり、娘二人がミッション系の私立女学校に通っていることが、かっこうの口実にされたのでしょう。子供を産んだばかりの母なのに、水を入れたバケツを持ってはしごを登らされ、町内のおじさんに怒鳴られながら、何度も何度も屋根に水をかけていました。もともと心臓が弱かった母は、その秋、一五日ほど床に伏し、あっという間に亡くなりました。（中略）防空演習で普通のおじさんが、急にいばりだしたり、在郷軍人が突然、権力をふるいだし、母が理由もなく怒鳴られているのを見て、非常に不愉快でした。私は昔を思い出させる回覧板が嫌いです。白い割烹着《かっぽうぎ》を見ると身震いがします。命令口調の濁声《だみごえ》のおじさんは、もっと嫌いです。ニコニコ愛想いいお店のおじさんを見ても「いつ、あのころのように変わるか知れない」と、いまだに心を開くことが出来ません。

この投稿者は、結局空襲で家を焼かれて、一家離散の憂き目をみた。彼女の身には、上からは国家の爆弾が、横からは隣組の「われわれ」が降ってきた。

上記事例が示唆するように、全体主義のさまざまな側面のうち、次の二つの側面を両方視野に入れる必要がある。

①空襲やアウシュビッツや特高（特別高等警察）のように国家が個人を直接圧殺する側面。

②「われわれ」の「パブリック」への強制的な献身要求、そしてこの献身を自己のアイデンティティとして共に生きる「こころ」の強制、さらに「パブリック」を離れたプライベートな自由や幸福追求(2)への憎悪、といったものが草の根的に沸騰する共同体的専制の側面。

この二つである。

戦争や革命や民族紛争のさなかに、そして職場や学校や地域が共同体化されるとき、かなりの人々はこんふうに悪のりして、生き生きと共に響き合って生きる。

「パーマネントはやめませう!」
「おまえはこの非常時に女と歩いておったな、国賊め!」
「けしからん、けしからん、けしからん、けしからん、けしからん、うらやましい、けしからん!」。
「御国のために一致団結というので距離が近くなってはじめてわかった。おれたちとまともにつき合いもせず距離をおいて、おれたちより楽しそうに暮らしていた、おまえたちが憎かった。いまがチャンスだ、やってやる。ざまあみろ!」

上で紹介した投稿者の母は、この「今がチャンスだ、やってやる。ざまあみろ!」でやられてしまった。

適度に物象化された市場と法によって、個人が距離を調節する自由が保証されている市民社会では、彼らもそれなりに善良な人たちだ。だが市民状態を超えようとする共同体や諸関係のアンサンブルが運命として降ってくるとき、彼らは一変する。「ニコニコ愛想いいお店のおじさん」が狼に変身する。

戦時中の日本では、町会ごとの分団、さらに隣組ごとの班といった単位で若い人たちに自治と共同を強制する大日本少年団が制定された。すると、もともと学校制度のもとで蔓延しがちないじめが何倍にもエスカレートし、さらに疎開などで共同生活をするようになるといじめは地獄の様相を呈した。

精神科医の中井久夫は、自分が大日本少年団で酷いいじめを受けた体験を綴っている（中井、一九九七、二〇一―二二ページ）。そこには暴君ともいうべきリーダーを中心とした自治的な世界ができあがっていた。空襲でいそがしくなると残酷な「子ども」集団とのつきあいが減るので、空襲は少年にとってちょっとした解放の意味をもっていた。戦争が終わり大日本少年団がなくなったときのことを書いている次の一文は、重要なポイントを的確に示している。

「小権力者は社会が変わると別人のように卑屈な人間に生まれ変わった」（中井、一九九七、二二ページ）

今までこのタイプのエピソードは、状況次第で人が変わってしまうのがなさけない、といったふうに受けとられてきた。そして人間存在の醜怪さについての問いが反芻された。

しかし筆者は、このような豹変を希望の論理として受けとめる。適切に制度・政策的な環境条件を変更すると、小権力者が卑屈な人間に生まれ変わり、いばりちらしていたのがニコニコ愛想いい近所のおじさんになる。こうして多くの人々が「隣人＝狼」の群から被害を受けずにすむようになる。

大切なことは、群れた隣人たちが狼になるメカニズムを研究し、そのうえでこのメカニズムを阻害するような制度・政策的設計を行うことだ。このような政策を、学校、地域、職場組織、民族紛争地域といったあらゆる領域で実施することで、多くの人々が共同体的専制から救われる。

ここで中間集団全体主義という新しい概念を提示する作業に入ろう。

全体主義概念は、個に対する全体の圧倒的な優位、および個の人間存在が包括的に全体に埋め込まれることを強制する社会体制というコア以外は、状況の要請に応じて輪郭や用法を変えてきた実践的な概念である。

これまでは国家に焦点を当てた概念規定がなされてきたが、その限りでは全体主義概念の重要性は低下してきており、現在使用される頻度も減ってきている。しかし、新しい状況の要請にもとづく新しい輪郭づけによって、全体主義概念を再活性化させることができる。

論者は国家と個人の間にある領域に焦点をあてるために、あえて強調点をシフトさせて、中間集団全体主義という新しい全体主義概念をつくった。それは、従来の国家全体主義と背反するのではなく、重ね合わせて用いることができる。

説明しよう。全体主義の価値的基本テーゼは次のようなものだ。

「個人は全体の側から自己が何者であるかを知らされるような仕方で生かされ、全体に献身する限りにおいて個人の生は生きるに値するものになる。当然、このような善い生き方は個人に強制すべきである。個人の自由と全体の共通善が対立する場合は全体の共通善を、個人の権利と全体のきずなが対立する場合は全体のきずなを優先すべきである。」

今までの全体主義概念では、この「全体」のなかみは国家であった。このような基本価値を組織的に強制する国家中心の全体主義を国家全体主義と呼ぶことができる。国家全体主義の価値的基本テーゼは次のようなものになる。

「個人は国家の側から自己が何者であるかを知らされるような仕方で生かされ、国家に献身する限りにおいて個人の生は生きるに値するものになる。当然、このような善い生き方は個人に強制すべきである。個人の自由と国家の共通善が対立する場合には国家の共通善を、個人の権利と国家のきずなが対立する場合は国家のきずなを優先すべきである。」

国家全体主義はこの基本価値と、それを人々に押しつける独裁的な統治機構から成っている（かつての南米諸国のように国家が独裁者に支配されていても、人々の日常生活が国家的共通善への献身に動員される傾向が少ない場合は、独裁的な社会であっても全体主義社会ではない）。ナチズムもスターリニズムも天皇教国家主義も、民族とか共産主義とか天壌無窮の我が國體といった国家の共通善に献身する行として、人々の日常生活を細かく野蛮なイベントに埋め込んでいった。

戦後日本社会は、先進国水準の民主的統治機構を完備している。しかし現代の日本社会では、多くの人々が（機能集団ではなく）共同体への人格的献身として学校や会社への参加を強いられ、人格的自由あるいはトータルな人間存在を収奪され、きわめて酷いしかたで隷属させられるといった事態が生じた。このような事態はあきらかに全体主義のコアにあてはまっているが、国家に焦点を当てた従来の全体主義概念では理解不能である。国家全体主義は、全体主義の「全体」に国家を代入したものだが、戦後日本社会に行き渡った全体主義はこの「全体」に学校共同体と会社共同体を代入したものと考えることができる。つまり戦後日本社会では、国家から学校や会社といった中間集団共同体に全体主義の座が移動したのである。[3] するとこの全体主義の価値的基本テーゼは次のようになる。

「個人は共同体の側から自己が何者であるかを知らされるような仕方で生かされ、共同体に献身する限りにおいて個人の生は生きるに値するものになる。当然、このような善い生き方は個人に強制すべきである。個人の自由と共同体の共通善が対立する場合は共同体の共通善を、個人の権利と共同体のきずなが対立する場合は共同体のきずなを優先すべきである。」

もちろんこういう言説が蔓延しているだけで、その社会を中間集団全体主義ということはできない。これは中間集団全体主義の基本価値の側面であるが、これだけでは中間集団全体主義の社会状態は成立しない。[4] ちょうど国家全体主義が、その基本価値を実現するのに一党独裁とか法を超越した暴力装置といった条件を必要としたように、中間集団全体主義もその繁茂のための制度・政策的な環境条件を必要とする。

中間集団全体主義の定義は次のようなものだ。

**各人の人間存在が共同体を強いる集団や組織に全的に埋め込まれざるをえない強制傾向が、ある制度・政策的環境条件のもとで構造的に社会に繁茂している場合に、その社会を中間集団全体主義社会という。**

ここで制度・政策的環境条件のところを、もう少し具体的に説明してみよう。

最近は衰退のきざしがみえるが、日本の会社や職場組織には、家族ともども従業員の全生活を囲い込み、生活のすみずみまで隷従を強いる傾向があった。企業は従業員を学童のように扱ったり、プライバシーに深く立ち入った「生活指導」をしたりした。また家族が会社に隷属する社宅での生活は異様なものだった（木下、一九八八）。社畜という言葉がはやったのは、それほど昔のことではない。

こういったことは、たまたま運悪くひどい職場に勤めたから起こる、といったことではない。日本社会の特殊な制度・政策的環境条件下で、このような会社や職場組織が生態学的に大繁殖したのである。

井上達夫は戦後日本社会について次のように論ずる（井上、一九九五、二九四－三一五ページ）。

日本社会は高度産業資本主義に共同体的組織編成原理を埋め込んで、経済成長を続けてきた。国家は中間集団の集合的利益の保護や調整のために介入することには積極的だったが、中間集団内部の共同体的専制から個人を保護するために介入する仕事をしようとはしなかった。日本の統治原理上意図的に、中間集団共同体から個人を保護する目的では、法が働かないようにされた。その結果、中間集団共同体は利権に関しては国家に強く依存していても、集団内部の個人に対して非法的な制裁を実効的に加えることができ、内部秩序維持に関してはきわめて強い自律性を有することになった。中間集団共同体は従業員に対する人格変造的な「教育」「しつけ」を好き放題に行うことができ、従業員の人格的隷従を前提として、組織運営を行うことができた。

社畜化ともいうべき悲惨な人格的隷属のひとつひとつは、こと細かく政府によって計画されたものではなかったかもしれないが、ある一定の制度・政策的条件のもとで社会に繁茂し、これを政府は放置した。

| | 国家全体主義〈強〉 | 国家全体主義〈弱〉 |
|---|---|---|
| 中間集団全体主義〈強〉 | ① → | ② |
| 中間集団全体主義〈弱〉 | ③ | ④ |

①国家全体主義と中間集団全体主義とが両方とも強い
②国家全体主義が（相対的に）弱く、中間集団全体主義が（相対的に）強い
③国家全体主義が（相対的に）強く、中間集団全体主義が（相対的に）弱い
④自由な社会

**図1-1　全体主義**

もちろん日本は、国家というレベルで考えると、言論の自由が保障されており、複数政党制の民主的な選挙が行われている先進国である。しかしここで、国家全体主義の旧ソ連の労働者と、中間集団全体主義の日本の会社員とを比較してみて、どちらの人間存在がトータルに全体に隷属しているか考えてみよう。社畜コミュニタリアンのきめ細かい忠誠競争やアイデンティティ収奪の方が、クレムリンのビッグブラザーよりもはるかに深く市民的自由を奪い、肉体と魂を全体に埋め込む強制に成功しているのかもしれない。

以上が、会社や職場組織を事例とした、中間集団全体主義の説明である。

ここで中間集団全体主義という観点から、戦後日本社会について考えてみよう。戦中の日本社会は、国家全体主義も中間集団全体主義もきわめて強かった。戦後日本社会は国家全体主義がおおむね弱体化したにもかかわらず、学校と会社を媒介して中間集団全体主義が受け継がれ、人々の生活を隅から隅ま

でおおいつくした社会であった。

全体主義を整理すると、図1‐1のようになる。国家全体主義を縦糸、中間集団全体主義を横糸とすると、その組み合わせから四つの場合を考えることができる（この縦糸と横糸は互いに補強しあっているが、相対的に強弱を考えることができる）。

日本社会は図1‐1の矢印（↓）が示すように、戦中から戦後に①から②のタイプ[5]に変わり、現在この中間集団全体主義が厳しく問われている。

さて、学校は会社とともに日本の中間集団全体主義を支えてきた。日本の学校は若い人たちに共同体を強制する、いわば心理的過密飼育の檻[6]になっている。次節では、中間集団全体主義と関連づけながらいじめ研究の射程について説明し、3節ではいじめ概念およびいじめ対策に関する若干の諸問題を論ずる。

## 2　いじめ研究の射程

いじめ研究はまずもって、実践的な要請に応えるものである。いじめそのものが及ぼす被害は甚大であり、被害を受けた人の大きな苦しみ、周囲の人たちの不安といったものは一目瞭然だ。またいじめが蔓延している場で人々は、いじめ、あるいはその不安な予期を埋め込んだ「自分たちなり」の秩序をつくってしまい、その秩序を「あたりまえ」と思って生活する。このような小社会の秩序が蔓延することは、きわめて有害である。いじめはそのときだけの問題ではなく、何年、何十年先の悪い影響もはかり知れない。

いじめ研究は、①いじめそのもの、および、②いじめが生活体験領域に(a)事実として(b)話題として(c)その不安な予期として差し挟まれる事態に応答するさまざまな営為（これらをいじめ関連諸事象と呼ぼう）に着目する。そして、①いじめそのもの、②いじめが起こっている集団の秩序、③あるいはいじめは起きていないが人々に息苦しく迫ってくる集団の秩序の、④そしてそのような秩序の場を生きる人々の現実感覚の、かたちや働きを明らかにする。

学問的な関心という観点からいえば、いじめ研究は、さまざまなタイプの秩序形態を次々に発見していく可能性に満ちた領域だ。人々は多かれ少なかれ、日々コミュニケーションを通じてローカルな秩序を生み出しながらその中で暮らしているが、こういった社会秩序のかたちや働きには未知のものがたくさんある。いじめ研究は、これらのかたちや働きを発見するのに役立つ。そのうち特に著しいのは、これまで感じられてはいてもそのものとして分節的に描くことができなかった、群であることの様々な「生き難さ」を明るみに出すヒューリスティックな性能である。

また、いじめやいじめを埋め込んだローカルな秩序化は、心理水準と社会水準が不可分かつダイナミックなループをなす局面の典型例ともなっている。それゆえいじめ研究は、心理社会学とでもいうべき心理と社会の接合領域を開くいわば学問領域形成的な成長点となる。

いじめ研究は中間集団全体主義を索出するマーカーの役割を果たす。またいじめ研究は中間集団全体主義を抑止するプロジェクトの出発点に位置する。このプロジェクトは、自治体や政府や国連のバックアップのもとで、①群れた隣人たちが狼になるメカニズムを研究し、②このメカニズムをブロックする制度と政策を設計し、③これを、家族、学校、地域、職場組織、民族紛争地域といったあらゆる領域で実施する。

このようにいじめ研究は広い射程を有する。

## 3　いじめ概念およびいじめ対策に関する若干の諸問題

いじめは若い人たちに特有のものではない。いじめはどんな社会集団にも生じる。たとえば、国会議員の間でもおこる。女性のための機会均等局の職員が同性愛の女性ばかりで、異性愛の女性職員がいじめ抜かれて職場を追い出されるといったケースもある（Randall, P. 1997: 15-17）。一定の制度・政策的環境条件下では、老若男女あらゆる集団でいじめは蔓延する。もちろん教員が生徒を迫害するのもいじめであり、親が子どもを虐待するのもいじめである。

いったい何から何までがいじめなのだろうか。いじめのような臨床的な概念は、実践的な要請に応じて、日常語から可能性を引き出すようなしかたで操作的に定義すればよい。

本書でのいじめ定義は、最広義の場合、A「実効的に遂行された嗜虐的関与」だ。狭義の場合は、B「社会状況に構造的に埋め込まれたしかたで、実効的に遂行された嗜虐的関与」だ。いずれにせよ、概念のコアにあるのは、加害者側の嗜虐意欲だ。それが加害者側の行為を通じて被害者側の悲痛として現実化し、その手ごたえを加害者側がわがものとして享受する。これが「実効的に遂行された関与」ということの意味である。ただ、これだけだと突発的な通り魔のようなものも入ってしまうので、狭義の方には「社会状況に構造的に埋め込まれたしかたで」を加えた。多くのいじめ論者が注目する反復性は、社会状況に構造的に埋め込まれることによって生じる。さらに集団に焦点を当てる問題関心[7]から絞り込めば、C「社会状況に構造的に埋め込まれたしかたで、かつ集合性の力を当事者が体験するようなしかたで、実効的に遂行された嗜虐的関与」、という最狭義の定義になる。たとえば小学校低学年によく見られる、グループを組まない乱暴者による純粋な一対一のいじめは、学級制度(被害者は制度的に帰属を強制され、加害者との関係を切断することができない)という社会状況に構造的に埋め込まれていても、集団に焦点を当てる問題関心からは外れる。この場合、AやBの定義に当てはまっても、Cの定義からは除外される。

このように定義すると、いじめは学校の若い人たちだけの問題ではなく、より広い概念になる。というよりも臨床的な概念は、全体主義の概念規定と同様に、実践的な要請にもとづいて描きあげるものだ。日常語に由来する概念の意義は、その実践的な成果によってはかられる。どう考えても職場組織や老人施設や民族紛争地域で構造的に生ずる嗜虐を無視してよいわけがない、というのがこの輪郭づけの実践的根拠だ。臨床的な概念を定める作業と問題を構築する作業とは、相互に埋め込み合っている。

さて、最近までいじめは日本特有という先入観があったが、一定の環境条件下では世界のあらゆる地域で蔓延し得る。たとえば、日本よりは先進国として成熟しているように思われがちなイギリスや北欧圏でも、学校が若い人たちの生活をトータルに囲い込む共同体のようなスタイルをとっているので、いじめのひどさはかなりのものだ。スミス（Smith, P. K.）とシャープ（Sharp, S.）によれば、イギリスでは毎年六〜七人の若い人がいじめで自殺している（Smith, P. K. & Sharp. S. eds: 1994 = 1996: 10）。イギリスの人口がだいたい日本の半分であることを考えれば、それはかなりの数である。オルウェーズ（Olweus, D.）によれば、ノルウェーでは生徒の七人に一人がいじめに関わっており（Olweus, D. 1993: 13）、スウェーデンのいじめはもっとひどい（Olweus, D. 1993: 21-23）。彼は新聞記事から次のような事例を取り上げている。

【事例2・クラスメイトの玩具】

一三歳のジョンは、二年間にわたってクラスメイトたちの玩具にされた。ジョンはカツアゲされ、雑草を食わされ、洗剤入りの牛乳を飲まされ、便所で殴られ、首にひもを結ばれ、「ペット」として引き回された。取り調べを受けた加害者たちは、「おもしろいからやった」と答えているそうだ。(Olweus, D. 1993: 7)

一三歳ぐらいになれば、「やっても大丈夫」な状況であれば、かなりの者がこれぐらいのことを平然とやる。大事なことは、なぜ「やっても大丈夫」な状況が二年間にもわたって続いたのか、なぜ学校が「やっても大丈夫な特別な場所」と受けとられ（状況定義され）てしまうのか、ということだ。これは制度・政策的な環境条件のせいであるといってもよい。

大切なことは、どういう制度・政策的環境条件下で、どういうタイプの集団に、どういうメカニズムでもって、いじめが蔓延しやすくなるか、ということだ。

たとえば江戸時代の薩摩藩は、地域コミュニティを舞台として青少年（稚児《ちご》、二才《にせ》）を濃密に囲い込む、独特の自治的集団教育（郷中教育）を振興していた。この場合、稚児や二才たちがくりひろげるマッチョな暴力（そしてあの有名な同性愛）は、学校（藩校）ではなく、地域（郷中）を舞台にしていた。

それに対して現代の日本では、青少年のいじめの多くは学校を舞台としているか、学校を培養基にして地域に漏出している。これは一定の制度・政策的環境条件のなせるわざである。

世界のさまざまな地域や歴史上のさまざまな時点を比較研究してみると、いじめの培養基の所在と制度・政策的環境条件との関係が明らかになってくるだろう。

二宮皓によれば、世界の学校は、①若い人の生活をトータルに囲い込むことを期待されるタイプ（英米型）と、②もっぱら勉強を教えることを期待されるタイプ（大陸型）と、③学校ではなく地域集団のほうで集団主義教育をするタイプ（社会主義型）の三つに分類することができる。アメリカ、イギリス、オーストラリア、そして北欧圏の学校は、若い人たちを濃密に囲い込むタイプ（英米型）であり、それに対してドイツやフランスの学校は、そういうことを期待される傾向が相対的に小さい（大陸型）（二宮皓編著、一九九五、四－五ページ）。

しかし世界の国々の教育政策は錯綜しているので、「英米」とか「（ヨーロッパ）大陸」といった名前よりも、学校共同体型とか学校教習所型[8]といった機能を示す名前の方がよい。社会主義型は、地域軍団型に改めた方がよい（薩摩藩を社会主義型とよぶのはおかしい）。

またこれらの類型は、イギリスやドイツやフランスといった実際の国々の錯綜した教育政策を示すものではなく、限りなく複雑な現実を一定の観点から測るための理念型（Weber, M. 1904）とみなした方がよい。理念型は現実から引き出された傾向を限りなく純化して生み出された類型である。これらの類型が示す傾向は、現実には多かれ少なかれ混ざり合っているが、その程度や混合形態を評価するための理念的な「ものさし」として用いることができる。

教習所型の場合、基本的に学校は乱暴なことを「やっても大丈夫な居場所」ではない。学校は共同体とみなされないので、自分たちのムカツキを受け止める容器[9]、あるいは包み込む子宮のような空間とはみなされない。暴れたらあっさりと法的に扱われ、学校のメンバーシップもあっさりと停止されがちである。それに対して日本は、学校共同体型の極端に突出したタイプであり、その極端さが「日本的」と呼ばれてきた。

ここで予備的に学校共同体型あるいは学校共同体主義の弊害を考えてみよう[10]。

ムカツクとかキレルといった表現には、子宮の中で胎児がただれてしまってどうしようもないといったニュアンスがある。こういった気分の者たちの未分化な憎悪は、通常の欲求不満やストレスとは質的に異なる。人間が最も残酷なことをしつこくできるのは、こういうただれた胎児の気分を生きる者たちが群れたときだ。

こういった「荒れ」というよりも「ただれ」といった方がよい気分は、共同体を無理強いされた者たちのあいだで蔓延する。なぜ一緒にいなければならないのかわからない者たちと、心理的な距離をちぢめさせられ、共に響き合う身振りを毎日やらされていると、こういう未分化な憎悪が蔓延する。共同体型の学校では、ネズミや鳩を檻の中でむりやりベタベタさせると通常では考えられないような攻撃性が生じるという、あの過密飼育実験を、わざわざ税金をドブに捨てながらやっているようなものである。

日本にかぎらず、学校共同体型の教育政策全般が、程度の差はあれ、若い人たちをそうした境遇に追いやっている。ただし皮肉な言い方をすれば、日本は英米をはるか遠くに引き離してトップを走っている極端な「英米型」だから、（さすがに日本に比べれば学校共同体化が「遅れて」いる）イギリスやアメリカの真似をするだけでも、相対的に教習所型に近づくと言えないこともない。極端に生徒を囲い込む日本の教育を批判してきたはずの一部の「進歩」派が、英米系の共同体主義的ないじめ対策をありがたがるといった、奇妙な現象も生じている。

ごく最近まで「いじめは日本特有」と言われてきたが、近年にわかに英米系の共同体主義的ないじめ対策が輸入（しばしば逆輸入）されるようになってきた。

しかしよく考えてみれば、英米系のいじめ対策は事態をさらに悪化させるようなものである。たとえば生徒にいじめのカウンセリングをさせるピア・カウンセリングは、やくざに十手を持たせるようなものだ。いじめ加害者による心理的破壊工作はしばしば、なさけない被害者を強くする自己改善のためのアドバイスと称してなされる。そしてアドバイスしたのに改善しないと称して迫害を繰り返す。

また、ピア・カウンセリングによって普遍的な正義の問題がこころ（あるいは受容と共感）の問題にすりかえられる傾向が増大する。悪いことをしても神父さんのところで神様にごめんなさいを言えば許されるように、人をぼこぼこに殴っても「われわれ」の受容と共感の儀式で被害者と抱擁し合えば許される、といったことにでもなれば被害者は浮かばれない。被害者がそれでもあえて、加害者を単なる敵とみなして抱擁を拒否し、赤の他人から受けた損害に対する正義のみを要求すれば、こんどは聖なる「われわれの受容と共感＝共同体のきずな」の敵として悪者になるのは被害者の方だ。ピア・カウンセリングは、いじめの元凶である学校の共同体的傾向をますます強める。

イギリス・シェフィールド大学のいじめプロジェクトは、学校全体をひとつのグループ・セラピー空間にするような不気味な提案を行っている（Smith, P. K. & Sharp. S. eds; 1994＝1996）。このことは、『一九八四年』（Orwell, G. 1954）の「真理省」をもじって言えば、中間集団全体主義の学校を「心理省」主導にするような効果をもたらし、学校からこころの自由の余地をさらにぬぐいさるだろう。

またシェフィールドプロジェクトは、日本の会社共同体主義のシンボルのようなＱＣサークルを、学校に導入しようという提案を行っている（Smith, P. K. & Sharp. S. eds; 1994＝1996: 121–127）。日本の学校では以前から企業のＱＣとよく似たことを班活動として行っており、それが息苦しい集団主義といじめの温床になってきたことを、イギリスの人たちに教える必要がある。英米系のいじめ対策は、学校が強制的な共同体であることから生じるいじめの蔓延を、さらに学校を共同体化することによって防止しようとするが、これは火に油を注ぐような結果をもたらすだろう。

さらにやくざに十手をもたせるといえば、英米系のいじめ対策には、生徒集団にいじめの裁判をさせるといったものもある。このような乱暴な自治主義を日本にもちこめば、「みんなからの嫌われ者」には何をしても許されることになる。「みんな」が「みんなの嫌われ者」をいじめる場合、当然、「みんな」が行う人民裁判は「いじめられる側に原因がある」とするであろう。日本の教員がいじめをやめさせようとして開いた学級会は、おうおうにして、被害者の欠点をあげつらう吊し上げの祭りになる。英米系のいじめ対策をありがたがる一部文化人や教育学者たちは、こういった「学校の常識」を知らないはずがないのに、自治を無条件で輝かしいものと考える習慣の方を優先させてしまう。

基本的に英米系のいじめ対策がしようとしていることは、ネズミや鳩を過密飼育の檻に入れた上で、ネズミや鳩が「なかよく」なるように、さらに接触機会を増やす装置を檻に組み入れるようなことだ。

過密飼育の檻をさらにきめ細かい「グループセラピーの共同体」にしようとするのは、ベタベタの地獄絵図の余白に個人が存在する余地をさらにぬりつぶすようなものである。

イギリスのシェフィールド・プロジェクトは、いじめ加害を抑止することに関して、初等学校ではいくぶん効果があったようだが、中等学校でははっきりした成果があらわれなかった（Smith, P. K. & Sharp. S. eds; 1994＝1996: 72–77）。実験校は非現実的なまでに計画者の意図をいきわたらせることができるので、「効果なし」程度ですんだのだろう。しかしこれを全国規模で実施すれば、イギリス全土の学校がさらに集団心理的密度を濃くされて大変なことになったであろう。集団心理的過密飼育のトップランナーを走ってきた日本にいるからこそ、こういった英米系いじめ対策の愚かさがよくわかるのではないだろうか。

結論を先に言えば、過密飼育の檻を解体し、各人が自由に距離を調節し、学校のねばりつく関係性の襞に対して（やろうと思えば）よそよそしく距離をおいて生きることもできる権利を保証するのが、単純明快な正解である。しかしこの正解は、一部の教育系の人たちの「國體」[11]を否定するものだ。彼らの深層の価値指向にとっては、若い人たち個人個人の自由や人権や生命身体の安全よりも、大いなる命としての教育共同体のきずなの方が大切である[12]。だから教育系以外の人にとっては一目瞭然の正解を、彼らは見ることができない。その正解だけは目の前にあっても、見えてはいけないのである。

［注］

（1）この構図の中で、個人はしばしば「砂つぶのような」と形容される。

（2）プライベートな幸福追求は、しばしば「私秘的」という蔑称で形容される。全体主義者にとっては、国家や革命や学校共同体や地域コミュニティやイスラムの大義などの「パブリック」な価値に献身する幸福やそのための自由が「積極的」な「真の」幸福や自由であり、それに無関心あるいは拒否的な人々の幸福や自由は、「閉塞的な大衆社会状況」や「消費社会」によって「歪められた」幸福や自由である。したがって、強制してでも人々を「偽の」幸福や自由から「真の」幸福や自由へと導かねばならない、と全体主義者は考える。

（3）学校と会社において國體が護持されたといってもよい。

（4）最近の社会学では言説に過重な重点が置かれる傾向があるが、言説が流布していることと社会の実態がそうであるということとは、別である。

（5）②のタイプの全体主義は、決して日本的あるいは日本特殊というわけではない。俗に「日本的」と呼ばれている特徴は、さまざまにありうる②型の中間集団全体主義のうちの一つにすぎない。

たとえばアメリカンマインドの源流といわれる初期アメリカの地域コミュニティは、「日本的」なタイプとは異なるが、苛烈な②型全体主義を呈していた。

後に理想化されがちな「父祖のアメリカ」では、中央集権的な権力はきわめて希薄で、民主的な自治の精神に貫かれており、ピューリタン的共通善をいただく「われわれ」の圧制によって、個人の自由はほとんど存在の余地を与えられなかった。トクヴィルは一七世紀のコネティカット州をひきあいに出しながら、「民主的」なアメリカの共同体生活を次のように描く（Toqueville, A., 1888、訳書七八―八一ページ）。瀆神、魔法、強姦、親に暴行する子、そして配偶者以外との性交渉をする者は死刑となった。怠惰と酒酔いは厳罰に処せられた。他の宗教はもちろんのこと、他の教派（たとえばクエーカー教やカソリック）を公然と信奉する者は、鞭打ち、投獄、追放、死刑の憂き目をみた。教会で礼拝することが、罰金でもって強制された。婚前交渉を行った者は、鞭打ちのうえ結婚を命令された。

トクヴィル（Toqueville, A.）は次のように述べる。「なお看過されてはならないことは、これらの奇怪なまたは圧制的な法律が上からの権力によって強制されたものではなく、すべての関係当事者たちの自由な同意によって投票されたものであり、風習の方が法律よりもはるかにきびしくピューリタン的であったということである。一六四九年には長髪の浮薄な流行を防止する目的で、厳粛な団体がボストンに形成されている」（Toqueville, A. 1888、訳書八〇－八一ページ）

この一七世紀アメリカの記述は、われわれには、「みんなのきまり」を学級会で決めさせられ、それに違反すると反省の身振りをしつこく強制される、小学校の生活を思い出させるものである。この「集団自治訓練」は前期近代の野蛮な直接民主主義の理想を、後期近代の子どもに強制するものである。

（6）ネズミや鳩を狭い檻の中でむりやりベタベタさせると、凄まじいイジメあいをするという、あの過密飼育の檻を想起されたい。

（7）一個人による孤立的行為がおよぼす有害作用は、グループ化したタイプにくらべれば相対的にたかがしれている。

（8）自動車教習所を想起されたい。

（9）ビオン（Bion, W. R.）の容器概念についての詳細は、本書第二章および第五章を参照。

（10）このことについては、第二章、第三章、および第九章で詳しく論じる。

（11）彼らにとっては学校共同体が國體である。

（12）現在最も有名な教育学者による次の文章は、この深層の価値指向を露骨に表明したものである。「個人の『自由』や『権利』は、何にもまして絶対的な価値をもつべきものなのだろうか。もし、そうでないとすれば、個人の『自由』や『権利』よりも大切にすべき価値とは何だろう。（中略）『個人の自由』や『個人の権利』は、たかだか二世紀ほどまえに登場した概念にすぎない。

わが国においては、いずれも一世紀前の翻訳語である。人間の歴史は、もっと深く大きな倫理によって支えられてきた。人と人の絆であり共同体の存続である。したがって、個人の『自由』と共同体の『善』が対立する場合には共同体の『善』を尊重すべきだし、個人の『権利』と共同体の『絆』が対立する場合には共同体の『絆』が優越すべきであると、私は考えている。（中略）〔上記共同体主義の理念を『援助交際』問題に適用して：内藤注〕あなたと私が繋がっているとすれば、そして、あなたが仲間の中で生活し仲間とともに生きていくならば、あなたは『援助交際』をしてはならないし、私もあなたの仲間もあなたの『援助交際』を許してはいけないのである。」（佐藤、一九九七、六八－六九ページ）

# 第二章

# いじめの社会関係論

## 1 いじめが照らし出す問題領域——独自の社会秩序と体験構造

現在の学校制度は、これまで何の縁もなかった若い人たちに一日中べたべたと共同生活することを強いる。そこでは、心理的な距離が強制的に縮めさせられ、さまざまな「かかわりあい」が強制的に運命づけられる。このような環境条件のもとで、生徒たちは自分たちなりのローカルな社会秩序をつくりあげる。それはしばしば仲間集団への酷薄な隷従を強いるものであり、日々感じられてはいるが言葉にしにくい生きがたさをもたらす。

日常生活場面ではα-秩序、β-秩序、γ-秩序……といったさまざまなローカル秩序群が生態学的にせめぎあっており、それに応じてαリアリティ、βリアリティ、γリアリティ……といったさまざまな現実感覚が、「あたりまえ」の位置を奪い合う。そして上記のローカル秩序を研究する場合、日常生活のなかでもっぱら当該秩序が露出する局面を、みごとなシャッターチャンスでとらえたような典型的

な事例を検討することが必要になる。(1)

以下でとりあげる事例は、ありきたりの学校のありきたりの生徒たちの事例であるが、もっぱらあるタイプの秩序と現実感覚が他のタイプを圧倒し後景に退かせるような仕方で突出しているという意味で、典型的な事例である。むろん彼らは、日常的な生活のひろがりにおいて、さまざまなタイプの社会秩序や現実感覚をも同時並行的に生きている。事例でとりあげた局面で露出してしまったタイプの秩序と現実感覚は、別の時点、別の局面では後景に退いているかもしれない。

以下の事例は例外的なもので「ほとんどの中学生たちはこんな酷い人たちではない」と感じられるかもしれないが、多くの生徒たちの日常生活では、他のタイプの秩序と混在したかたちで、ここで露出してしまったようなローカルな秩序が厳然と**部分的に**作動し、生きられている。彼らは、共同体型の学校で生活するかぎり、多かれ少なかれそれが露出する局面、あるいはその露出の可能性に不安をおぼえる局面を体験しているはずである。

**【事例1・遊んだだけ】**

ジャーナリストの青木悦は、ある中学校で浮浪者襲撃事件について講演をした。大人たちが「人を殺したという現実感が希薄になっている」といったことを話しているとき、中学生たちは反感でいっぱいになった。ほとんどの生徒たちは挑戦的な表情で、上目づかいににらんでいる。突然女生徒が立ち上がり「遊んだだけよ」と強く、はっきり言った。まわりの中学生たちもうなずく。「一年のとき、クラスで〝仮死ごっこ〟というのが流行ったんです。どちらかが気絶するまで闘わせる遊びなんですが、私は『ひょっとしたら死んでしまうんじゃない？ やめなさいよ』と止めました。そしたら男子が『死んじゃったら、それはそれでおもしろいじゃん？』というんです。バカバカしくなって止めるのを止めました」。「ほんとに死んじゃったらどう思うだろう？」耐えかねたように一人の教員が言った。「あっ、死んじゃった、それだけです」。別の生徒が続ける。「みんな、殺すつもりはないんです。たまたま死んじゃったら事件になってさわぐけど、その直前まで行ってる遊びはいっぱい学校のなかであります」。彼らは、どちらかといえば優等生の部類に入る、普通の中学生たちだった。（青木、一九八五）

**【事例2・先生なんかきらいだ】**

いじめをしているある女子中学生は教員に抗議する。「いじめは良くないと思うが……やっている人だけが悪いんじゃないと思う。やる人もそれなりの理由があるから一方的に怒るのは悪いと思う。その理由が先生から見てとてもしょうもないものでも、わたしたちにとってはとても重要なことだってあるんだから先生たちの考えだけで解決しないでほしい」。別の中学生は非難する。「いじめられた人はその人に悪いところがあるのだから仕方がないと思う。それと先生でもいじめられた人よりいじめた人を中心に怒るからものすごくはらがたつ。だから先生はきらいだ。いじめた人の理由、気持ちもわからんくせに」。（竹川、一九九三、一一七―一二〇ページ）

このような局面を生きる中学生たちにとって、いじめは「ただしい」。彼らが「遊んだだけよ」というときの「遊び」は、彼らなりの集合的な「生命」感覚にとっては極めて重要なものであり、少なくともやられる人間の命よりは重い。彼らにとって最も「わるい」ことは、「みんな」が共振し合うなめらかな空間に、個を析出させたり普遍性を隆起させたりして、罅《ひび》を入れることである。彼らは人権やヒューマニズムを生理的に嫌悪する。彼らは自分たちなりの「いい」「わるい」を体得しており、それに対してかなりの自信をもっている。彼らは、彼らなりの社会にとっての「ただしさ」(彼らなりの倫理秩序!)にそぐわない「わるい」ことを押しつけてくる大人に対して、本気で腹を立てている。われわれの市民としての善悪と彼らの群れとしての「いい」「わるい」との間には懸隔《へだたり》がある。

共同性についても同じことが言える。生徒たちには生徒たちの体験構造と社会秩序に根ざした濃密な世界がある。だが、その濃密さは、われわれが思い浮かべるものとは趣を異にしている。

【事例3・ばっさり】

東京の中学一年生、C子のケースは、女子に多い「依頼いじめ」だった。放課後の教室でC子は、三人の男子生徒に体を押さえつけられた。体の自由がきかなくなったC子の髪にハサミが向けられた。クラスの中でもかなりの美人だったC子の黒髪は、無残な姿になってしまった。しかも、その三人の男子生徒のうちの一人は、C子の彼氏だった。(大田、一九九五)

【事例4・学校のヨブ】

精神科医・町沢静夫の外来に、心因性と思われる足の麻痺を起こした中学二年の女子A子がやってきた。ストレスを探り出そうとしても、「全くそんなものはありません」と「しらっ」と答えていた。時と共に筋肉の萎縮が始まる。「自白剤」としても用いられる薬物を注射しながら催眠を何回もかけたが、あまりにも強い抑圧のために話さない。町沢はストレス探しをあきらめ、やはり神経の病気ではないかと思いつつも、最後にもう一度催眠をかけたいのだが、と聞いた。すると、催眠はもうやめてほしい、自分から話す、と言い出した。彼女の場合、無意識に抑圧されているのではなく、最初から最後まで事を意識していたが、話すことが極めて強いタブーになっていた。彼女が属する部では、ボーイフレンドができた場合は、全員に、特に部長に知らせねばならない、ということになっていた。ある男子生徒が彼女を好きになったが、彼女は彼には興味がなかった。ところが、同じ部のB子が彼を好きになった。彼女は親切心でB子の気持ちを彼に伝えてあげた。それから、B子と彼は付き合いだした。しかし、B子は彼との交際を秘密にしておきたかった。そのためにB子はA子に「彼があなたを好きであるかのようにしておいて欲しい。自分と付き合っていることを秘密にしてあなたと付き合っていることにしてくれないか」という話を持ちかけた。A子は了承した。その「交際」を部活の部長がみつけ、みんなでA子に酷いリンチを加えた。その中にはB子もいた。A子は裸同然のような姿にされ、靴もなく、裸足で家へ歩いて帰った。裏から家に入り、そのまま着替え、なに食わぬ顔で風呂に入ってけろっとしていた。しかしその翌日から足の麻痺が起こった。いかにリンチがひどかったか、どれほど苦しかったかを、A子は涙を流しながら語った。この足の麻痺のためにA子は一年留年せざるを得なかった。しかし、彼女はリンチをした仲間を非難しない。町沢は、事態を担任の教員に説明し、学校でいじめ問題に取り組むべきことを説いた。するとその教員は「それではいじめた方も傷つきますからお断りします」と言い、がちゃと電話を切った。(町沢、一九九五、他)

彼らは、個人と個人との間の信頼関係がないにもかかわらず、濃密に密着し合っている。そこには彼ら独自の、濃密な共同性がある。われわれの基準からは、残酷で薄情なものでしかない群に対する彼らの忠誠と紐帯は、日清戦争で「死んでもラッパをはなさなかった」兵士にまさるとも劣らない。われわれと彼らとで、濃密－希薄の、さらには絆とは、信頼とは何かについての尺度が全く異なるのである。

これまで論じてきた彼我の懸隔《へだたり》は、学校の論理と市民社会の論理との懸隔でもある。森政稔は次のように論じる。「市民社会ではあたりまえの自由とされることの大半が学校では禁じられ、そのかわり市民社会では暴行、傷害、恐喝その他の犯罪とされるものが学校では堂々と通用し、場合によっては教育の名において道徳的に正当化されている」（森、一九九六、一〇八ページ）。学校で若い人が教員や生徒集団に殺された場合ですら、しばしば奇妙な論理（「教育」の論理！）で殺した側が弁護され、「生命の尊重のような、市民社会のルールの最も根源的な規範が脇に追いやられ、ついには無視され」（森、一九九六、一一四ページ）てしまう。「市民社会にあっては、身体と身体とは、たとえば電車のなかでたまたま触れ合ったなら、ただちに引っ込めるような、相互の不可侵性でもって共存している。教師による、あるいは『いじめ』の暴力は、ただちにこのような市民社会の空間に出現するには、違和感がありすぎる。身体相互の関係を根本的に作り替え、日常的に暴力を行使できるようにするためには、おそらく軍隊や学校のような濃密な閉鎖的空間に身体を慣らせる」（森、一九九六、一二〇ページ）集合的な現実感覚変造の装置が必要である。この変造装置、「その内部にある生徒や教師にとっての道徳や正義などの規準を、外部とは全く異なるものに取り替えてしまう」、「価値の転倒をひきおこす仕掛け」を、森は「学校的なもの」と呼ぶ（森、一九九六、一〇八ページ）。森によれば、この「学校的なもの」は、イデオロギーや資本主義的効率性といった従来の学校批判が拠《よ》って立つ理論構成においては説明不能な、存在する理由がないはずの不条理な存在である。「学校的なもの」の「この不条理にみあった理論構成」（森、一九九六、一二二ページ）を、森は要請する。

筆者の理論は、この要請に応えるものである。「不条理にみあった理論構成」とは、彼我の距離を前提にした特殊な分析枠組を用意しつつ、彼らなりの体験構造と社会秩序、例えば彼らなりの倫理秩序や共同性を、説明することである。次節以降では独自の体験構造－社会秩序モデルから、彼らなりの世界を整合的に説明しようと試みる。

## 2　体験構造 - 社会秩序群の生態学的布置モデル
### ——従来のいじめ論の隘路をたたき台として

まずは、従来のいじめ論の問題点を指摘しよう。

第一の問題点。大量のいじめ論(2)に目を通してみると、いじめの場(を生きる若い人たち)の属性やいじめの原因として、次のような項目が挙げられているのがわかる。

①受験競争の加熱(原因)。

②学校で勉強をして「身を立てる」という目的意識の希薄化と、それに伴う学習意欲の低下・授業の不成立(原因)。

③学校空間の過剰な管理(原因・属性)。

④学校秩序の脆弱化および規範意識の希薄化、その結果としての何をやっても許されるという欲望自

然主義（原因・属性）。
⑤やりたいようにやることが許されず、他者の指示を待って「こわばる身体」、あるいは「自然な身体性」の解体（原因・属性）。
⑥家族の人間関係の希薄化と「愛」の欠如（原因）。
⑦少子化・核家族化などによる家族の濃密化と「愛」の過剰（原因）。
⑧学校や地域社会の共同性の解体と、都市化に伴う市民社会の原理の侵入（原因）。
⑨学校や地域の共同体的しめつけと市民社会の未成熟（原因）。
⑩子供の生活や体験されるリアリティの全域を覆い尽くす学校の過剰な重みと、学校に囲い込まれた人間関係の濃密化、及び過剰な同質性への圧力（原因・属性）。
⑪子供たちの対人関係の希薄化（原因・属性）。
⑫迫害的な集団力学の趨勢・「強い者」の不快な行為やいじめといったものに対しては、黙って辛抱するか「大人びた仕方でうまくたちまわる」しかない状況。子供社会が大人と変わらない狡猾さに満ちた「世間」と化し、「純真な子供らしさ」が消滅した（原因・属性）。
⑬子供の幼児化・未熟化と耐性の欠如（原因・属性）。
⑭マスコミの露骨な暴力描写や、「ビートたけし風」の嗜虐を売り物にする「お笑い」番組の流行（原因）。
⑮暴力や死が社会から隔離されて子供の目に触れないようになったり、まわりが甘やかして暴力を体験しなくなったため、「けんかのしかた」や「他者のいたみ」がわからなくなった（原因）。
⑯親や教師や他の子供たちから痛めつけられ、暴力を学習した（原因）。

⑰「がき大将」によるリーダーシップや年齢階梯制地域集団の消滅（原因・属性）。
⑱子供集団に自生する非民主的な身分関係や、心理操作や人心掌握に長けた攻撃的で支配的なリーダーへの追随（原因・属性）。
⑲日本の文化（原因・属性）。
⑳日本の伝統的な文化の崩壊（原因・属性）

これらの相互に矛盾し合った諸項目の多くは、どちらかが正しくてどちらかが誤っているというのではなく、ある程度は現実に当てはまっている。(3) しかしこれらは、理論モデルを整合的に構成するはずの概念としては、互いに矛盾している。上記リストから、明らかに実態を言い当てているにもかかわらず、相互に矛盾してしまう属性の組を、以下で三つ抽出する。

①人間関係が希薄化しつつ、かつ濃密化している。②子供たちが幼児化しつつ、かつ、計算高く抑制のきいた「小さな大人」になってきている（②′子供たちは欲求不満耐性がなくなりつつ、集団力学の趨勢を窺いながら耐え続けている）。③秩序が過重でありかつ解体している。

若い人たちの実態をよく把握している論者ほど、これらの矛盾する対の両方を属性として指摘しがちである。(4) いじめ論がこのような矛盾に陥ってしまうのは、素朴な自然言語的了解に依存しすぎており、何をもって濃密‐希薄、幼児的‐大人的、秩序‐無秩序と言うのか、といった概念の検討が不十分なまま理論モデルを構築しようとするからである。

第二の問題点。いじめが若い人たち「なりの」社会の体質によって生み出されていることを、ほとんどのいじめ論者たちは認めている。にもかかわらず、それがどんなにひどいものであっても、「子どもたちが大切に」している「子どもたちなり」の一体感や秩序は、それが「子どもたちなり」の一体感や秩序である限り尊重しなければならない、という無条件・無反省的な価値判断が多くのいじめ論の暗黙の前提となっている。(5) いじめ論者たちといじめ遂行者たちは、同一の共同体倫理を暗黙の前提として共有している。われわれの社会の慣習にもなっている中間集団共同体主義、そしてわれわれの社会全域に瀰漫《びまん》している学校共同体主義が、いじめ論者たちの思考様式をも染め上げている。

**【事例5・他罰的?】**

「児童青年精神科」の権威でもある大学病院精神科教授若林慎一郎と榎本和のもとに、登校拒否の中学生E子が来院した。

優等生のE子が通うのは、「いじめやいやがらせが横行する」「地域でも校内暴力で有名」な中学校で、さらに一番「悪い」と言われているクラスである。暴力グループに付和雷同する学級集団は、正義感の強いE子にとっては不正がまかり通る場である。E子は「教科書で頭を叩かれたり、足を引っかけられたりするなど、……生傷が絶えない」。それでもE子はいじめ加害者に屈服しないで逐一反撃する。それがさらなるいじめを誘発する悪循環を形成する。「保護者会で母親は、成績はよいが性格が悪いと言われた。E子としてはいやな人たちばかりだからしゃべらないだけだ」。このような状況下でE子は登校を拒否する。

若林らの「初診時所見」は次の通りである。「……可愛らしいというよりは、気が強そうできつい子といった印象を受ける。学校のことや教師、生徒に対する不満がいっぱいという感じで、よくしゃべるが、他罰的で、少しふてくされたような態度がみられ、誤解を受けやすい子のようにも思われる。E子自身も、トイレに閉じこめられたり、仲間はずれにされた時に、泣けばよいのだけれども、『私は泣かない、それで、皆から同情されないと思う』と述べている」。さらに若林らは次のようにE子を臨床記述する。「依怙地で他罰的」「弾力性の乏しい態度」「クラスや学校に対して協調的な態度がとれない」「クラスへ適応しようという気持ちがないようで、周囲を寄せ付けない」「E子の性格に問題がある」「E子の非協調的な態度をE子にいかに自覚させるかということが課題である」。（若林・榎本、一九八八、「他罰的な子へのいやがらせ」）

若林らは、人に暴力をふるって楽しむ嗜虐者たちを「異常」視しない。逆に、自分に暴行を加える迫害者（及びその勢いに同調する学級集団）を明晰に「敵」「悪」「赤の他人」と認識する女子中学生のほうを、「異常」視する。ここには、市民社会の良識からは信じられないような「価値の転倒」（森、一九九六、一〇八ページ）がある。若林らは何故このように考えるのか。

この「転倒」を引き起こしているのは、学校コミューン主義、あるいは学校共同体主義である。本書では共同体という概念を、土地所有などにかかわる歴史的な概念としてではなく、次のような心理‐社会的な秩序化の原理に着目して概念規定する。すなわち共同体とは、①個の次元を超えた集合的な次元として感じられる全能的な準拠点の感覚（集合的な「生命」感覚）を仮構しながら、②これを媒介して「他者たちのなかで私が生きられ・私のなかで他者たちが生きられる」ように体験される（他者を容器《いれもの》としてその内容《なかみ》を私として生きる、集合的な投影同一化の(6)）心理‐社会的なメカニズムを、③連ね合わせていくことから秩序化される社会集団（後の$\beta$‐IPS）である。

若林らが、このような共同体の「集合的生命存在の権利」を個人的生命存在の権利よりも尊いものとして体験しており、かつ学校が共同体であると体験しているとすれば、さらに補助線を引いてE子と学校共同体との関係を旧約聖書のヨブと神の関係になぞらえれば、若林らの発言は余すところなく理解可能となる。【事例4】のA子のように中学生らしく（関係の絶対性に対して結節点らしく！）ヨブと化さないことが、E子の「あいだの病理」である。旧ソ連の精神科医がコミュニズムに逆らう者を精神病とするように、若林らも、学校コミューン‐イズムを生きない中学生の「まつろわぬこころ」を医療の対象とする。

もう一つ、若林らほど露骨ではないが、学校共同体主義による奇妙な発言を取り上げる。紙幅の都合上、【事例6】は筆者なりの分析を加えた上で紹介する。

## 【事例6・子どもの〝自己開発セミナー〟】

『ひと』『賢二の学校』を主催する小学校教員鳥山敏子は、子どもたちを集めて孫悟空の公演を企画する。優等生のコミは匠らの主流派グループに妬まれ、暴力も含めたいじめをされている。その現場をつかまえた鳥山は、加害者に対する制裁やメンバーシップの停止を匂わせもせず、被害者と加害グループとの「気持ちのぶつけ合い」をさせる。グループは勢いづいてコミを罵る。彼らの勉強に関する劣等感はコミの存在によって掻き立てられる。そして彼らは、コミに見下されているとする被害感を「社会的事実」にまで仕立て上げ、コミをとことん悪者に仕立て上げる。そのやり方は、自分たちが強い者からされてきた「こころのしつけ＝辱め」方でもある。グループは吊るし上げの集合的沸騰状態に悪ノリしながら、コミの「こころ」のあり方をほじくり出し非難し辱め、自分たちが投影する

（もともとありもしない）「傲慢の罪」を「こころ」の中に「自発的」に見つけ出し自罰に耽るよう、コミを馴致する。このやり方でコミは見事に「しつけ」られ、「おれは悪魔だ」と口走る。グループはこのように共同製作した「悪魔」を容器《いれもの》として使用し、内部に侵入しかき回しコミをぼろぼろにしながら、自分たちの屈辱の体験（ルサンチマン）を心地よいしかたで再演しつつ癒そうとする。コミのいじけ・自罰・内向化はこのような集団的迫害（しつけ＝つるしあげ）の効果としか読めないが、鳥山は次のように述べる。「コミちゃんは、自分を糾弾するほうにもっていった。……コミちゃんが望んでいるひととひととのかかわりかたの深さがこの判断にあらわれているのだ」。また、吊るし上げられて咽が詰りがちなコミが言葉を返した局面を取り上げ次のように述べる。「ここで全身ふりしぼって、コミが、『そっちがわかんねえってことだろ、ばかやろう』といったのは、わたしには心の底から共感できる叫びだった。そこからめげずに立ち上がれる道を、きょうはコミ、なんとかつくろうぜ！とわたしの心も叫んでいた。だって、**おまえがつき合いたいのは、ほんとうは大人のわたしではなくて、匠や湯沢や郷原や、ヨネや斉藤たち**（加害グループ＝内藤注）**なんだからな**」。（鳥山、一九九四、一一二―一一六三ページ）

第三の問題点。従来のいじめ論は、諸秩序の生態学的な布置を考慮しないで、秩序を単数視しがちである。このことが上記二傾向を脇から支えている。仮に秩序が単数であるとすれば、様々な観察像から「秩序は過重でありかつ解体している」などと言うしかない（第一の問題点）。また、秩序が一つしか存在しないと仮定すれば、いじめの秩序を「粉砕」してしまえば、若い人たちはあらゆる秩序を失い、脈絡だった世界の経験を失い、真空状態をさまようことになる。それゆえ、どんなひどい秩序でも尊重せざるを得なくなる（第二の問題点）。だが、秩序を複数と考えればまったく別の答えが返ってくる。

以上、従来のいじめ論の問題点を指摘してきた。以下ではそれに対する代案を提示する。これによって従来のいじめ論が抱えた矛盾と混乱は氷解する。

前述の「濃密‐希薄」「幼児的‐大人びた」「秩序解体‐秩序過重」という一見矛盾した諸特徴は、ひとつの現実の構造的に一貫した所産である。いじめの場の若い人たちは、ある意味では「人間関係が濃密」であり、別の意味では「希薄」である。また、ある意味では「幼児的」であり、かつ別の意味では「大人びて」いる。また、あるタイプの「秩序が解体」しており、かつ別のタイプの「秩序が過重」である。

いじめの場において、「幼児的」と「大人びた」が相互に矛盾し合うのではなく、この二つがシステマティックに結合・促進し合うような体験構造を若い人たちは生きている。次節以降で展開する概念を先取りすれば、「幼児的」は「全能追求的あるいは全能具現準拠的な体験構造」を有する傾向と言いかえられ、「大人びた」は「利害計算主導的な体験構造」を有する傾向と言いかえられる。この全能具現準拠的な体験構造については、β‐体験構造として後で論じる。多くの事例が指し示すのは、「全能具現準拠的」心性と「利害計算主導的」心性との構造的な結合形態から創発してくる複合的な体験構造である。後に論じる全能具現と利害計算との結合の諸相が、この体験構造の特徴を明らかにする。

いじめ論者たちが「秩序の解体」を読み込んだり「秩序の過重」を読み込んだりする事態は、ある秩序と別の秩序との生態学的な競合において、一方が繁茂し他方が淘汰される事態である。前者（繁茂する方）は、全能具現と利害計算との複合態から「いい（例えば、ノリがいい、すかっとする）‐わるい

(例えば、ムカつく)」を弁別するような・情動の共同形式から成型される倫理秩序に準拠した・人々の相互作用から成る社会秩序である。これをβ‐秩序と呼ぶ(後にβ‐秩序は、β‐IPSの秩序として原理的に概念規定される)。それに対して後者(衰退する方)は、(真理への意志を有する)個の内面において事象を普遍的な理念に照合して「善‐悪」を弁別するような・普遍ヒューマニズム型[7]の倫理秩序に準拠しながら・他者との最適距離を自由に調節する人々の相互作用から成る社会秩序である。これをγ‐秩序と呼ぶ。このγ‐秩序は、市民社会の秩序の理念的コア部分の表現であるといってもよい。

γ‐秩序を「秩序」と見る視点からは、「秩序の解体」が見えてくる。しかし、β‐秩序を「秩序」と見る視点からは逆に「秩序の過重」が見えてくる。さらに、γ‐秩序や個と個の親密性を見る視点からは「人間関係が希薄」に見え、β‐秩序を見る観点からは「濃密」に見える。γ‐秩序を見る視点からは、β‐秩序に基づいて配分された全能体験の筋書きをenact(上演＝実効化)している心性は「幼児的」で「耐性が欠如」しているように見える。だが、β‐秩序を見る視点からは、悪のりしている最中ですら計算づくでうまく立ち回って「大人びて」おり、自分の身分的立場が弱くなればひたすら卑屈になって「辛抱している」ように見える。

いじめの場とは、(顕在的あるいは潜在的な)さまざまなタイプの秩序が重層的に配置されつつ・せめぎあい・淘汰し合う生態学的な場で、あるタイプの秩序が他を圧倒した局面である。いじめタイプの秩序(β‐秩序)は、そうであり得たかもしれない別のタイプの秩序群を潜在化しつつ、独自の位置を占めて存立する。この観点からは、いじめタイプの秩序を生態学的劣位にもっていきつつ破壊することが、他のタイプの秩序(市民社会の秩序!・)の繁茂の条件として要請される。またその逆も然りである。いじめをしている者たち「なりの」秩序を破壊したとて、それは諸秩序の生態学的布置の変化や、別のタイプの秩序の繁茂の条件になるだけにすぎない。以上が、いじめ論に応用された、秩序の生態学的布置モデルである（秩序の生態学モデルの詳細については、第六章を参照されたい）。

さて、このような諸秩序の帰趨を、よりマクロな社会的設定条件が左右している。いじめ対策としては、この条件のコントロールが最重要ポイントとなる。[8]

次節以降では、ここでも紹介した全能感、β－体験構造、β－秩序（あるいは後出のβ－IPS）といったものに関する理論モデルを用いて、いじめやいじめ周辺の諸事象を説明する。

## 3　基礎理論

本節は圧縮された論理で組み立てられている。難解に感じられる場合は、第四章および第五章を通読の上、この節に戻っていただきたい。第四章では、心理と社会の接合領域を論ずる理論枠組（IPS＝あるいはInterpersonal Intrapsychic Spiral）について主題的に論じている。筆者はこのIPSに、さまざまな心理諸理論からエッセンスを抽出しつつ自説へ組み込んでいるが、錯綜した諸派のどこをどのように加工しつつ抽出したかといったことについては、第五章で論じた。

## ❶体験構造とIPS

いじめを研究する場合、いじめにかかわる（とくにいじめをしている）当事者たちの体験構造が重要になってくる。ところで、体験構造形成の端緒となるきっかけ要因を読み込む体験の枠組は、当の体験構造自体である。つまり、外的きっかけ要因が体験構造によって読み込まれることではじめて、当の体験構造を形成・産出するきっかけ要因が内的きっかけ要因として具現的に産出されるのである。この自己産出的システム特性によって、いじめの体験構造は、外的事象に対してかなり大きな相対的独立性を有する。(9)

さて、リアルな体験の基本的原理は、**表象と具象とのマッチング**、あるいは表象を具象において具体的に実現することである。(10) このようなマッチングにおいてリアルな体験を成立させることを**具現**と呼ぶ。個々の心理システムは、利害計算の深謀遠慮のもとで、表象構造を参照し、筋書化された体験枠組と具象をマッチングしつつ、さらに表象構造を新しいものに変更していく。

この具現的現実体験のうちの多くは次の意味で**社会的**である。①表象構造のかなりの部分が社会関係についての筋書化された表象構造である。②そのことから必然的に、ある筋書化された体験をリアルに生きるためには、他者に筋書通りに振る舞ってもらうことが不可欠となる。③そのうえこのような心理－コミュニケーションメカニズムを要素とした全体は、個を跳び越えて複数個体領域（社会水準）で創発的（emergent）な作動系をなす。

例えばいじめの場合、やりきれなさを振り払おうと一時の全能の体験を生きるためには、実際に殴られて顔を歪める他者を具象として調達して、全能の筋書を具現しなければならない。そのために、利害計算や安全確保といった「仕事」も増えてくる。表象にかたどられて体験を生きる人は、このように具体的な作業を通じて社会に出て行かざるを得ない。さらに、いったんいじめの群ができてしまえば、一人一人の意志を超えた「群の勢い」によって動かされて流されてしまう。このような群のなかで諸個人は、単独ではそうならないであろう心理状態になる。またその流れに逆らうのは怖ろしいことでもある。

このような現象を扱うためには、**心理水準と社会水準の接合領域に照準した理論枠組**が必要である。以下でＩＰＳという理論枠組を提出する。秩序化した社会関係のなかで外的具象が確保され、その具象とのマッチングに即して、内的関係表象構造が組織されつつ働く。と同時に、各メンバーの体験構造（表象構造あるいは心理システム）に基づくコミュニケーションの集積として、対他コミュニケーションの社会的秩序化が成立していく。この全体を筆者は、次のようなループとして考える。

すなわちそれは、**①人々が社会や自己や他者を体験する枠組およびその操作のシステム（社会の中での Intrapsychic な体験構造）**と、**②その枠組において体験されながら生起するコミュニケーションが連鎖・集積して自生する社会秩序（体験構造に基づく Interpersonal な社会）**とが、**③螺旋状に他を産出しあうループ**である。このループを、**ＩＰＳ（Interpersonal Intrapsychic Spiral）**と呼ぶ。また、ＩＰＳの社会秩序としての側面に重点をおく場合、あるいは社会秩序をＩＰＳという観点から考察する場合は、**ＩＰＳ秩序**と言う場合もある。ここで螺旋状（Spiral）と言うのは、体験構造に決定されるコミュニケーションの集積として社会秩序が産出され、そのように産出された社会秩序がさらに体験構造を変容する（およびその逆）折り重なりのループが（単なる再現ではなく）ダイナミックに変容・生成していくからである。

体験構造とIPSのタイプとして、α－、β－、γ－の系列が問題となる。当論考で中心的な役割を演じるのはβ－体験構造とβ－IPSである。α－とγ－の系列は、β－を説明するのに必要な限りでのみ取り上げられる。当論考の目的からすれば、γ－については前節で紹介した程度の規定で足る。

## ❷ α－体験構造

シェーラーは次のように述べる。「高貴な人には、おのれの自己価値と存在充足についてのまったく素朴で無反省な意識、しかも彼の現実生活の意識的な各瞬間をたえず充実している闇黒の意識」あるいは「素朴な自己価値感情」がある。宇宙にはこの「積極的価値のほうが多く含まれているということで、『高貴な者』は歓喜に充たされ」世界は愛すべきものになる。この自己価値感情は「彼の個々の性質や能力や素質の価値にかかわる特殊な価値感情から『組み立て』られているのではな」い（Scheler, M. 1915＝1977: 68–69）。

ここで「闇黒の意識」とか「素朴な自己価値感情」とか言われているものの内実については、今まで誰も満足のいく答えを出していない。スターンの自己－関係論（Stern, D. 1985＝1989–1991）は、この内実の乳幼児ヴァージョンにおける純粋型を明らかにした。乳児は個別のカテゴリー的な知覚様式の発達に先立って、時間の中での生のオーガナイゼーションの感覚として諸知覚貫通的に体験に偏在する、パタン化された変化についてのリズム的な抽象表象を有している。この表象が活性化する際の情動体験は、生気情動と呼ばれる。自己感は、対他カテゴリー的な役割感覚あるいは鏡像感覚に先立って、生物的にこのような生気情動として存在している。このような抽象表象‐生気情動のシステムは、養育者との情動調律的コミュニケーションによって強化され、**「自分が何であるか」に関わらない「無条件的な自己肯定感覚」**の装置として、成体にビルトインされる。この感覚は生涯にわたって変形可能な仕方で生きられる。これが、シェーラーの言う「闇黒の意識」「素朴な自己価値感情」の内実である。それは成人後も、モーツァルトの音楽や朝の光、愛の関係や病後の感覚、さらには生きていることそれ自体などで不明瞭に感じられるかもしれないが、様々なメカニズムが混在するなかに紛れ込んでいるので、それとして取り出すのは困難である。以上のような**原的充足に関わる体験構造**を、**α‐体験構造**と呼ぶ。α‐体験構造は、主観的な世界が脈絡だってたち現れているかのような前‐反省的・前‐意味的な気分を生み出しながら、さまざまな個別の欲求充足的認知‐情動図式の成立平面となっている。

### ❸β‐体験構造とβ‐IPS

以下で、〈欠如〉から全能（の筋書の具現）を希求する体験構造、すなわちβ‐体験構造を論じる。図2‐1はβ‐体験構造の模式図である。

〈欠如〉は、迫害・拘束・無力・（個別の）欠如・苦痛・屈辱・不幸・不運・ちぐはぐな環境といった様々な言葉で形容される否定的体験をきっかけ要因とする。しかし〈欠如〉は、たんなる欠乏や「いためつけられる状態」「生きることの耐え難さ」とは異なっている。認知‐情動図式がこれらの否定的体験を明晰に把握しつつそれ以外のα‐体験も同時並行的に生きられている場合、その苦痛が大きなものであっても、ひとは〈欠如〉から守られている。例えば無力な状態で迫害され続けても、その迫害者を

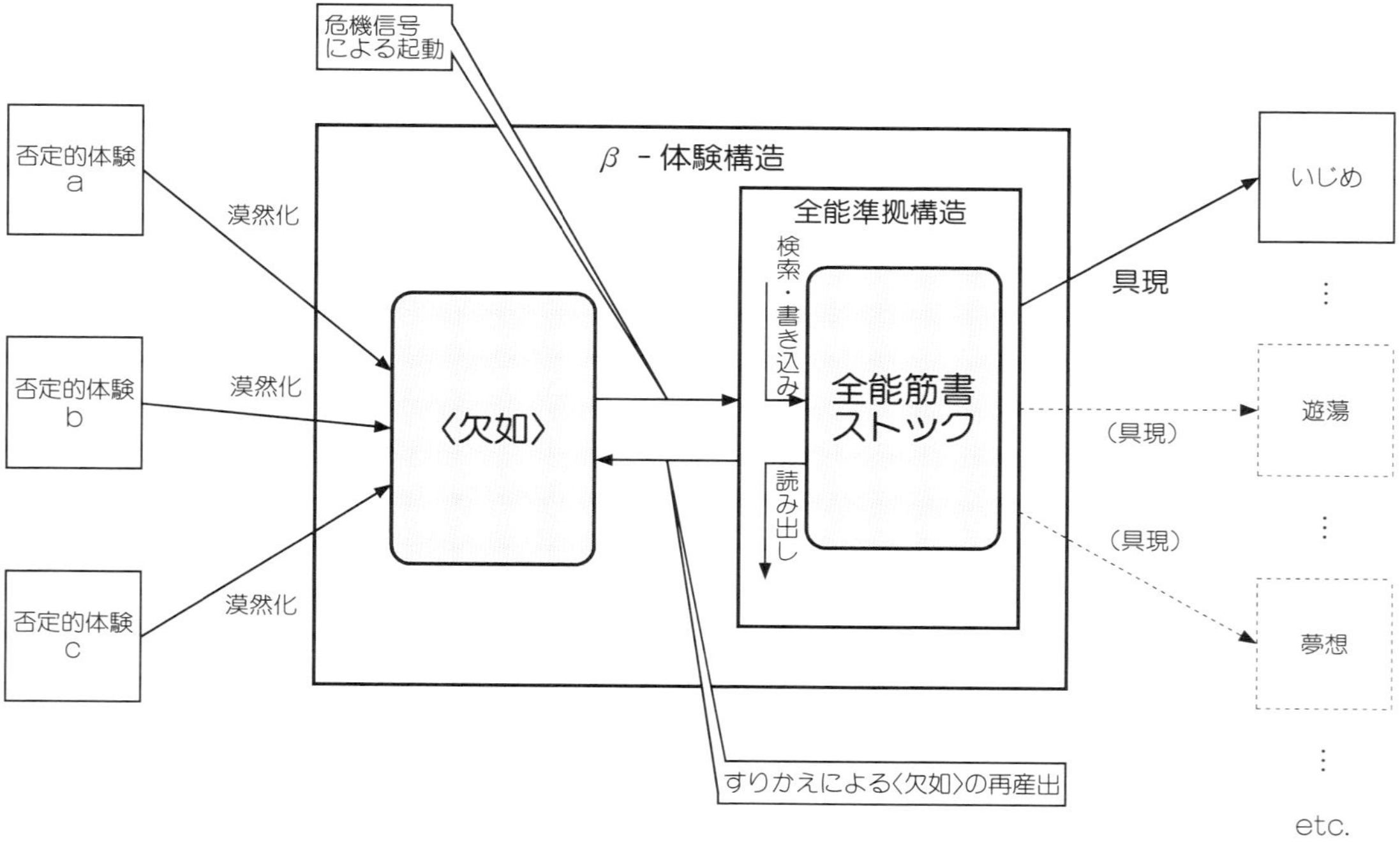


図２－１　β - 体験構造模式図

いつまでも明晰に敵と認識し続けて、「すりかえ」による体験加工を行わないでいれば〈欠如〉は生じにくい[11]。

〈欠如〉の基底的部分は、α‐体験構造の崩壊を伴う認知‐情動図式の漠然化である。この崩壊・漠然化には多岐にわたる原因あるいはきっかけ要因が考えられるが、そのなかで次のものが重要な位置を占める。(a)他者からの迫害、特に無力な状態で痛めつけられ続けること。これはいじめ誘発型のβ‐体験構造に対しては特権的な形成効果を有する。(b)拘束、すなわち自由や自発性の剝奪。(c)α‐IPSが実質的に存在しないところでの不釣り合いな心理的密着あるいは心理的距離の強制的密着。(d)認知‐情動図式のすりかえ的誤用（後にα‐体験システムとβ‐体験システムの関係のところで述べる）。

学校という空間はこのすべてを満たす傾向がある。それに比して工場は(b)しかない。宗教には(c)(d)しかない。最貧国の奴隷的売春には(b)(c)がある。刑務所には(c)(d)がなく(a)の混入した(b)がある。軍隊でも(c)(d)が学校ほどではない。いじめの場としての学校共同体は(a)(b)(c)(d)のすべてがそろっており、いわば軍隊‐刑務所と宗教との統合である。学校では、実質的には薄情な関係を家族のように情緒的に生きることが強制される。若い人たちは、いじめで強迫されながら「なかよし」が強制され、人生の初期から「精神的売春」をして生き延びなければならない。その結果、いわば不釣り合いに存在の内襞に滲み込んだ他人たちの内臓の臭いに、殺意に似たわけのわからないムカツキを抱く。また、「本当は」誰が好きで誰が嫌いなのかが当人にも分からなくなり、その判断を集団的な心情反射に頼るようになる。だから今まで個として仲良くしていても、「みんな」の風向き次第ではいじめに加わってしまう（【事例3】および【事例4】）。「私の本当」を持つことは許されない。学校で集団生活することで、個として心理的距離を自律的に調節する能力が、著しく失調する。学校への適応は、情緒的対人関係とその中での自己感覚に関する認知‐情動図式を徹底的に漠然化してしまう。

α‐体験構造の崩壊と共に認知‐情動図式が漠然化してくると、何が問題でどうしたら充足できるかが把握できないまま、**意味が定かにならない危機感覚**（**情報価を失った欠如信号**）**だけが昂進**する。その結果、何をしていてもリアリティがずれた感覚に苦しみ、慢性的で漠然としたイラダチ・ムカツキ・空虚感をかかえることになる。このような〈欠如〉は、当事者の曖昧な意識にとっては、すでに立ち現れた世界の中に一定の位置を占めて存在する何らかの欠如として体験されるのではなく、世界や自己としてリアルに体験される際に、その立ち現れの原理のところから常に既に奇怪な仕方で崩壊しつつ、「すべて」がごっそりと「ブラックホール」（Hopper, E., 1991）に呑み込まれてしまっているような、無限の底からの**生の腐食**と感じられる。このような認知‐情動図式の漠然化の効果としての「すべて」あるいは無限の感覚は、慢性的な漠然としたイラダチ・ムカツキ・空虚感・落ち着きのなさといった仕方で体験される。これらはいじめの場の一般的な気分である。

このような無限の感覚に対してその逆を漠然と希求して、（認知‐情動図式が漠然化し対象や充足の輪郭を失ったままに）充足を強引に引き起こそうとする生体の（進退窮まった猿が自分の指を嚙み切るような）実験神経症的な反応が起こり、生体は認知‐情動図式に対して無根拠なままに錯覚としての「全能」という希求価を創出してしまう。[12] ここに錯覚としての〈欠如〉からの全能希求が生じる。[13] この希求体勢は、ただちに内的表象構造において一定の筋書のかたちをとる。そしてこの無限の望みが仮にかなえられたとすればそうであろう状態の筋書をなぞるかのような錯覚に耽るようになる。希求価としての全能は、筋書のかたちをとらなければ、錯覚としてすらリアルに体験することができずにすみやかに雲散霧消してしまう。この筋書が**全能筋書**である。

この全能筋書は、(a)**自己表象**(b)**対象表象**(c)**随伴情動**という三つが緊密に結合したユニット（Kernberg, O. F., 1976＝1983）をなしてストックされており、状況に応じて検索・書き込み・読み出しされる。この筋書ユニットの内部の自己表象‐対象表象は極度に相互規定的で、片方の帰趨《なりゆき》がもう片方の帰趨に即座に影響する。自己表象に対してこのような関係にある対象表象を、特に自己対象と呼ぶ（Kohut, H., 1972）。各ユニット同士は分裂‐隔壁《compartmentalized》化していたり、圧縮‐多重化していたりする。全能筋書の随伴情動はしばしば強烈かつ執拗であるが、分裂‐隔壁《compartmentalized》化しているユニットが状況に応じて置換されるごとに人格が豹変する。筋書の内容としては、「完全なる支配」「合体‐融合」「打てば響くような照らし返し」およびそれらを外された場合の「恥辱」「辱め・破壊し尽くし・思い知らせる復讐」といったものが、無数のヴァリエーションに対する基本形である。

全能筋書は、他者の表情や身振りでもって具現（外的具象とのマッチング）されなければ、錯覚としてすらリアルに体験することができない。全能体験の筋書を具現するためには、他者を巻き込んで、その筋書に見合った一定の振る舞いをさせる必要がある。この意味で、全能筋書は、具現を媒介にして行為やコミュニケーションと結合している。また、全能筋書のために他者を操縦する他者支配が生じてくる。相手に自己対象（を具現する素材としての振る舞い）を期待しながら全能筋書を外された場合、〈欠如〉が露呈し、**自己愛憤怒**[14]（Kohut, H., 1972）が生じる。場合によっては、その人が独自の生を生きていた、自分の身体の延長のように振る舞わなかった、といったことすら、自己愛憤怒の原因になる。その際そのような態度を「とられた」側は、しばしば実際に被害感を感じる。

これまで論じてきた**〈欠如〉からの全能希求構造**を**β‐体験構造**と呼ぶ。これまでは線形《まっすぐ》に〈欠如〉から全能希求構造を導いてきたが、実際にはこの二つは結合した全体の中で産出され合っており、バラバラに存続することは難しい。以下、β‐体験構造をシステムと考えて、もう一度螺旋状に理路をたどってみる。

オリジナルな欠如は、α‐体験の欠如である。これを**一次欠如**と呼ぼう。この一次欠如が充足されれば、単純明快に欠如感は消失する。多くの人は、多かれ少なかれα‐体験を生きており、ある程度は単純明快な原的充足の状態にある。と同時に、さまざまな環境要因の中で、多かれ少なかれ、ある程度の一次欠如をも生きている。このようなまだらの状態が、ありふれた生の姿である。

ところがβ‐体験システムは、一次欠如を全能感の〈欠如〉にすりかえて、全能筋書を追い求めるように欠如感の方向を向け換える。一次欠如は当人には感じられも体験されもせず、ただ**全能感の〈欠如〉（二次欠如）だけがリアルに体験**され、全能希求行動体勢に入ってしまう。α‐体験システムは機能不全を起こし、生体は、オリジナルであるα‐体験ではなく、**似て非なるコピーである全能感**の方をオリジナルと学習してしまう。真の欠如点は全能筋書のいわば疑似餌に置き換えられる。しかし、二次欠如に準拠してどんな行動を起こしてもα‐体験システムは充足せず一次欠如は埋まらないから、全能筋書は限りない行動へと人を駆り立てる。[15] その時ひとは、何をしてもリアリティがずれた感覚に苛まれ、いらつき・むかつきを昂進させながら、焦燥感に駆られて過剰な活動をくりかえす。

β‐体験システムが体験構造にくい込めばくい込むほど、すなわち、全能希求に準拠して内的表象構造を組み、認知‐情動図式を作動させればさせるほど、α‐体験システムの認知‐情動図式は崩壊する。その際、α‐体験システムは、何が充足であり・何が欠如であるのか、あるいは何が自己の修復であるのかを弁別する「(自己) 認識部門」が崩壊するが、β‐体験システムを立ち上げるのに必要な、「欠如があるので修復せよ」「どこかが故障しているので体験構造を修復せよ」といった断片化した危機信号機能だけは温存される。こうして、β‐体験システムは、α‐体験システムの自己認識性能を奪ったうえで、断片化した危機信号プログラムを立ち上げ、それを自システムに接続して、「一次欠如充足」および「α‐体験構造修復」というプログラムを、「全能筋書具現」および「β‐体験構造生成・組織化・再産出」に書き換える。α‐体験構造の崩壊産物としての断片化した危機信号機能は、β‐体験構造が生成される際の端緒あるいは起動装置となる。すなわち、β‐体験システムは、α‐体験システムの部分的破壊によって〈欠如〉を再産出し、その〈欠如〉を端緒として自己を再生産する自己再産出的システムである。あるいはβ‐体験システムは、α‐体験システムが自己産出するための認識装置に自己の情報を書き込み、α‐体験システムの自己産出としてβ‐体験システムの自己産出をさせることで、自己を産出している。こうして、β‐体験システムがα‐体験システムの機能的代替え物として確立する。この機能的配置の確立は、ますますα‐体験システムを機能不全に陥らせる。このすりかえによって生じたα‐体験システムの充足不全によって、〈欠如〉はますます昂進し、生体は欠如信号を出し続ける。

だが、この心理水準のメカニズムは、〈欠如〉を再産出する社会水準を含めた系の一部に過ぎない。これは、前に〈欠如〉の原因あるいはきっかけ要因として挙げた(a)〜(d)のうちの(d)である。(d)の他に実際の行為あるいはコミュニケーションを媒介にして、β‐IPSの内部で〈欠如〉とβ‐体験構造は再産出される。

β‐体験構造とコミュニケーションとを媒介するのは具現である。β‐体験構造は、β‐IPSのなかで具現を通じてはじめてリアルな体験を獲得することができる。ひとは具現に駆り立てられ、この具現を通じて行為やコミュニケーションが生じる。これまで論じてきた〈欠如〉と全能希求のメカニズムは、体験構造の内部（Intrapsychic）にとどまらずInterpersonalな領域を創発しつつ、さらにそこから体験構造に折り重なっていく。

いじめ関連諸事象から照らし出される、β－体験構造を主要な構成要素としたβ－ＩＰＳは、①β－体験構造と、②β－体験構造において具現的に引き起こされる行為やコミュニケーションが連鎖・集積して自生する社会秩序とが、③その内部作動や行為やコミュニケーションの〈欠如〉促進的な効果を媒介にして、④螺旋状に他を産出し合う、特殊なＩＰＳである。

以下、これまで論じてきた基礎理論に準拠しつついじめ関連諸事象を分析し、様々な有用な理論モデルを構築していく。

## 4 全能筋書ユニットの圧縮‐転換モデル

自分の目的追求にとって障害となる相手の意志を粉砕するために威嚇や苦痛を与える、といった目的のための手段としては、いじめの迫害様式はあまりにも手が込んでいる。よくここまで思いつくものだと感心せざるを得ないいじめの様式を、生徒たちは創造する。例えば、手に積ませたおがくずにライターで火をつける。足をはんだごてで×印に焼く。ゴキブリの死骸入り牛乳を飲ませる。靴を舐めさせる。便器に顔を突っ込む。性器を理科の実験バサミではさんだり、シャープペンシルを入れたりする。被害者が死んでもおかしくないような激しい暴力にも、歌や奇妙な命名や振付がしばしば付随する。以下では、全能筋書ユニットの圧縮‐転換モデルによって、これまで理解不能だった多彩かつ奇妙ないじめの様式にアプローチする。

前出の図2‐1のなかに「全能筋書ストック」とある部分を拡大したのが図2‐2である。図2‐2

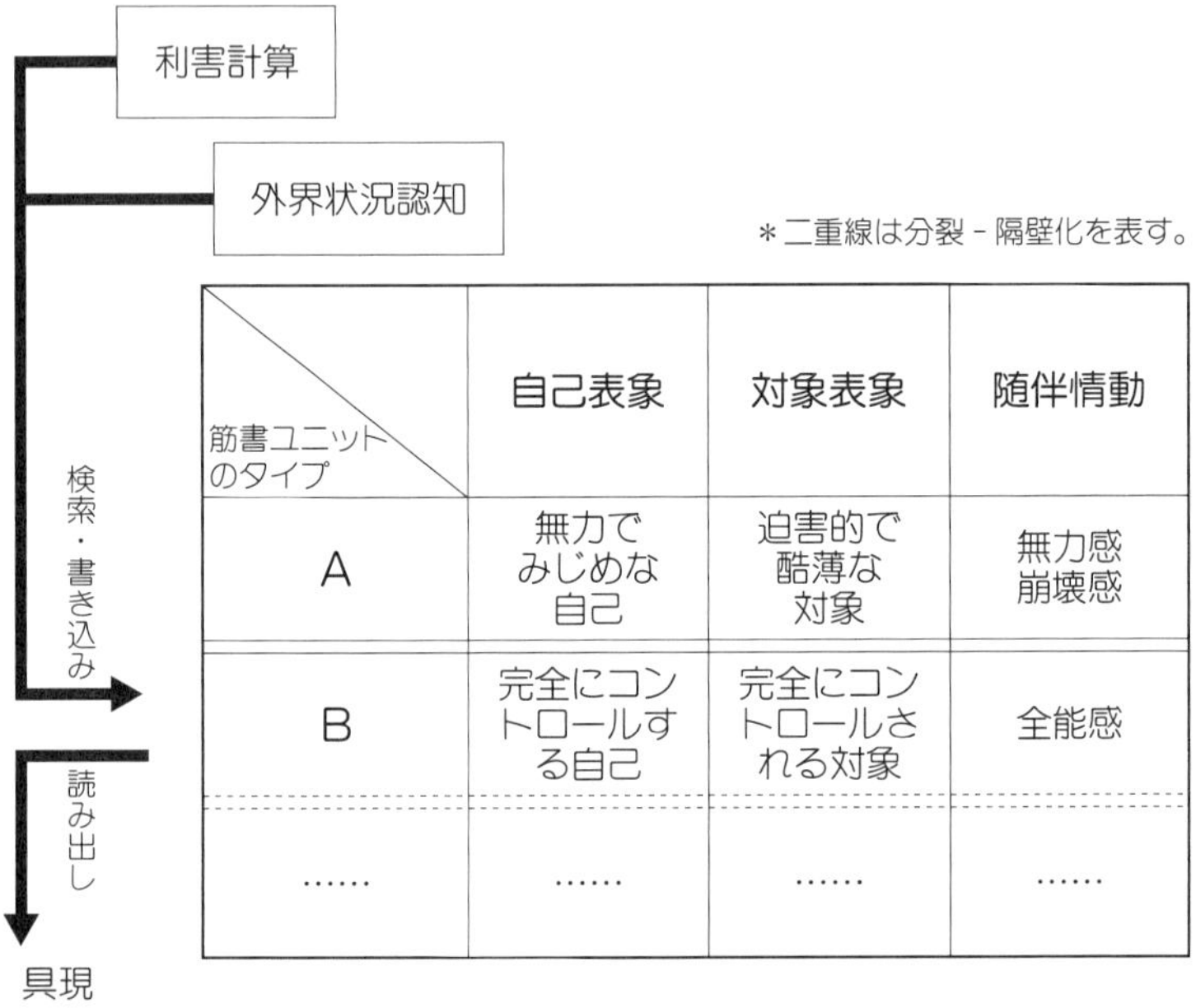

      ┌──┤   利害計算    │

| 筋書ユニット<br>のタイプ | 自己表象 | 対象表象 | 随伴情動 |
|---|---|---|---|
| A | 無力で<br>みじめな<br>自己 | 迫害的で<br>酷薄な<br>対象 | 無力感<br>崩壊感 |
| B | 完全にコン<br>トロールす<br>る自己 | 完全にコン<br>トロールさ<br>れる対象 | 全能感 |
| …… | …… | …… | …… |

**図2-2　全能筋書ストック**

の筋書ユニット（A、B……）は、①自己表象②対象表象③随伴情動のセットであり、他のユニット群と分裂され隔壁化《compartmentalized》されている。状況に応じてユニットが切り替わることで、状況次第で一貫性のない人格群が断続する。図2-2の各ユニットを分ける二重線は、分裂-隔壁化を表す。認知-情動-情報処理装置の中の全能筋書ストックに対して、検索・書き込み・読み出しがなされる。

　図2-2のAユニットとBユニットは必ず分裂-隔壁化している。Aユニットは、β-体験構造の内部での〈欠如〉にかかわる筋書のひとつでもある。Bユニットはいじめ関連諸事象にかかわる特殊な全能筋書である。全能筋書の自己表象と他者表象は、一般に「誇大自己-誇大自己をパーフェクトに照らし返す対象」という構造を有している。これには様々

＊二重線は分裂-隔壁化、点線は圧縮可能を表す。矢印は投影同一化。

| 筋書ユニットのタイプ | 自己表象 | 対象表象 | 随伴情動 |
| --- | --- | --- | --- |
| A | 無力でみじめな自己 | 迫害的で酷薄な対象 | 無力感崩壊感 |
| B-a | 主人 | 奴卑 | 全能感 |
| B-b | 破壊神 | 崩れ落ちる屑物 | 全能感 |
| B-c | 遊ぶ神 | 玩具 | 全能感 |

図2-3　全能筋書ストック

なタイプがある。

それらのうち、いじめ関連諸事象に関わるBユニットの全能筋書は、「パワー」あるいは「完全なコントロール」を主題とする特殊な全能筋書である。すなわち、①「完全にコントロールする」自己表象と、②「完全にコントロールされる」他者表象と、③随伴情動としての全能感、からなる筋書構造である。

図2-3は図2-2のBユニットをさらにサブユニットに展開したものである。「完全なコントロール」を主題とする全能筋書ユニットには、次の三つのサブユニットがある。B-a「主人と奴卑と随伴情動としての全能感」、B-b「破壊神と崩れ落ちる屑物と随伴情動としての全能感」、B-c「遊ぶ神とその玩具と随伴情動としての全能感」（以下、随伴情動としての全能感の項は省略）。

この三つは、「相手が主体性をもっていることをこちらが把握し、その自由を前提にしたうえで、その自由をいかに踏みにじるか」という遊びである点では共通している。

B‐a「主人と奴卑」の場合、体験世界の用具的秩序を動かさないで、その秩序の上で利便性に準拠して命令する主人と、命令に忠実に従う奴卑のセットである。

B‐b「破壊神と崩れ落ちる屠物」は、ストレートな暴力のパワーそのものを楽しむ筋書である。

B‐c「遊ぶ神と玩具」の場合、神は、新たな接続線を引いて世界の脈絡の別次元を強引に結びつけ、思いのままに世界の現実そのものを一気に破壊しつつ再創造し、その思いもよらぬ形態変化の愉快なかたちに笑い転げる。ここでは、「主人と奴卑」と異なり、用具性・利便性の地平そのものが変形する。

これらの筋書を具現する素材として、いわば「おもちゃ」身分の者とも言うべき、いじめ被害者が使用される。いじめ被害者は全能筋書を具現するための容器（Bion, W. R., 1961＝1973, Grinberg, L., Sor, D. & Bianchedi, E. T. 1977＝1982）である。容器とは、内部に侵入しかきまわし・相手の内側から己の全能を顕現しつつ生き直し・自分が癒される、といったことのために使用する容れ物である。いじめ被害者が、適切な仕方で容器として機能することで、全能筋書が具現され、いじめ加害者の体験構造が救われる。いじめを生きる者たちは、全能筋書を具現して自己を補完する他者、自己の延長として情動的に体験される他者、すなわち「おもちゃ＝自己対象」を切実に必要としている。この体験構造ニーズが、いじめの執拗さをもたらしている。

上記の三つのユニットにおいては、自己表象と他者表象が極度に相互依存的（自己対象的）である。例えば、「奴卑」が打てば響くように恣意に応え、意のままにならなければ、「主人」自体が崩壊してしまう。「おもちゃ」が、「創造」の恣意《おもいのまま》に応えて打てば響くように、新たな意味の組み替えや別次元の存在との結合によって、鮮やかな形態変化を起こしてくれなければ、「砂遊びをする神」は死ぬ。「屠物」が、意のままに「崩れ落ち」てくれなければ、「破壊神」は「パワー」の感覚に満たされることができない。このような意味で「完全にコントロールする」自己は、自己の存立に対して、「完全にコントロールされる」**他者からの応答性をあてにしている。**これらの応答性を資源とした全能筋書の具現ができない場合、〈欠如〉が露呈してしまう。

　身分が下の者が思い通りにいじめられてくれない場合、この〈欠如〉が露呈することによって加害者側の方が被害感を感じ、激怒する。全能筋書の具現を期待していた者がそれを「はずす」ことに対しては、自己愛憤怒が生じる。この自己愛憤怒が生じているときには、特に「嗜虐コントローラーと崩れ落ちる被虐者」が誘発されやすい。自己愛憤怒は、崩壊しかけた自己のまとまりの感覚を、「パワー」あるいは「コントロール」の感覚で再活性化させようとする営為、という側面を有している。ただし、「破壊神と崩れ落ちる屠物」が惹起したからといって、自己愛憤怒が起こっているとは限らない。

　上記の三つのサブユニットは、分裂‐隔壁化していない。むしろ、圧縮されやすい。**圧縮**とは、一つの夢の事象に複数の筋書が圧縮して込められているように、一つの（この場合はいじめ）行為に、複数の筋書ユニットが結合し・圧縮され・多重的に具現されることをいう。圧縮可能なユニット同士の分割線を、図2‐3では、点線であらわした。このように圧縮されつつ、状況の推移に応じて筋書ユニットは絶えず切り替わる。この切り替わりを転換と呼ぶ。

　①「主人と奴卑」、②「破壊神と崩れ落ちる屠物」、③「遊ぶ神と玩具」という三つのサブユニットが圧縮されつつ転換していくという理論モデルは、これまで理解不能だった多彩かつ奇妙ないじめの様式

を明晰に説明する。このモデルを、全能筋書ユニットの圧縮‐転換モデルと呼ぶ。

## 【事例7・ヘルとクネヒトの弁証法】

「和夫は……『おい、次郎。パンとジュースを買ってこい』と命じた。……和夫にしてみれば、一年生のころから何度となくやらせていた日常的な使い走りである。……。まったく意外なことに、次郎は『いやだ。みつかったら先生に叱られる』と断った。命じればなんでもやる。必ず言うことを聞く。『だから次郎はオレのいい友達なのだ』と考えていたボスは、思ってもみなかった拒否に遭い、……不審に思った。不審の念はやがて、抑えようのない怒りに変わる。命じた用事を拒まれたからではなくて、おのれの存在そのものを拒否された怒りだ。……『さっきのあれはなんだ。てめえ、オレの言うことが聞けないのか』。次郎は答えない。無言のまま、拒絶の表情を浮かべている。和夫は少しうろたえ、とっさに体勢を立て直し、おどし道具を取り出した。ビニール・コードの一方の端の被覆をはぎとり、銅線をむき出しにして球に丸めたものだ。……『おめえ、ほんとうにいやなのか』……。……次郎は突如として床に膝をつき、両手を下ろし、土下座の格好となって言った。『これで和夫君と縁が切れるなら、殴っても何をしてもいいです』……。和夫はいきり立った。『今、なんと言った。もういっぺん言ってみろ！』床に這いつくばった少年は、やっと聞き取れるぐらいの声で言った。『これで和夫君と縁が切れるなら、何をしてもいいです』。夏休みの間中にけいこでもしてきたような同じ言葉。『やろう、オレをなめるのか！』和夫はビニール・コードを振るった。第一撃は頭に命中し、二発、三発とたてつづけに腕や手の甲で音を立てた。見る間に、真っ赤なみみずばれが走る」。（佐瀬、一九九二、一六二－一六五ページ）

「主人《ヘル》と奴卑《クネヒト》」の全能筋書を具現すべく次郎に使い走りを要求した和夫は、それを拒まれて〈欠如〉が不気味に迫るほど動揺し自己愛憤怒が生じる。それに誘発されて「破壊神と崩れ落ちる屠物」が呼び出されて具現される。すなわち全能筋書が、自己愛憤怒を介して「主人と奴卑」から「破壊神と崩れおちる屠物」へと、転換したのである。

いじめられる者はしばしば、それを避けようとする素振りを（特に受動攻撃的な仕方で）見せる。相手を明晰に敵とみなして逃げるか闘うかするのではなく、強者の容器あるいは自己対象としてとどまりながら、同時に部分的に避ける素振りをするか、あるいは受動攻撃的な弱々しい反抗（例えばミスによる「チクリ」、奉仕の非効率化、釣り銭の着服など）をする。すると、いじめ加害者は、長期にわたり反復的にむず痒いような自己愛憤怒を起こしやすい。そして、相手を痛めつけて逃げられないようにして使用可能な容器として補修・維持する、「しつけ」という手段的行為（具象）において、「破壊神と崩れ落ちる屠物」（表象）を具現する習慣が生じやすい。この「しつけ」を日常的に繰り返す場合、「遊ぶ神と玩具」が圧縮されやすく、「暴力的な‐あそび型‐いじめ」がエスカレートする。いじめがエスカレートする経過においてはしばしば、「しつけ」と結合した「破壊神」に「遊ぶ神」が圧縮され、それが習慣化していく。例えば「中野富士見中葬式ごっこ自殺事件」の鹿川裕史君は、真冬に裸の背中に水をかけられた上でコンクリートの滑り台を背中ですべらされ、木に登らせて歌を歌わされ、そのうえ木を揺すられ、タバコを大量に吸わされ気絶する（豊田、一九九四／門野、一九八六）。また、【事例7】のエピソードの後に、次郎はタバコを七〜八本立て続けに吸わされ嘔吐し、和夫は笑いころげる。このようになるのも、筆者の理論モデルからは予想通りの帰結とも言える。いじめがエスカレートした結果、二人とも最後には自殺している。部分的‐中途半端に迫害者とずるずると「なかよく」しながら少しずつ状況を改善しようとする――このような「改善」は迫害者には慢性的に裏切りと体験される――ことは、非常に危険である。一気に相手をおそれさせるような仕方で、公権力による処罰可能性を現実的なものにしつつ抗議あるいは告発をすれば、相手は意外なほど簡単に手を引き、別のターゲットか別の全能具現様式を探索しはじめる（しかし学校共同体主義は、個人が公権力を盾にして「ともだち」や「せんせい」から自由になろうとすることを、何よりも嫌う）。

相手が泣くことは、被虐者が自他の分離をほどいていく「崩壊」を具現するゆえに、「完全なコントロール」を基本的な筋書とした全能感には、しばしば、なくてはならない具象である。泣かずに自他の境界を維持しつつ、全能者の「あそび」に対して自立した個であり続けることは、いじめる側の全能性に対する許しがたい冒瀆であり、自己愛憤怒をもたらす。いじめの場でいじめられる者が泣かないことは、しばしば、「みんな」の全能感をなかだちとした共同性に対する「傲慢の罪」を犯すことでもある。【事例5】で若林らが、「泣いて」融和することをしないE子を「異常」視するのも、この共同体的文脈においてである。

また、口、性器、肛門、排泄物にまつわるものといった、身体の開口部に関する具象が好まれるのも、自他の境界を破壊し、内部に侵入しつつかき回したり汚染させたりして、内側から被虐者が崩れ落ちる「破壊神と崩れ落ちる屠物」の筋書をリアルに具現‐体験できるからである。さらに、別次元の存在との結合による形態変化の愉快さを伴う「遊ぶ神と玩具」の創造性が加わると、ただ単に迫害するだけではなく、草を食わせたり、ゴキブリを粉末状にして牛乳に入れて飲ませたり、性器を洗濯ばさみではさんだり、団結して帰国子女の肛門にボールペンのキャップを入れたり、といった加工・創造を笑いころげながら行うことになる。

遊び型暴力いじめにおいては、「笑いながら新たな結合において新しく世界を創造する遊ぶ全能神とその玩具」と「破壊し尽くす神と崩れ落ちる屠物」とを、一つの行為において圧縮しつつ、同時に具現することができる。[16]

## 5　投影同一化と容器――癒しとしてのいじめ

　ここでは、いじめられた者が執拗にいじめをおこなう場合の体験構造に、投影同一化（Klein, M. 1946＝1985; Ogden, T. H., 1979, Goldstein, W. N. 1991）および容器－内容（Bion, W. R. 1961＝1973, Grinberg, L., Sor, D. & Bianchedi, E. T., 1977＝1982）の機制が認められることを指摘しよう。

　**投影同一化とは、自分の一部を相手に投影し、その投影された部分を相手を支配することで支配しようとすることである。**投影同一化は、自分にとって耐えがたい体験の様式になってしまった内的表象構造を、他者を利用してより快適なものへと加工しようとする営為である。すなわち、投影される耐えがたい内容が投影先である容器に入れられ、その容器のなかで内容がより快適なものに変化し、その変化した内容がもう一度自己に帰ってくる。このような容器として使用される者は執拗に操作され、実際に他者の空想の一部にとり憑かれたかのように振る舞うようになる（【事例6】の被害者コミの振る舞いは典型的である)。

過去にいためつけられた体験を有するいじめる側は、いじめられる側を容器とした投影同一化を用いて、自分の傷つき歪んだ体験構造を補修し、癒そうとする。図2‐3(七〇ページ)のクロスした矢印つきの二本の線が、次の二つの投影同一化のラインを表している。

投影同一化の第一の側面において、いじめる側は、かつて自分をいためつけた迫害者と同一化している。いじめる側は、かつて自分がやられたのと同じことを相手に対してする。図2‐3の、Aユニットの「迫害的で酷薄な対象」からBユニットの「破壊神」に向かう矢印がそれである。

投影同一化の第二の側面において、いじめる側は、痛めつける役を生きながら同時に自分が現に痛めつけている相手の中で「過去の痛めつけられた自己」をもう一度生きる。図2‐3の、Aユニットの「無力でみじめな自己」からBユニットの「崩れ落ちる屠物」に至る矢印が、この投影同一化である。かつてのみじめな自己の表象は、いじめ被害者によって具現されて体験される。例えば、自分が痛めつけているにもかかわらず、痛めつけられている「相手＝過去の自分の投影先」を見てむしょうにイライラする。そして、ますます痛めつけ、えらぶって超越や達観を教えさとしたりし、またイライラして痛めつける。こうして相手をさんざんいじくりまわしたあげく、やっと、いじめられているのではなくいじめている自分を心の底から確認し、過去のみじめな自分から少し離脱したような気になることができる。このような場合、いじめられた自分のかつての特徴は、相手の特徴として体験されてしまう。

いじめ被害者という容器は、「過去の痛めつけられた自己」を入れると「現在の痛めつける自己」を返してくれる。これは、痛めつけられた自己表象‐対象表象‐随伴情動からなる体験構造を修復しようとする営為でもある。相手に「このような容器として具体的にふるまってもらう」という体験構造上のニーズが、いじめの執拗さを支えている（体験構造ニーズに基づく他者支配）。このメカニズムは次節以降で論じる「子どもたちなり」の独特の倫理秩序とも結合している。

## 6 「タフ」の全能、「タフ」の倫理秩序

自分が無力でありかつ耐え難い迫害的な現実を、それでも「生きうる」、さらには「生きるに値する」ものへと「すりかえ」つつ変造する体験加工のなかに、当の耐え難い迫害的な現実を再産出する傾向が埋め込まれている。

**【事例8・いじめてける人は先生だ】**

筆者は、「山形マット死事件」[17]をめぐる地元新庄市の調査で、殺された児玉有平君（死亡当時中学一年）の兄のXを執拗にいじめていたYの家に聞き取りに行った。一家は、ルサンチマン的体験構造、そして、酷薄な「世間」をわたって鍛えられてきたという「タフ」の自負を示す。さらに、その酷薄な「世間」で学習し身につけてきた、もっぱら利益誘導のためになされる情緒的な粘りつきと感

動的な人生論、非論理的な情と気迫で相手を押す語りを背後で演出する論理的に明晰な段取りと計算高さ、相手の自尊心を踏みにじり気力を挫いて思い通りに操縦するための「相手のため」と称する憎悪と悪意のこもった「しつけ」の技法、といった、「世間を生き抜くため」の多種多様な生活技能をY家の人々は実演してみせてくれた。

一家は、いじめなら自分たちの方が、よっぽどひどいことをされてきたと切々と訴える。Y兄弟は、無意味に蹴られ、自転車屋が驚くほど自転車を破壊され、背骨が曲がるほど投げ飛ばされ、針で突かれ、それを耐えてきた。母は言う。「いじめられっぱなしでは、みな家族駄目になってしまう。これでもか、これでもかってやってくるのに対して、『これでもまだ自転車乗っていける』『いがったなあ、自転車で。体さ、さったんねくていがったな』『母さん直してけっさげ、明日頑張って行けよ』『いじめてけるひとは先生だ』って解釈しなおして生きていく。いじめのおかげで成長できて良かった。いじめてける人は先生だ。その人が知恵をつけてくれるから。そうして利口になっていくから。Yはいじめのおかげで大人っぽくなった。相手の顔色をうかがって場の雰囲気を察知できるようになった」。一家はうなずく。Y兄弟が続ける。「それに対して、児玉さんのようなうちは過保護で何にも知らないで終わってしまう。児玉さんの家の子は耐える力がない。そのように育てたのは教育者として失敗だ。いじめられるのは幸せだ。いじめられもしないものは、存在感がなく世の中から抹殺されてしまう。」母は言う。「揉まれるのを怖れるな、揉まれて成長する」「いじめは乗り越えて強くなる試練だ」。

筆者が、YがXをいじめるのを噂ではなくこの目で見た人がいるということを強調すると、母は割り込みながら言う。「ああ、目で見てたっていい。うん。目でなん、見てたって関係ねえっすよぉ。

石ぶつけられようが、な。うん。ウチの子だって、様々さって来たんだから。さってたっていいの。だからウチではそれを直して直して。な、自転車だって直して、何回やらっても直して。うん。んで、人からさったと思わねえで、な、クギさあたってパンクしたっていうふうに受けとめて、いい方にいい方に解釈して行かねば、生きていかんねんのよ。な。」

Y家の人々は、ルサンチマン論（Nietzsche, F. W. 1968＝1983, Scheler, M. 11＝1977）の典型のような仕方で、生きがたい現実を体験加工している。本当は単純明快にいじめられない方がいいのだが、耐え難い生活を「いいふうに、いいふうに解釈」しなければ生きていけないので、「価値の表を偽造」する。

だが問題は、ニーチェ（Nietzsche, F. W.）やシェーラー（Scheler, M.）が考えなかった**「タフ」の美学とでもいうべき「弱者なりの全能筋書」**にある。それは、耐えること自体を「タフ」という「パワー」の具現とする、全能筋書である。いじめられてみじめな状況にある者はしばしば、耐えること自体を、「タフ」という全能筋書に変造する。そして、「タフ」になるということを美学的に自負することで現実の惨めさを否認する。「タフ」の全能を具現するには、絶えず、実際のみじめな自分を否認しつつ分裂－隔壁化しておかなければならない。

「弱い」うちは、このような体験加工によってみじめさを否認し、「耐えるタフ」の美学を生きながら、ひたすら「世渡り」の技能を修得する。この技能修得は「タフ」の全能筋書を具現する。すなわち、「うまくやりおおせること」も「タフ」の具現項目となり、「耐えるタフ」から「世渡りのタフ」が分岐していく。「タフ」の全能筋書において、「うまくやりおおせること」は、救済の価を有する。Y家のひとたちにとってみれば、「うまくやりおおせること」は、ただ単なる実利の追求にとどまらない、「タフ」の具現による体験構造の救済という意味を持つのである。このことが、実利とはまた別の次元で、いじめの場で「うまくやりおおせる」技能の修得へと、人を駆り立てる。このようにして、「タフ」の全能筋書は「世間を泳ぐ」生活技能に織り込まれていく。ここのところに、「世間に揉まれる[18]」といわれていることのエッセンスがある。このことは、全能と利害計算との結合(後出)をさらに加速する。

自分が過酷な社会環境で「うまくやりおおせる」ことができるようになると、すこしずつその「世渡り」の一環としていじめという容器-内容モデルの「癒し」を始める。「弱者」からほどほどに「強者」になると、これまで否認してきた分裂-隔壁化されていたみじめな自己の筋書ユニット(図2-2および図2-3のAユニット)を少しずつ解凍し、先に述べた容器(に対する投影同一化)を用いて「癒し=いじめ」をはじめる。Yは、中学生集団の中では相変わらず「低い身分」を生きていたが、「ぼっちゃん」のXだけはいじめることができた。心理的に生き延び「ステップアップ」するために、それは必要不可欠な(しかも「子ども社会」では許容される)営みと感じられたはずである。「タフ」の筋書は「強者」の全能筋書へと変容していく。

この「タフ」の全能筋書は、いじめられることといじめることとの間を埋めるメカニズムのひとつである。いじめをするものの多くは、この「タフ」の全能筋書を生きている。また「タフ」の全能筋書に準拠した体験構造が、不幸の平等主義やいじめに対する権利意識や美意識を生む。「子どもたちの社会」には「タフ」の全能筋書に準拠した独自の倫理秩序が自生する。タフの美学・倫理が$\gamma$-秩序によって侵害された場合は、子どもたちは憎悪を湛えて侵害者たちをにらむ。

たとえば、西尾市東部中学の大河内清輝君自殺事件で清輝君を迫害し続けた「社長」(と呼ばれるいじめグループのリーダー)は、いじめられていじめるようになった上記「タフ」の陶冶を経ており、清輝君が自殺した直後に父の大河内祥晴氏に呼び出されても、「ポーカーフェイスを決め込」み「睨むような目つきで祥晴さんを見返したまま……だった」(小林、一九九五)。また、いじめて全治一カ月の骨折を負わせた少年は、入院している被害者Bの病室を母と共に訪れ、「あやまるでもなく、ただ、じーっとB君の顔をにらみつけていた」(太田、一九九五)。また【事例1】でも、中学生たちはヒューマニズムを押しつけてくる大人たちを上目づかいににらんでいる。

彼らが「世渡り」をする社会(「世間」)では、十分に「タフ」になった者が「タフ」になれない者を「おもちゃ」にして「あそぶ」ことは「ただしい」ことであり、おおくの「普通」の生徒たちは、自分たち「なりの」社会のなかでこの「権利意識」を持っている。いじめを耐えた体験が大きければ大きいほど、この「権利意識」も大きくなる。「きれいごとを言ってくる連中」からの、この「権利」の侵害に対しては、生徒たちは「不正」にたいする怒りをぶつける。

自分自身が迫害されながら必死で「世渡り」をしてきたという自負と、「世間」とはそういうものだという秩序感覚が、このような事態を生んでいる。すなわち、このような生徒たちにとっては、自分が所属し・忠誠を捧げ・規範を仰いでいる社会は、人を殺してはいけないとする社会や、法律で人々を守っている社会ではなく、涙を流しながら「世渡り」をすることで自分たちが「タフ」になってきた社会である。生徒たちは、学校で集団生活をすることによって、このような陶冶をされてしまう。

「タフ」の美学は、いじめられる者は情けないからいけないのだとか、いじめられた者は今度は強くなっていじめる側になればいいという実感をもたらす。彼らは、自分を痛めつけた嗜虐者が「タフ」の美学を教えてくれたというふうに体験加工する代わりに、「タフ」になれない「情けない」者には「むかつい」てしまい、攻撃せざるを得ない。たとえ「情けない」という印象を与えなくとも、「タフ」の全能筋書と体験加工を感情連鎖として生きない者は「まじわらない」「わるい」「むかつく」者とみなされ、いじめ暴力の対象となる。「タフ」の全能筋書を生きた者は、不幸の平等主義に対する違反には敏感になる。苦労して「タフ」になってきた者は、おうおうにして、苦労を共にし合うことなく「世間」に対してうまく自他境界を引くことに成功して幸福そうに見える者を、目の当たりにしただけで被害感と憎悪を爆発させる。そして、相手が楽しんでいる幸福をはずかしめ、破壊し尽くさねば気がおさまらない。

# 7　利害－全能マッチング

　これまでβ－体験構造の理論モデルによっていじめ及びいじめ関連諸事象のかなりの部分を、統一的に説明してきた。しかし、現実のいじめ状況や、いじめ関連諸事象が浮き彫りにする社会生活を、全能具現モデルだけから説明するのは不十分である。

　いじめの場を生きる者たちの全能具現は、利害計算に従属して組織されつつ・作動している。ここでは、利害計算概念を、その実践的側面（行動プランニングあるいは段取り組み）も含めた広い意味で用いている。

　しばしばこのままでは破滅するとわかっていてもやめられない他の全能希求的な嗜癖行動と違って、いじめに関わる全能具現は（たとえハードケースであっても）利害構造に埋め込まれ、利害計算に従属した形で作動している。筆者が知る限り、自分が多大な損失をこうむることがわかっていても特定の人物をいじめ続けるというケースはほとんどない。

【事例9・普通生活してるなかで、人のこと、がんがん殴る、ってことないじゃないですか】

中学生の時にいじめをしていた青年は記者に話す。

朝会って、「おはよう」でケリを入れる。殴って顔が腫れて、誰だかわからない。その子は授業中顔を伏せている。先生は寝てると思ってる。その後、また殴る。「なんでも、すぐ因縁つけて。ターゲット決まったら、そいつに集中ですね。まあ、登校拒否しちゃうから、そういうやつは、結果的に。そうするとまた、つまんねえ。他のやつに移動して。それをなんか楽しんでやってたから。……やりすぎたかなっていうのは、今頃になって思うことで……。……中学あがって、イライラするじゃないですか。わかんないことばっかりだし。先輩こわかったり。勉強できないとか。先生が好きじゃないとか。まあ、家のこともあったり。だから、やっぱ、そうなると、いじめちゃうし。**普通生活してるなかで、人のこと、がんがん殴る、ってことないじゃないですか**。発散できるから。ある意味で気持ちいいし」。彼はその後、教員の強い指導でいじめることができなくなる。そして、「いじめられる人間いないから」ということで、今度は万引きなどの非行に走り、「クスリ以外はなんでもやった」。(TBS「NEWS23」一九九五・九・一一)

この事例は典型的である。自分が人生の大部分を過ごす市民社会(=「普通生活してるなか」)では、「人のこと、がんがん殴る」などということは、なかなか出来るものではない。せっかく中学という「普通生活してるなか(=市民社会)」でない環境にいるのだから、できるうちに思う存分やっておこう、という利害計算がよく現れている。

加害少年たちは、危険を感じたときはすばやく手を引く。そのあっけなさは、被害者側も意外に思うほどである。損失が予期される場合には、より安全な対象を新たに見つけだし、そちらにくらがえする。加害者側の行動は、全能希求に貫かれながらも、徹頭徹尾、利害計算に基づいている。

いじめのハードケースのうちかなりの部分は、親や教員などの「強い者」から注意されたときは、いったんは退いている。「自分が損をするかもしれない」と予期すると迅速に行動をとめて様子を見る。そして「石橋をたたき」ながら少しずついじめを再開していく。「大丈夫」となると、「チクられ」た怒り——自己愛憤怒！——も加わっていじめはエスカレートする。しかも、そのころには親や教員の力は「思ったほどではない」という自信もついている。ハードケースの「破局が唐突に」起こるまでには、ゆっくりとした損失計算の下方スライドがある。ほとんどすべてのいじめは、安全確認済みで行われている。頻発しているハードケースは、利害コントロールが十分に行われていればソフトケースの程度で終わるはずのものである。「市民社会の論理」を学校に入れないことが、ハードケースを頻発させている。[19]

さて、全能具現は利害計算に従属する。それでは全能具現と利害計算とはどのように結合しあっているのだろうか。

これまでは全能準拠構造を中心に論じてきた。この全能（筋書具現）を自分に味わわせるために、いじめをする者が人的・物的用具を探索したり配置したりし、安全を確保し、非難された場合にアリバイ工作をしたり言い訳をしたりする、現実的な段取りの組み方は、合理的でたくましい利害計算能力に基づいている。このような利害計算と全能具現とのマッチングは、次の二つのプロセスが絡み合った連鎖から成っている。

①その場の利害状況にあわせて有利な情緒的な感情状態を作りあげるプロセス。全能筋書のストックを検索し、利害状況に適合した全能筋書を読み出して、活性化しつつ具現・体験し、その全能筋書に即した情緒状態に成りきる。なお、この時点では一連の検索作業の記憶は情動的に解離されている。

②全能体験のニーズから利害計算を行い、利害状況にかなった仕方で巧妙に具現・体験のための段取りを組む。段取りが組まれて筋書が具現・体験される時点では、最初の全能体験ニーズから段取りが組まれたことの記憶が情動的に解離され、その段取りに内在したもっともらしい動機の筋書が信じ込まれる。そうでありえたかもしれない様々な全能体験の候補は、安全チェックを経て刈り込まれて、潜在化している。これらは状況に応じて顕在化してくる。

この二つは、何重にも折り重なりあって接続している。すなわち、①利害計算から呼び出された全能筋書は、即座に全能体験ニーズになり、②この全能体験ニーズのためにさらに利害計算がなされる（逆もまた然り）、といったプロセスが折り重なり合っているのである。いじめの場で、多くの人々は利害計算に照合して全能筋書を組織し、全能筋書に照合して利害計算している。これを**利害-全能マッチング**と呼ぼう。

**【事例10・素直《すなお》】**

高校生Zの事例。これは筆者による聞き取り事例である。暴力に満ちたクラスには、殴られ要員がいる。Ｚは観客だった。見物してはやし立てて楽しんでいた。「無理してつきあってる。さぐりあい。ほんとは、つきあいたくない。だましあいなんだよ。ようするに。あの学校では。上の人の話を単に聞くだけじゃなくて、話を聞く態度、ようするに接している態度を見せなければならない」。「接している態度とは？」筆者は質問する。Ｚは答える。「話をあわせる。相手はどんな気分になるのか？こいつは仲間なんだなと、そう思うんじゃないの。殴られ要員にならないために、話を合わせる。自分だけでなくみんなそう。いじめられる第一の原因は見かけ。こいつ変な顔してるから始まる」。「変な顔してるやつが強いヤツだったら？」と筆者は質問する。「みんな従っちゃう、素直《すなお》だから」。

「変な顔」という印象で異物として認定され、「異物に対して憤る破壊神とその攻撃によって崩れ落ちる屠物」という全能筋書が作動するかどうかは、相手が強いかどうかによっている。相手が強いと認定されれば、急遽全能筋書の具現は取りやめになり、相手の顔が「変な顔」と体験されなくなる。暴力的全能感にまつわる全能筋書は、安全確保という目的に即した強いかどうかの値踏みによって、作動・非作動が制御されている。ここで起こっているのは、単に「相手が強いからやめた」という事態ではなく、相手が強いかどうかの利害計算に応じて、相手の顔がどのように体験されるか・こちら側がどういう人格に成っている状態であるかといった、体験構造の大きなセットがその集塊ごと入れ替わってしまう事態である。

このような利害－全能マッチングは、単なる演技とは異なっている。演技は、その背後に様々な演技をしている「本当」の人格が想定されているが、そのような「本当」の人格はマッチングの邪魔になる。保身のために「ふり」をしているのではなく、そのときは「馬鹿になりきって」「そういう気分に成りきる」のでなければ、いじめ状況を生き延びることはできない。自分の「感情」を使うのではなく、保身のために「感情」をいわば「あいだ」にあけわたし、そのことで身の安全を得るのである。別の所に「本当の感情」を確保しながら「ふり」をしているときに必然的に醸し出される、独立した人格の雰囲気は、いじめの場では最も迫害意欲を誘発する。

相手が強かった場合の上記のような豹変に対して、Zは「素直《すなお》」という言い方をしている。ここで言われている「素直《すなお》」とは、上位者の一挙手一投足に合わせて人格状態が即座に変化していると思われるように、下位者が振る舞うことである。すなわち、上位者が具現・体験しようとしている全能筋書に対して打てば響くような仕方で、下位者の人格状態が伸縮変化する（と上位者が感じるように生きる）ことが「素直《すなお》」なのである。[21]

ここでつけ加えなければならないことは、この倫理秩序は利害計算に完全に従属していることである。皆が「だましあい」ながらかつ「素直《すなお》」であるという状態は、矛盾も混乱もしていない。この状態は、全能筋書と利害‐現実計算のマッチングに基づくコミュニケーションの集積から構成される秩序状態（$\beta$‐秩序）としては必然的な帰結である。このような秩序状態では倫理と損得とは分離しない。

これまで述べたような利害‐全能マッチングを多用すると、一貫した人格状態を保持するのが難しくなる。人格がある程度多重化している方が、いじめ状況の$\beta$‐IPSには適応しやすい。最終的に利害‐現実計算は全能準拠構造の上位でコントロールする位置を得るが、全能準拠構造を破壊することはない。むしろ全能具現と利害計算は相互に他を促進し合う。

## 8　容器の共同製作・共同使用とそれにもとづく社会秩序

これまで論じてきたさまざまなメカニズムに加えて、容器の共同製作・共同使用も、β－ＩＰＳを構成する重要な契機である。

「子どもたちなり」のいじめの場の秩序は、「あそび」の秩序でもある。自分たちの〈欠如〉を全能感で補完するために犠牲者を見つけだし、打てば響くように恣意に応える「おもちゃ＝自己対象」という容器としていじめ被害者を製作しながら「使用する＝あそぶ」共同作業の秩序を、生徒たちは生きている。かれらは、全能筋書を具現して自己を補完する他者、自己の延長として情動的に体験される他者を切実に必要としている。

全能筋書の受け皿としてのこのような容器はしばしば、個人単独では製作することができず、他者との一定のコミュニケーションの連鎖・集積を必要とする。β－ＩＰＳは、β－体験構造が必要とする全能筋書具現のための、個人単独では製作できない容器を共同製作・共同使用する、共同作業的コミュニケーションの連鎖・集積を重要な契機とするIPSである。それゆえ$\beta$‐IPSにおいては、全能感は容器を製作する共同作業の動向に従って消長することになる。この共同作業は、$\beta$‐体験構造を生きる者にとっては極めて重要なものである。〈欠如〉の「ブラックホール」からのつかの間の錯覚としての全能を希求して生きる者は、おうおうにしてその全能感を、つかの間の「生命」のようなものと感じる。そして、その全能感の消長の座が個人ではなく容器を製作する共同作業にあると感じられるので、そこから**錯覚としての集合的な「生命」感覚**が生じる。[22] このような集合的な全能具現を〈祝祭〉と呼ぼう。[23]

上記の共同作業が「あそび」と言われるものである。生徒たちがいじめを「あそび」と言うときの「あそび」とは、彼らの$\beta$‐体験と$\beta$‐IPSあるいは集合的な「生命」感覚を構成する、極めて重要な営みなのである。【事例1】で女子中学生が「遊んだだけよ」という時の「あそび」は、実際に、殺された者の生命よりも大きな価値を有している。

このような「あそび」の群のなかで、体験構造は集合的に陶冶・成型されて、独特の倫理秩序をなぞるようになる。$\beta$‐体験構造にもとづくコミュニケーションの連鎖・集積の効果が翻って$\beta$‐体験構造を再成型するループの繰り返しから、感情連鎖の秩序ともいうべき独自の倫理秩序が自生する。この倫理秩序は、事象を論理に従って普遍的な理念と符合することで妥当性を指示するような秩序(たとえば$\gamma$‐秩序)ではない。それは集合的な「あそび」の全能感やタフの美学がそのまま倫理でもあるかのような情と配慮の秩序($\beta$‐秩序)である。この秩序が$\gamma$‐秩序を圧倒してしまっている。

この**秩序の中でいじめられる身分の者は、その場その場で全能感をもたらす容器あるいは「おもち**

や＝自己対象」としてのみ存在意義がある。「おもちゃ＝自己対象」に対しては、「独自の人格」を前提することと自体が不自然であり、命令によって動かすことがもっとも自然な接し方である。【事例1】で、女子中学生が「気絶するまで闘わせる遊び」という命令的な言い方を、大人たちの前ですらごく自然な感覚でしたのは、このような倫理秩序においてである。また、「死んじゃったら、それはそれでおもしろいじゃん」「あ、死んじゃった、それだけです」といった発言も驚くに価しない。「死の実感がない」と言われる「子どもたち」の言動は、彼ら独自の倫理秩序に整合的な帰結である。むしろ、その時その時の感情連鎖の場とは独立して普遍的に「人間の生命」が尊いなどということの方が、β－IPSを生きる人々にとっては不自然な「わるい」感覚である。彼らの秩序にとっては、つかのまの全能感ノリこそが「生命」であり、その結果、「おもちゃ」身分の「人間」が死ぬか生きるかなどは取るに足らないことなのである。

いじめの場を生きる者たちは、容器を共同製作・共同使用する〈祝祭〉を通じて、集合的に成型された倫理秩序、あるいは特有の「よい」「わるい」を体得しており、それに対して、大人の予想をはるかにうわまわる自信と自負を持っている。[24] 大人たちは、「子どもたち」の倫理秩序のうち、「人間の死を軽く見る」傾向や「個人と個人との間に信頼関係が全くないにもかかわらず、濃密に密着しあっている」奇妙さに頭を悩ませる。この倫理秩序に従えば、「よい」とは、全能感ノリに、「みんな」の感情連鎖に調子を合わせて存在することである。例えばいじめは「よい」。大勢への同調は「よい」。「わるい」とは、自分たちの共同作業の効果としての全能感ノリを外した、あるいは踏みにじったと感じられ、「みんな」の反感と憎しみの対象になることである。最も「悪い」のは、「チクリ」と個人的な高貴さ《アトミズム》である。それに比べれば、「結果として人が死んじゃうぐらいのこと」はそんなに「悪い」ことではない。

他人を「自殺に追い込む」ことは、ときに拍手喝采に値する「善行」である。個の尊厳や人権といった普遍的ヒューマニズムは「わるい」ことであり、反感と憎しみの対象になる。彼らにとっては、その場その場で共振する「みんな」の全能感ノリを超えた、普遍的な理念に従うことや、生の準拠点を持つことは「わるい」ことである。また、「みんな」と同じ感情連鎖にまじわって表情や身振りを生きない者は、「わるい」。β-IPSのメンバーとしての陶冶が十分になされている場合、人はそのような「わるい」者を「いじめ＝あそび」の「おもちゃ＝自己対象」として流用するために段取りを再設定し、思う存分痛めつけはずかしめ、新たな全能感ノリを享受する。「わるい」相手が強い場合は、〈欠如〉が露呈し、漠然とした空虚感やムカツキが身をさいなむ。

## 9　いじめを契機とした自己産出的なシステム

これまで論じたβ－IPSの大枠は次のようなものである。いじめの場の、生きがたい迫害的な現実をそれでも生きるに値する現実につくりかえる「したたかで」「しなやかな」体験加工のワザとして、人々は全能をめざし、それを生活技能に組み込む。その集合的な営みにおいて、全能筋書や自己愛憤怒は、倫理や正義の代わりに用いられるようになる。さらに、そのような人々のコミュニケーションの連鎖・集積が、いじめを誘導しつつ妥当とするような倫理秩序と社会的オーガナイゼーションを生み出し、そのなかで構造的に最初の生きがたい〈欠如〉と迫害が加速的に拡大再生産される。すなわち、「生きがたい」現実を「それでも生きうる」現実に体験加工する構造に基づく、コミュニケーションの連鎖・集積が、最初の「生きがたさ」をもたらす当の現実を再産出してしまう。そして、この「生きがたい」現実が、最初の体験加工の構造（β－体験構造）を再産出し、ここから、また同じコミュニケーションの連鎖・集積が再産出される。このように自己産出的に、β-体験構造と、その体験構造に基づくコミュニケーションの連鎖・集積とが、相互に螺旋状に他を産出しあうシステムが、当論考が主題とした、いじめの場を構成する特殊なβ-IPSである。

β-IPSはいじめを生み、いじめはβ-IPSの自己産出の主要な契機となる。β-IPSというシステムは、その作動の効果として、当のシステム産出の契機を再産出する。このシステムは、人間に苦しみを与え・その苦しみに対して悶える人間が噴き出す膿を流用することで・さらに最初の苦しみを再産出し、そのまわり続けるサイクルに寄生して生き延びている。

［注］

（1）典型的な事例を用いる方法について若干補足しよう。有限な認識者にとって現実は無限に複雑多様であり、そのままでは、問題となる普遍的なメカニズムが混在するなかに紛れ込んでいる。従って、広範な現実に当てはまる普遍的なメカニズムを研究するためには、もっぱらそのメカニズムだけが際だっている特殊な事例から特徴を整合的に抽出し、重要な側面についての原理的なモデルをつくる必要がある。その後に、他のいくつかのモデルと組み合わせて複雑な現実を説明するのである。このように、一面的な視点を方法的に活用するアプローチは、複雑なものを研究するのに有効である。

（2）当論考はいじめ論の知識社会学を主題とするわけではないので、筆者が目を通した二五〇点前後の文献を一つ一つ引証することはしなかった。

（3）なかには①や⑦や⑧や⑮や⑰のように誤っているものもある。

（4）例えば森田洋司は、上記三軸の六つの属性をすべて指摘している（森田・清永、一九八六→一九九四／森田、一九八七）。

（5）例えば竹川郁雄は、冒頭に紹介した【事例2】の直後の箇所で、「成長過程における団結心の表現としてのいじめは、ただちに粉砕すべきものではないであろうし、そのようなグループを解体することによって逆に子どもたちの対人関係をそこなう可能性もある」と述べている（竹川、一九九三、一二一ページ）。このような考え方はいじめ論のなかではポピュラーなものである。

（6）容器‐内容、投影同一化といった概念については第五章を参照。

（7）普遍主義的かつ人間主義的ということである。たとえば神の栄光のためなら人間が滅びてもかまわないとする立場は、普遍主義的であっても人間主義的ではない。また身近な「なかよし」関係で小集団自治的な生活世界を生きており、関係が良好であるかぎりにおいて周囲に暖かい配慮を示すが、「なかよく」できない（あるいは「生理的な嫌悪感」を感じる）人にはきわめて酷薄にふるまう人は、人間主義的ではあるが普遍主義的ではない。ちなみに多くのいじめは、人間主義的に行われている。$\gamma$‐秩序は、近年の先進諸国で有力なたてまえとなっているタイプの秩序である。

（8）現在よく見られるようないじめのエスカレートの原因は、①学校が強制的な共同体であることと、②いじめが罰せられずに利害にかなっていること、である。その対策は、学校を聖別された共同体から市民社会の一員に戻し、個人を中間集団共同体の専制から守るための、法規の改正と制度の再構築である。生活環境を市民社会化する政策はいじめのエスカレートを確実に激減させる。ちなみに、日本で有効な対策が現実化されず、いじめ問題が（これほど問題化されながらも）長期にわたって改善しないのは、「学校」「教育」なるものを神聖なもの（集合的な「生命」！）にしておきたい学校共同体主義者たちが、敵対的補完構造をゆるやかに形成する右と左の両支配勢力を占めてきたからであり、さらにいじめを問題化する熱心派グループもその枠組の中でしかものを見ることができなかったからでもある。

（9）　いじめ加害者の嗜虐的全能体験構造に対して特権的に強い形成・活性化・強化効果を有するきっかけ要因のひとつは、「過去に無力な状態でいためつけられ（続け）ること」である。だが、このきっかけ要因に対する感応性には大きな個人差がある。また、この体験構造は、それほど劇的な効果をもたない様々な機能的等価物によっても促進・形成され得る。暴力の連鎖あるいは嗜虐の連鎖はきわめて顕著であるが、なかには被害経験のない加害者もいる。

（10）　このことは、廣松渉の対象的側面の二肢的構造（廣松、一九七二→一九九一、四四―五一ページ）やStolorow, R. Dらのconcretization（Stolorow, R. D & Atwood, G. E. 1992: 44）と大まかには当てはまるが、α‐領域に対する妥当性に関しては今のところ保留しておかざるを得ない。しかし、当論考の主題はβ‐領域のメカニズムであるから、大雑把にはこのように言ってもかまわない。

（11）　ルサンチマン論（Nietzsche, F. W. 1968〜＝1983; Scheler, M. 1915＝1977）の次の二つの主軸はこれまで十分に接合してこなかった。

①過去に無力な状態でいためつけられ（続け）た恨みを別のところではらす契機。これはいじめ論においては（素朴なエネルギーモデルの）「いじめ鬱憤晴らし」説になっている。しかし、実際には個人差の影響が大きく、過去にいじめられた者が必ずしもいじめをするとは限らない（その逆も然り）。

②認知‐情動図式が漠然化し、オリジナルな対象志向構造から切り離される契機。これは「人間的領域の中で充実した自己を生きる基本が形をなさなくなってきた」という（単純な構造解体モデルの）「いじめアノミー」説に対応している。しかし、いじめの周辺に見られる大部分の「アノミー」の背後には、過去に「いためつけられた」体験が（その形成原理に食い込んだかたちで）見え隠れしているのも、事実である。また「でたらめな者たち」にも「でたらめな者たちなりの」秩序と体験構造が厳然とある。

上記の二軸は単独でも、粗雑な状況記述としてはある程度は正しいが、あたかも（粒か波かといったふうに）対立するかのように論じられがちである。すでにNietzsche, F. W.・Scheler, M.という鉱脈を探り当てた阪井敏郎は、そのルサンチマン論に即していじめを論じ、当然のことながら上記二軸を表裏一体と観る（阪井、一九八九）。筆者が提出する理論モデルはルサンチマン論の（上記二軸を含めた）諸相を、システム論的に統合しつつ現代的に発展させる形にもなっている。

（12）これとは対照的に、α-体験を生きている場合その望みのかたちは有限である。

（13）このあたりの論理展開は大まかにLacan, J.の鏡像モデル（Lacan, J. 1996＝1972）とも対応する。

（14）本書第五章では、コフート（Kohut, H.）の自己愛憤怒概念を筆者独自の全能具現理論に位置づけ、その名称を全能憤怒と改めた。ところで、理論的基軸を自己愛モデルから自己-対象モデルにシフトしていた後期コフートに依拠すれば、これを自己-対象憤怒と呼ぶこともできる。

（15）すりかえ充足モデルには、［斎藤、一九八八］などがある。

（16）人を死に至らしめた場合ですら、いじめる側を弁護する者たちや、いじめる者たち自身、そして学校共同体の擁護者たちは、しばしば「遊んでいただけだ」と言う。これまで論じてきたことから、彼らの主張が事態を正しく言い表していることがわかる。いじめる者たちは「あそんで」いる。少年たちのこの「あそび＝いじめ」の内実を明晰に認識することは、時には他人を死に至らしめるような少年たちを、免罪したり快適な「居場所」をみつけてやったりする理由ではなく、少年法をより厳罰化し加害少年を犯罪者として扱う根拠となる。すなわち、これまで学校共同体主義とセットになった童心主義の文脈で語られてきた「あそび」の内実は、全能筋書ユニットの圧縮-転換モデルによれば、大人の快楽的嗜虐と同一のメカニズムによる全能具現行動であり、「なぶり殺し」というときの「なぶり」の部分に相当する。司法の領域では、この「（なぶり殺しの）なぶり」は、著しく人道に反する行為として（免罪の理由どころか）最も重い刑を科す理由になる。さらに、後に論じる全能筋書と利害-現実計算とのマッチングは、その内実が明らかになれば、法廷では、「あとさきを考えない短慮」ではなく、「彼らなりの場の論理を前提とした狡猾さ」としてカウントされるはずである。

筆者は一四歳以上の「なぶり殺し=遊ぶ神と破壊神を圧縮した全能具現による殺人」には（無期懲役ではなく、日本ではいまだ存在していない）終身刑が妥当だと考える。終身刑に価する「集団あそび」の例としては、たとえば［藤井、二〇〇〇］を参照。

（17）「山形マット死事件」については［内藤、一九九五］も併読されたい。

（18）あるいは「世間に揉まれて悪くなる」。

（19）暴力に対しては警察を呼ぶのがあたりまえの場所であれば、「これ以上やると警察だ」の一言で、（利害計算の値が変わって）暴力によるいじめは確実に止まる。また、非暴力的いじめに対しても、「切り札としてのゲバルト」を奪うことは確実にいじめる側の集団力を弱めることになる。さらに市民社会状況であれば、非暴力的なものでも、「葬式ごっこ」や「村八分」などは、民事訴訟をされるおそれがあるのでできなくなる。残念ながら多くの学校関係者たちにとっては、いじめで人を殺すことよりも、学校の聖性を冒瀆する「裁判沙汰」や学校を自動車教習所のように見なす態度の方が、「悪いこと」「憎むべきこと」である。

（20）ここで言う上位者には、通常の意味の他に、暴力能力によって強者になった個人やグループのみならず、群れて「みんな」の勢いを駆ることで、状況的に強者になった個人やグループも含める。

（21）下位者を「素直《すなお》」にするのが「しつけ」である。「素直《すなお》」ということの本質上、「しつけ」のためにはジャイロコンパス型のルールに従った予測可能な賞罰を与えるのではなく、予測不能な仕方で、上位者の気分次第で恣意的に「いためつけ」る方が理にかなっている。このような「いためつけ」（およびその不安なレーダー型の予期）によって、まわりの顔色をうかがい、状況次第の人格を生きる「間人（the contextual）」が育成される。学校は、β-IPS型の社会に順応させるという教育目標からは、実に理にかなった教育空間となっている。

（22）このβ-IPSによる集合的な「生命」感覚は、α-体験構造による生命感覚とは全く別物であり、この二つは相互に他を破壊し合う。すでに論じたように、β-体験システムはα-体験の欠如につけ込んだ嗜癖的寄生システムである。α-体験の生命感覚を生きる者は、β-IPSの集合的「生命」感覚になんら魅力を感じない。ただし、β-体験を生きる者にとっては、麻薬的な魅力を有している。

(23)〈祝祭〉については、第四章と第五章で定式化した。

(24)「日本国憲法が門前で立ちすくむ」職場組織では市民状態になくても、自宅の居間で新聞を読んで「子どもの病んだ小世界」を憂いているときにだけ市民状態にいるかのような気になる大人も多いだろう。

# 第三章

## 制度・政策的に枠づけられた学校の生活環境と、その枠を変更することによっていじめ問題を解決する処方箋（即効的政策提言）

## はじめに

本章では、秩序の生態学モデルの概略を提示した後、学校共同体主義の教育政策のもとで構造的に強いられる隷従的な生活環境を分析する。

次にいじめ問題に対するひとつの処方箋を提示する。

それは、生活環境の制度・政策的なマクロ枠を変更することによって、いじめ問題を解決するアプローチである。

## 1　問題解決アプローチのさまざまな水準とその位置づけ

まず解決すべきいじめ問題の輪郭を、実体主義あるいは存在論的実体関与主義の立場から[1]画定しておこう。本書においてはいじめ問題を、いじめの構造的な蔓延とエスカレートとする。いじめ自体は、どんな社会でも存在し、けっしてなくならない。どんな社会にも存在する攻撃的な人々が誰かをいじめてしまい、それが犯罪にあたれば即座に処罰され、それが犯罪にあたらない場合でも被害者が自由に距離を遠ざける（あるいは縁を切る）ことができる場合、いじめの構造的な蔓延とエスカレートは抑制されるであろう。このような抑制が成功している場合、いじめは存在しても、上記のいじめ問題は存在しない。

さて問題解決アプローチにはさまざまな水準がある。たとえば、次の二つの水準を考えることができる。

Ⅰ　制度的枠組が変わらないことを前提にした問題解決アプローチ（今、目の前で苦しんでいる「このひと」をいかに救うかという、個別のケースに対する問題解決アプローチは、この水準に含まれる）。

Ⅱ　マクロ的に問題が蔓延しエスカレートしないようにするにはどうしたらよいかという問題解決アプローチ。

いじめ問題に対するこれまでの議論では、この二水準を考慮していないと思われるものが多い。この二水準はしばしば相反する。たとえば、現存の構造のなかで生じる悲惨に一人一人が対処する営為の集積が、当の構造の再産出に強く関与する場合もある。また、望ましい社会像に準拠した行動をとることで個人が悲惨な運命をたどることもある。次の事例は、Ⅰ水準とⅡ水準の使い分けを誤った典型例である。

**【事例1・学校なんていかなくていい】**

登校拒否と呼ばれる若い人がある精神科医のもとを訪れた。(2) その精神科医は「反学校囲い込み主義」者であった。精神科医はおもむろに「学校なんていかなくていい」と言った。それを契機に激しい家庭内暴力がはじまり、家族は崩壊の危機に陥った。父親は深い鬱状態になり自殺した。

学校が若い人のあらゆる生活を囲い込む社会状態では、広範な習慣形成が学校生活の影響下で形成されており、リアリティ全般が学校化されているであろうことは、「反学校囲い込み主義」の精神科医であれば容易に想像がつくはずである。しかし上記の精神科医は、学校への囲い込み政策に反対する立場から、クライアントに対して政策論的に「正しい」主張をした。精神科医は学校に自己存在を根こそぎ収奪された状態で訪れたクライアントに、おもむろに「学校なんていかなくていい」と言ったのである。

ケアの専門家としての基本的な考え方は次のようなものであろう。たとえば親から虐待される子どもほど、その加害者（親）に対して、普通の子どもなら示さないような強烈なしがみつきを断続的に示す傾向がある。また、カルト教団に「洗脳」された被害者や「わるい男（女）」に驚くべき金額を貢がされる女性（男性）は、自己の存立の基盤をその加害者との関係に負うまでになっている。そのとき心理臨床家は、おもむろに心理的切断をはかるのではなく（この乱暴な処方は、被害者を「自殺」に追い込む危険がある）、安心できる別の関係領域の飛び地をふくらませながら、少しずつそこに自己存立の基盤を移していくよう促す。加害者との心理的切断を断行するとすれば、その後である。集団生活でぼろぼろになった生徒の多くは、「学校なんていかなくていい」と言われることで救われた気持になる。しかし「重症の学校病患者」の場合、その言葉で救われた気持になることができる段階にまでもっていくのがたいへんな仕事であり、このタイミング判断が専門家の特殊技能となる。

上記の精神科医の判断ミスを次のように考えることができる。すなわち、Iの水準に大きなウェイトづけがなされるべき職能領域の局面に、IIの水準での「正しい」社会変革活動の局面が混入し、専門家としてのタイミング判断を狂わせたのである。

これとは逆に、当事者の感情表出は加害者へのしがみつきですら共感的に受容すべしというI水準での「ただしい」原則を、加害を構造的にもたらす制度を政策的に尊重すべしというII水準の主張へと横滑りさせる論理もある。

その一例として、強制的共同体としての学校を自由化から守ろうとする人たちの声をあげてみよう(以下は論者による最大公約数的なまとめである)。

「子どもたちは、どんなにひどいめにあっても、本当は学校を求めているのです。みてごらんなさい。どんなに先生から殴られても、友だちからいじめられても、ほとんどの子どもたちは縁を切ろうとはせず、学校で共に生きていこうとしているじゃないですか。かかわりあいのなかで他者と共に自己が発見されながらつくられていく共生の場としての学校を、自由化によって子どもたちからとりあげてはいけません。学校に行くことは、スーパーマーケットで買い物をするような自由選択ではないのですから。」

この「学校応援団」の主張はいくつかの点で誤りである。あらゆる関係が加害者との関係に囲い込まれたうえで全人的に支配される場合、しばしば加害者との関係が、被害者にとって唯一の自己存立の基盤となる。そして被害者は、加害者から虐待されて不安定になればなるほど、その当の加害者にしがみつく。この一見奇妙な現象は、被害者の自己存在を根こそぎ収奪[3]する加害者の加害性をいっそう際立たせる証拠にはなっても、けっして「だから加害者は、被害者にとって必要なのだ。加害者をそのままでいさせよう。加害者の『よさ』を大切にしよう」といった弁護の論拠にはならない。つまり「どんなにひどいめにあっても、子どもたちはしばしば学校にしがみつく[4]」という現象は、全人的な根こそぎの収奪という罪状を加えて学校共同体強制収容制度を廃する告発理由にはなっても、維持するための弁護理由にはならないのである。また、生活のすみずみにわたって自由をとりあげる強制収容制度を廃する自由化をもって、絆を「とりあげる」と表現するのは、奴隷主が結婚を強制する制度を廃することをもって、家族で仲よくくらす絆を奴隷たちから「とりあげる」と言うのと同形のレトリックである。「人とまじわって生きる」特定の仕方を学校がすべての若い人たちに無理強いする制度を廃することと、若い人たちが人とまじわって生きること自体を廃することとは、別のことである。[5]

Ⅰ水準とⅡ水準の議論に戻ろう。上記の精神科医がⅡ水準の「正しい」制度・政策論をⅠ水準に混入させ、クライアントに不適切な「説教」をするのに対して、「学校応援団」はⅠ水準でのみ「正しい」受容と共感の論理をⅡ水準に混入させ、その混乱に乗じてⅡ水準での正しい制度・政策論を覆そうとする。

このような混乱が従来のいじめ論には蔓延しているので、本章では次のことを明らかにしたうえで所説を展開する。

すなわち、本書での問題解決アプローチはⅡ水準においてなされる。

## 2　ローカル秩序の生態学的布置とその制度・政策的マクロ環境

第二章では、いじめを手がかりにして、β-秩序と名づけられる奇妙なローカル秩序の原理的メカニズムを探求した。

β-秩序のもとではいじめは「よい」、人権や普遍的なヒューマニズムは「わるい」。しかし現実には、あるタイプの秩序が純粋にそれだけで存在することは稀である。多くの場合、あるタイプの秩序は他のタイプの秩序と混在しており、人々はさまざまなタイプの秩序（複数）がせめぎあう場を生きている。人々の現実感覚が埋め込まれている生活環境は、図3-1のように、αタイプ、βタイプ、γタイプ……といったさまざまな秩序がせめぎあう生態学的布置からなっている。[6] これを秩序の生態学モデルと呼ぼう（図3-1）。

この生態学的布置は、図3-2のように制度・政策的なマクロ環境のもとで条件づけられている。

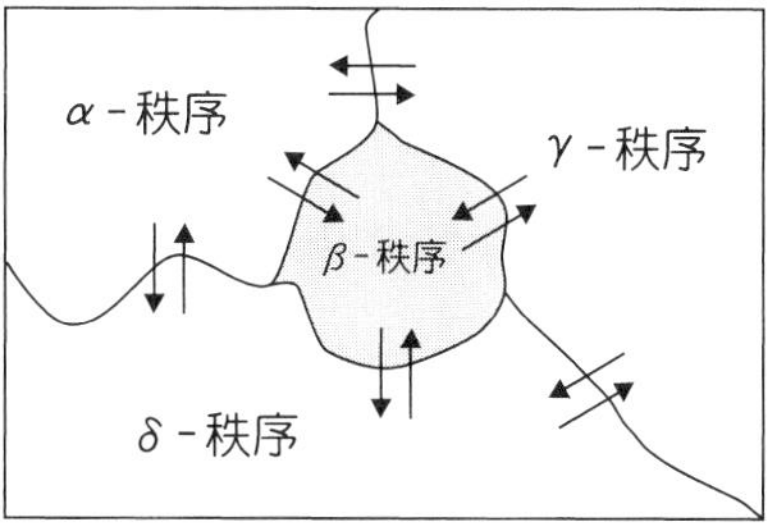


**図3-1　秩序の生態学的布置**
（＝人々の現実感覚が埋め込まれている生活環境）

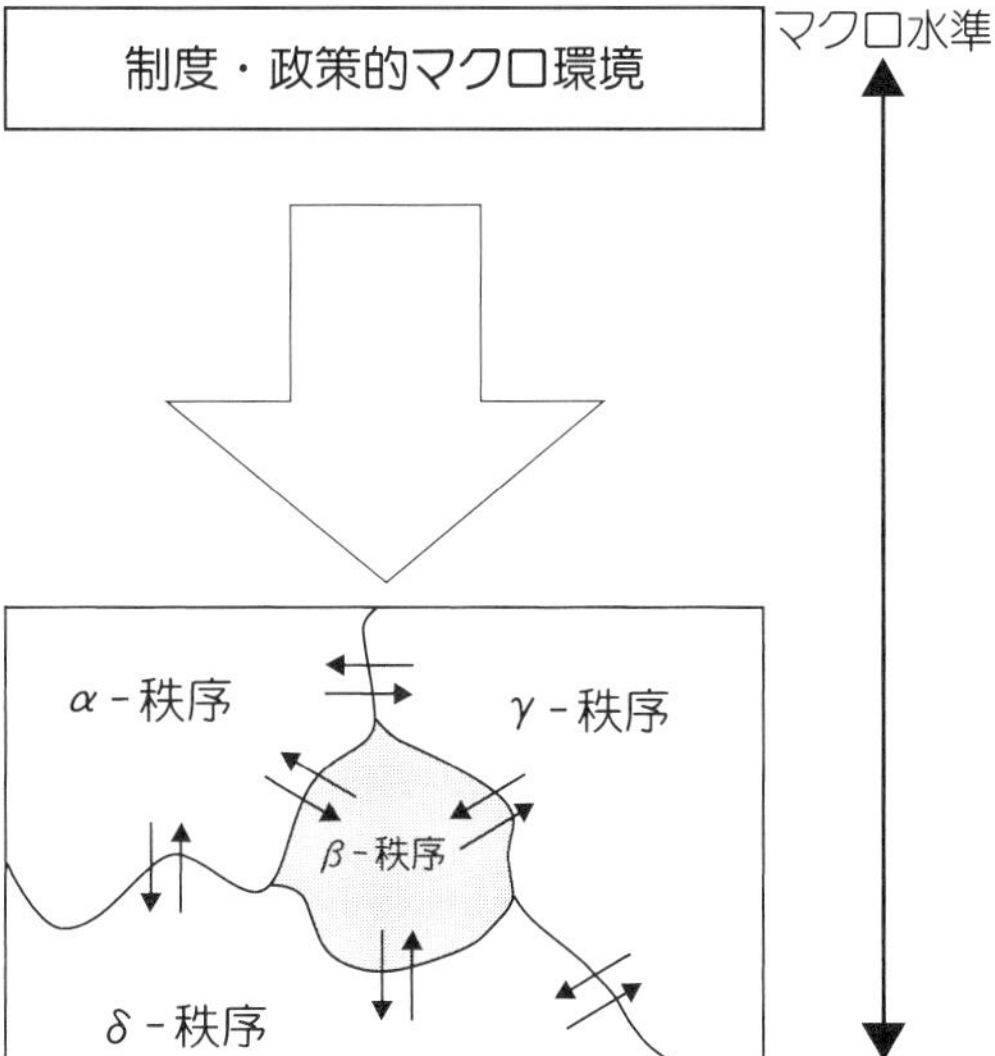


**図3-2　秩序の生態学的布置**
（＝人々の現実感覚が埋め込まれている生活環境）

これをt1時点からt2時点への変化として示したのが、図3-3である。
図3-3の生態学的変動モデルを、第一章で紹介した事例に当てはめてみよう。市民社会的な制度・政策的マクロ環境Aから、構造的に共同体を強制する文化大革命や隣組や大日本少年団といった制度・政策的マクロ環境Bへとマクロ環境が変化すると、生活環境におけるローカル秩序の生態学的布置が大局的にβ-秩序優位になる。そして、β-秩序優位の生活環境で「あたりまえ」の現実感覚が変容し「ニコニコしていたおじさん」が怒鳴り散らし「卑屈」な少年が暴君になる、といったできごとが社会のすみずみで蔓延しだす。

ところで第一章では、中間集団全体主義を次のように定義した。**各人の人間存在が共同体を強いる集団や組織に全的に埋め込まれざるをえない強制傾向が、ある制度・政策的環境条件のもとで構造的に社会に繁茂している場合に、その社会を中間集団全体主義社会という。**これを図3-3を用いて説明すると次のようになる。すなわち中間集団全体主義とは、①制度・政策的なマクロ環境Bに支えられて、②生活環境におけるβ-秩序肥大が社会のすみずみに蔓延することである。

さて制度・政策的マクロ環境Aのもとでは、β-秩序優位が社会のすみずみに蔓延することはない。図3-4のように制度・政策的マクロ環境がBタイプからAタイプへと変化すると、それに従って社会のすみずみで、ローカル秩序の生態学的布置がβ-秩序優位からβ-秩序劣位へと変化し、現実感覚の再反転がつぎつぎと起こる。

たとえば日本の敗戦とともに、隣組で怒鳴っていた迫害者は「にこにこ愛想のいいお店のおじさん」に戻り、少年団の「小権力者は社会が変わると別人のように卑屈な人間に生まれ変わった」(中井、一九九七、二二ページ)。また学校の集団生活で残酷ないじめにふけっている者ほど、市民社会の論理が

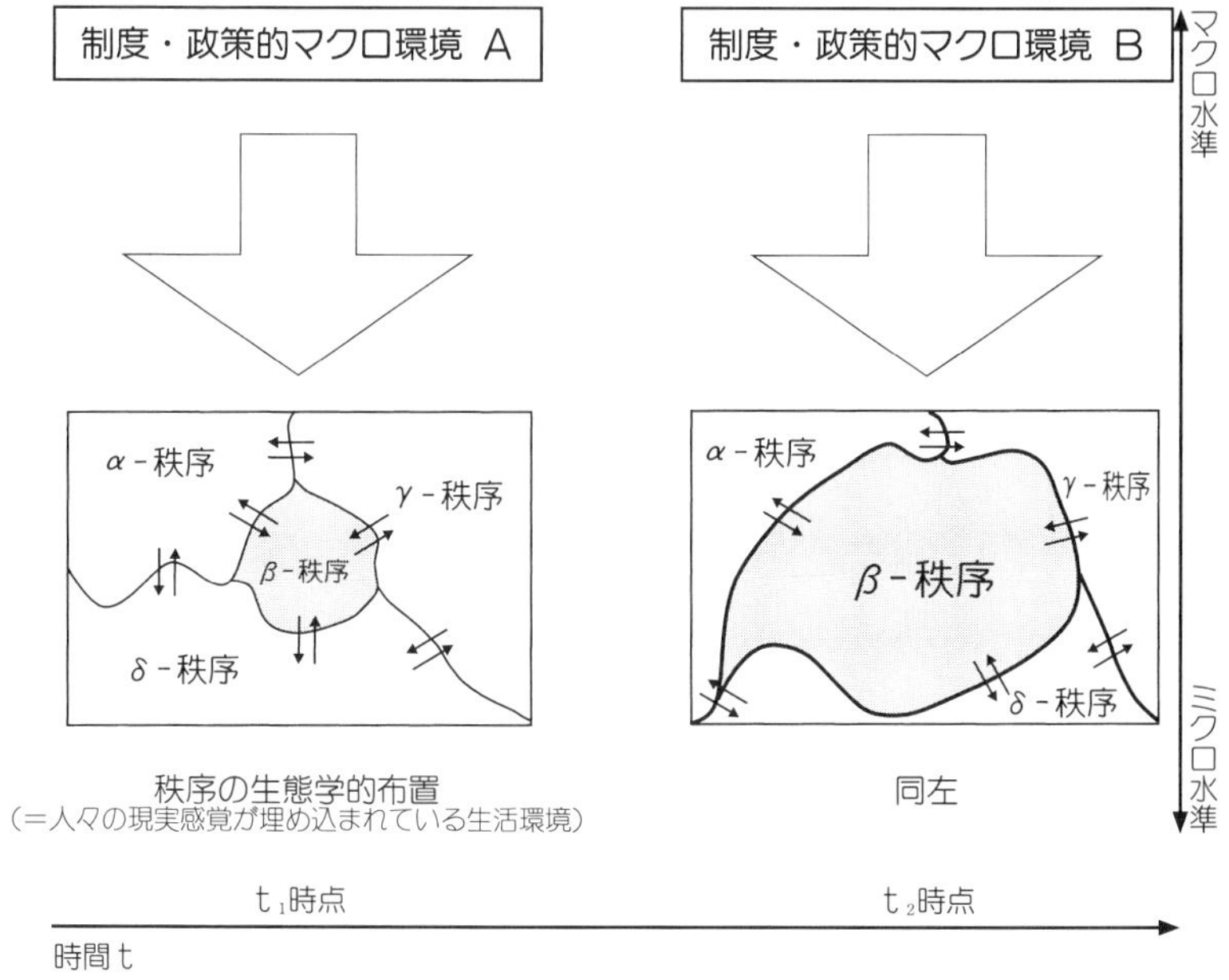


図３－３　秩序の生態学的変動モデル(1)

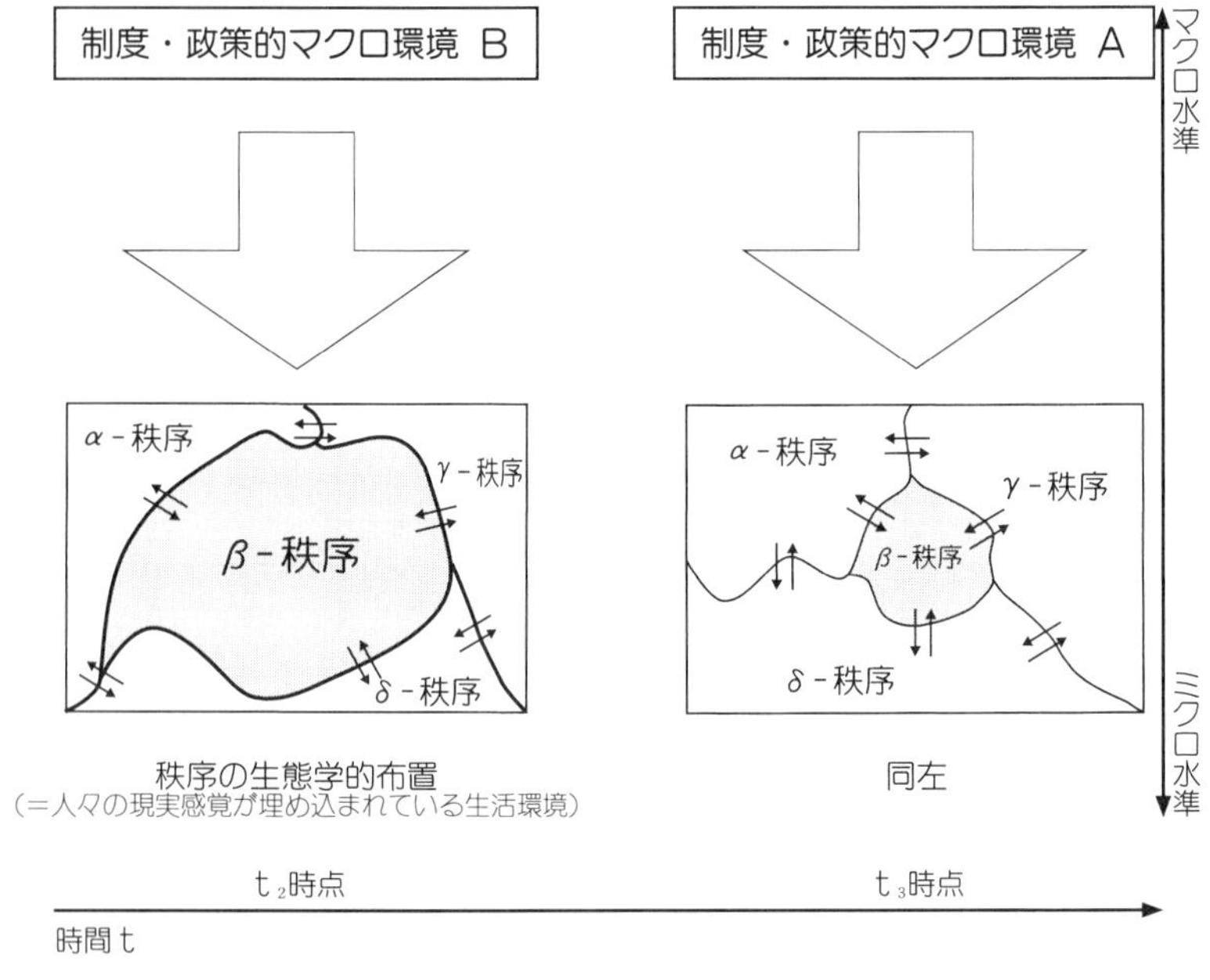


図3－4　秩序の生態学的変動モデル(2)

優勢な場面では「おとなしく、存在感の薄い」少年に変貌する。マクロ環境の変化と共に、こういったことが社会のすみずみでいっせいに起こるのである。このとき何が起こっているのであろうか。①人々は利害計算の価の変化に反応している。それと同時に、②夢から覚めるように、人々の内的モードがごっそりと別のタイプに切り替わっている（内的モードの理論的詳細については、本書第四章および第五章を参照）。

次の事例では、学校共同体から脱して社会人になった女性が、まるで夢を見ていたかのように、いじめにふけっていた数年前を回想している。

**【事例2・フシギな気持ちです】**

小学六年生の時A子とB男をクラス全員でいじめ、A子を自殺未遂にまで追い込んだ。「私たちにはホンの少しも罪の意識はなかった。それどころか、いじめる楽しみで学校に通っていたような面さえありました。冷たいようですが、彼らのことを〝かわいそう〟と思ったことは一度もありませんでした。もちろん、今では当時のことを深く反省しています。クラスの他のみんなも私と同じ気持ちでしょう。〝なんであんなことをやったんだろう〟とフシギな気持ちです。……先日、本屋さんで、たまたまA子と会いました。私たちは〝大人〟になっているので、常識的に笑顔で世間話をしました。だけど、彼女の心のなかは、いじめられた思い出でいっぱいだったんじゃないでしょうか。私にしても、バツが悪くて、裸足で逃げ出したくなりましたから」（一九歳・女性）。

（土屋守監修・週刊少年ジャンプ編集部編、一九九五、一九四―一九五ページ）

学校で集団生活をしているときと、通常の市民生活を送っているときとで、生きている現実感覚が激変しており、それが当人にもよく理解できていない。ただ、自分が変わったとしか意識できない。当人は「フシギな気持です」としか言いようがないのである。

さて、これまで論じてきた秩序の生態学モデルと問題解決アプローチを結びつけてみよう。するとそこから、**図3－4で示したような秩序の生態学的布置の変化をみこして、その制度・政策的マクロ環境をコントロールするという、新たな社会政策論が生み出されてくる**。[7] つまり**図3－4の変化を自然的な推移にとどめず、政策的に引き起こす作為の過程とするのである**。[8]

以下このような観点から、まず、学校共同体を無理強いする教育政策のもとで強いられる隷従的な生活環境について論述し（3節）、これにもとづき、生活環境の制度・政策的なマクロ枠を変更することによっていじめ問題を解決する処方箋（即効的政策提言）を示す（4節）。

## 3 共同体主義の制度・政策をマクロ環境とした学校の心理－社会的生活空間

学校では、こころとこころの交わりによって人間存在が響きあう、集団生活による全人的な教育の共同体がめざされ、それが一人一人にきめ細かく強制される。これが自動車教習所とは異なる「学校らしさ」である。学校運営の根幹は、生徒たちを日々調教して、その骨の髄まで滲み込んだ習慣の内側から、この「学校らしさ」を実現し維持することにある。学校は、その内部領域を市民社会の論理と切断しておく不断の努力により、共同体として保たれている。

この学校共同体主義は、一方で制度・政策的な学校運営法として押し進められ、他方で、学校内のみならず学校外を含めた社会全域に「あたりまえの善き慣習」として瀰漫《びまん》する。

以下では、まず社会通念としての学校共同体主義をとりあげる。次に、共同体主義の教育制度・政策のもとで、学校での生活空間がどのようなものになるかを考える。

学校空間は、社会通念という防御帯に守られている。学校共同体主義が「あたりまえ」になると、市民社会の論理によって学校内の暴力に対処することができなくなる。というよりも「そんなことは思いもよらない」という現実感覚が蔓延する。たとえば、スーパーマーケットや路上で市民が市民を殴っているのを見かけたら、別の市民はスーパーマーケットの頭越しに警察に通報する。その通報者は市民的公共性に貢献したとして賞賛される。しかし学校で「友だち」や「先生」から暴力をふるわれた生徒が学校の頭越しに警察に通報したり告訴したりするとしたら、道徳的に非難されるのは「教育の論理」を「法の論理」で汚した暴行被害者の方である。被害者は、学校の頭越しに警察沙汰や裁判沙汰を起こすといった「瀆聖」的な選択肢を思いつくことすらできない。いじめで自殺する少年の多くは、加害者を司直の手にゆだねるという選択肢を思いつくことすらできないままに死んでいく。それに対して加害生徒グループや暴行教員は自分たちが強ければ、やりたい放題、何をやっても法によって制限されないという安心感を持つことができる。学校では厳格な法の適用が免除されるという慣習的聖域扱いのために、「友だち」や「先生」によるやりたい放題の暴力が蔓延する。

学校共同体主義は、学校外の社会領域にもさまざまな作用をおよぼす。たとえば第二章では、学校外のセクターに位置する精神科医がいじめ被害者の方を「協調性がない」と「臨床記述」している事例を紹介した。学校共同体は、近隣住民のノスタルジーとユートピアの投影点となり、近隣領域に散在する様々なきずなユニット(9)の頭越しに「学校を中心としたわれわれの地域社会」というイメージを蔓延させるのに役立つ(10)。この学校を中心とした「地域のわれわれ」は、さまざまな反作用を近隣住民におよぼす。たとえば近隣の陰口を恐れる習慣が、子どもを学校の「人質」にとられた住民を中心に蔓延する。また典型的なケースとしては、学校内で起きた「人殺し」の加害者(あるいは加害者と信じられた者)

を「地域のわれわれ」として支持し、被害者に対する憎悪に満ちた誹謗中傷のデマを「地域のわれわれの意見」として語り合う、といったことすら起きる。[11] 公園や工場やスーパーマーケットや娯楽施設で同じ「人殺し」が起きても、このようなことは起きないであろう。また、いじめで自殺した生徒の親が裁判を起こすと、学区を中心に被害者に対する誹謗中傷のデマが流されることがしばしばある（新聞で報道された有名ないじめ自殺事件の多くは、この後日談を有している）。こういったことは、学校を中心とした「地域のわれわれ」のイメージが蔓延せず、ただ近隣に様々なきずなユニットが分散しているだけの状態では、決して起こらないことである。学校という特異点（ノスタルジーとユートピアの投影点）を触媒にして「地元のわれわれ」イメージが共同体的に構成され、市民社会の論理が生態学的に弱化するのである。

このように、学校共同体主義という「あたりまえの善き慣習」は人々の骨の髄まで滲み込んだ習慣となっており、このことが学校内外に大きな作用をおよぼしている。

以上、学校空間を支える社会通念としての学校共同体主義を検討した。次に、共同体主義の制度・政策をマクロ環境とした学校の心理－社会的生活空間について具体的に論じていこう。

学校共同体主義はただ通念として社会にいきわたっているだけでなく、具体的な教育制度・教育政策に支えられて、特定年齢層のすべてを包括した中間集団全体主義として現実に成立している。その制度・政策的ディテールは、生徒を全人的に囲い込み、「かかわりあい」を無理強いするように考え抜かれている。つまり学校は共同体であるとして、生徒が全人的に交わらないでは済まされぬよう、互いのありとあらゆる気分やふるまいが互いの立場や命運に大きく響いてくるよう、制度的・政策的に設計されている。

学校では、これまで何の縁もなかった同年齢の人々を朝から夕方までひとつのクラスに囲い込み、さまざまな「かかわりあい」を強制する。たとえば、集団学習、集団摂食[12]、班活動、掃除などの不払い労働、雑用割当、学校行事、部活動、各種連帯責任などの強制を通じて、ありとあらゆる生活活動が小集団自治訓練となるように、しむけられる。またこのように身も心も集団に捧げる生活を万人の義務教育[13]として実現するには、隷従をいやがる者たちに対するきわめて手間のかかる無理強いが必要であり、この必要からも自治体の教育行政レベルでは、「指導」と称する様々ないやがらせや暴力[14]や脅しが実質的に認められ、暗黙のうちに奨励される[15]。司法および警察は、「友だち」や「先生」による学校内の暴行・傷害や各種人権侵害に対してドメスティック・バイオレンスに対するのと同様に、一貫して意図的な怠業を行ってきた。これらは国家レベルや自治体レベルの、教育制度・教育政策のディテールの一端である。

このようにありとあらゆる生活活動を囲い込んで集団化する事細かな設計は、ありとあらゆることで「友だち」とかかわりあわずにいられず、自分の運命がいつも「友だち」の気分や政治的思惑によって左右される状態をもたらす。そしてあらゆる些末な生活の局面が、他者の感情を細かく気にしなければならない不安な集団生活訓練となる。立場や生存が賭けられた利害（「強者」と「弱者」の関係では生殺与奪！）の関連性は非常に密になり、生活空間はいじめのための因縁づけ・囲いこみの資源に満ちる。こういう環境では迫害に対して身を守るのが非常に困難になり、そのためのニーズが大きくなる。つまり共同体主義の学校は、身の安全をめぐる利害関係を構造的に過密化する。「生き馬の目を抜く」ように、いつなんどき「友だち」に足をすくわれるかわからない過酷な環境ではじめて、「身の安全」「大きな顔をしていられる身分」といった希少価値をめぐる、人間関係の政治が過度に意味をもつようになる。学校が全人的な「共同体の学び」となるよう意図された制度・政策的空間設計が、集団心理-利害闘争の過酷な政治空間を生み出す。

以下では典型的な事例（【事例3】）をもとに、赤の他人と一日中べたべた共同生活することを強いる学校制度のもとで蔓延しがちな、集団心理-利害闘争の政治空間を分析しよう。

### 【事例3・いつも人の行動に注意してびくびく生きている】

Aは学校生活を回想する。「小学校に入学して以来、……絶えずその、生き馬の目を抜くというかね、……相手の行動を常に注視して、注意して、自分の行動を制御しなきゃいけないと、相手に合わせて生きなきゃいけない、というか、そういう感じでしたね。やっぱり、クラスの中にボスみたいなのがいて、それがいじめのリーダーなんですよ。それにちょっと目をつけられると、もうダメだな、みたいな感じがありましたね。」

小学校中学校を通じて、クラスには「ボス」、「とりまき」、「普通の人」、「いじめられる人」、というヒエラルヒーがあった。数の上から圧倒的に多いのは「普通の人」で、いじめられるのはクラスで二〜三人ぐらいだった。

Aは「普通の人」だった。「普通の人」は、他の人がいじめられているのをみながら、自分が犠牲者になる可能性におびえて生きている。「そういうのに対立しないように、特にボスとは対立しないように、ということを絶えず注意しながら生きていく」。Aは他の人がいじめられているのを見ながら、絶えずヒエラルヒーがあるのを思い知らされた。

Aは言う。「誰も止めませんよ。止めるとへたに、こっちの方に、ターゲットがきちゃうかもしれないから。」「いやですねえ。見てってもねえ。被害者見てても、いやな顔してますしねえ」。いじめられっ子が蹴られて泣く姿がいやだった。やる側とやられる側が一方的に決まっているプロレスごっこには近寄らないようにした。しかし中一のとき、Aは「Bをなめるなよ。Bをなめたらきたないぞ」という替え歌を歌ういじめに加わった。「そうしないと自分が強く見せられない。自分が強く見せられないとやられるかもしれない。同情は禁物。人は敵と思え。へたにつきあうと大変だ。友だちも信用しない。」「上の方はつながって」いた。嫌なことをされてこいつ一人なら何とかなりそうだと思っても、そのつながりで何をされるかわからないから、がまんした。また「普通の人」同士でつきあっていても、人を信じることができなかった。今つきあっている「普通の人」が、「急に、上の方のやつらとくっついて何かするかもしれない」と思うのだ。

そして、つくづく「きゅうくつだな」と思った。Aは言う。「いつも人の行動に注意してびくびく生きているというのは、みんなそう。ボスだって、下の方から突き上げが来て、けんかで負けると転落するから、絶えずけんかに強くなければならないとか、多数派をつくってなければいけないとか、そういうのはあったと思いますよ。」

Aが特につらかったのは、二四時間つきあわねばならない宿泊行事だった。何かされたというわけではなかったが、その雰囲気がいやだった。「恐怖のシステムみたいな感じでね。牢獄みたいなもんですね。」「何か、人に対して逆らっちゃいけないとかね、いうことなんだ、基本的には、人の目を気にして生きるというのはね。……だから、家に帰るとほっとする」。Aは宿泊行事に行く朝は腹が痛くなった。

教員は子ども集団の部外者であり、小学校のときは教員よりも子ども同士がこわかった。小学校六年の時に、いつもいじめられていた女子が、「死ぬ」と三階から飛び降りようとして、窓から身を乗り出した。それを見て、男子も女子も「飛び降りろ」と拍手喝采した。

背中を蹴られて泣いていた子は、公立を嫌がり私立へ行った。中学では生徒同士のいじめに加えて、さらに教員による「体罰」（と呼ばれる教員による暴力：内藤）があった。教員たちはこの中学校を、立派な学校だと吹聴していた。

中学に入学してしばらくは、だれが強くてだれが弱いのかわからず、相手の出方を探り合っていた。そのときだけは、みんな態度が丁寧だった。しかし、四月末にあった移動教室（合宿）の時、一人のおどおどして弱そうな生徒Bが、よってたかって脱がされた。「当時ほら、まだ子どもだから、ま、皮がむけてないってあるじゃないですか、子どものあれが。それを無理やりむけさして、見ろ見ろみたいなかんじで、ほかのやつらに見せるんですよね。」

このとき指図しているのが「ボス」で、指図に応じて包皮を剝き「お前ら見ろよ、こいよ」と言っているのが「とりまき」で、見たり見なかったりしているその他大勢が「普通の人」、というふうにヒエラルヒーが明らかにあらわれた。女子のグループの方も「ぶさいくな子」を被害者にしていた。そして包皮を剝かれた少年と「ぶさいくな」少女は、大部屋の中に二人で閉じこめられた。

このようないじめのイベントを通じて、こいつが強いのかとか、あいつがこいつの子分なのかとか、彼はいじめられそうだから仲良くするとあぶない、といったことがはっきり現れてきた。こういった身分が確定してくるにつれて、いじめはますますひどくなった。

ボスは気まぐれでボコボコに殴ることがあるが、下の者たちがありとあらゆる屈辱的な『いじめ』をするのを、ニタニタ笑いながらみていることが多かった。「上の人たち」は言葉による侮辱を毎日、けがをしない程度の暴力を週に二〜三回といったペースで、二〜三人のターゲットをいじめていた。ときには被害者がぼこぼこにされることもあった。またBに対するオナニー強要が問題になって、いじめグループが教員に呼び出しをくらったこともあった。

あるとき「ボス」が「ボス」の地位から転落したことがあった。そのときは、「われわれ普通の人」も含めてみんな誰についたら得かを考えながら、戦々恐々と「政変」をながめていた。それまで「ボス」は教員に対して反抗的で、通りすがりに「ばかやろ」と言って逃げたり、授業中にうるさくしたりしていたが、転落して「日陰者」になると、おとなしくなった。

女子のグループでも、「とりまき」の一人が集団無視をくらい、活発だったのが急に変わった。彼女はそれまで、授業中いいかげんな態度をとっており、「体罰」をしない教員には当てられても「わかんねえ!」などと応対していたが、急に授業中にふざけた態度をとらなくなった。また彼女は、クラスのいじめ被害者をいつも罵っていたが、それもなくなった。

暴力をふるう教員たちは「ボス」たちと「なごやか」に「友好的」に話をする。この教員たちは、ちょっとした校則違反でも「普通の人」たちに暴力をふるうが、ボスたちが「変ないろいろなもん」を持ってきても大目に見る。「ボス」たちは、「普通の人」が食べ物とかゲームとかを学校に持ってくると、「なんでそんなもん持ってきてるんだ」と脅しをかけてくる。

あるとき「とりまき」の一人が三階の教室から、そういう「ボスとツーカーの」教員のひとりに「○○のばか」といったようなことを言った。その教員は血相を変えて駆け上ってきて、その生徒をぼこぼこに殴った。生徒は鼻血を出し、目が腫れ上がり、顔には「あおたん」ができていた。教員はうずくまった生徒をさらに蹴っていた。生徒は始終無抵抗だった。教員はなにか怒鳴りながら、生徒に机を投げつけた。その後に担任がやってきて「何あったんだ」と聞いていた。担任は学級委員を職員室に呼びだした。学級委員は「普通の人」から選ばれる。学級委員は「ぼくらが悪かった」と泣いて帰ってきた。担任は学級委員に「おまえらがわるいんだから、おまえらの責任だ」と「こっぴどく言った」そうである。「怒らしたのが悪かった」と。その後Aは、この暴行教員が生徒にホースで水をかけ続けるのを見たことがあった。水をかけられた生徒は泣いていた。この教員は後に輝かしい昇進を遂げたそうである。

ここで「ボス」は、自分を中心とした勢いで〈祝祭〉[16]をしきることによって、「コントロールするパワーに満ちた自己」という全能を自己に対しても他者に対しても現実化する。「とりまき」も〈祝祭〉のイニシアティヴにあやかることで、同じような全能を身分相応に自己の側に具現する。このように全能をこの身に現す「ボス」や「とりまき」は、やり、やらせ、見せる。「ボス」は、自分の示唆に対して「とりまき」たちが創意をこらし、被害者が悲痛をあらわし、周囲が拍手喝采し、自分を中心とした全能の域がにぎわうのを見る。生徒を囲い込む空間は、このような〈祝祭〉の積み重ねによって、グループの〈属領〉になっていく。

身分は、この〈祝祭〉の全能をどれだけこの身に宿せるかによって決まってくる。ノリの秩序においては、身分不相応なふるまいは大罪である。身分不相応に個人でノッていたり、勢いづいていたり、輝いていたりすると、徹底的にいためつけられる。また教員に逆らうとか、「校則」に違反するものを学校にもってくるといったことは、ノリがこの身に分与される身分特権（いきがる権利）として位置づけられる。だからノリのグループは、「普通の人」が学校に食べ物やゲームを持ってくるのを許さない。

また、「ボス」が「ボス」の座から引きずりおろされたり、「とりまき」がグループから無視されたりすると、いじめや教員への「反抗的」な態度は、ノリの秩序の身分的位置価であるかぎりにおいて影をひそめる。

空騒ぎしながらひたすらノリを生きている中学生のかたまりは、無秩序・無規範どころか、こういったタイプの集団的全能具現の秩序に隷従し、はいつくばって生きている。

ところで、こういったことのすべては「やっても得こそすれ、損をしない」という計算のうえで成立している。

〈祝祭〉で悪ノリするときの存在感は、群のなかでの有利な身分や勢力を与える。「いじめ」による〈祝祭〉は脅しによって力を顕示し、自己勢力を拡大する合理的な戦略になっている。要するに〈祝祭〉に参加して全能を求めることは、自分の身を守り、自分の勢力を拡大する戦略を兼ねている。

ノリの小社会は、「生き馬の目を抜く」ように、いつなんどき仲間内で足をすくわれるかわからない過酷な環境である。「ボス」ですら、絶えず「強さ」を実演し、多数派工作をし続けていないと、いつなんどき転落するかわからない。いじめの〈祝祭〉に参加し、群の空騒ぎにまぎれこむことは、自分が被害者になる可能性を減らす。「とりまき」や「普通の人」は、見通しがきかない人間関係のなかで、自分がいつなんどき被害者に転落するかもしれない不安な日々を生きる。彼らにとって〈祝祭〉に参加することは、「なめ」られないように強く見せかけ、大勢の中に紛れ込む保身策となる。

集団生活で悪ノリする権力ゲームは、他者コントロールの全能追求で利益を最大化できる、あるいは利益のためにこの全能追求に「気合いを入れ」なければならない利害構造を下部構造としている。このように全能の半面と利害の半面は、緊密に支え合っている。

権力が弱ければ〈祝祭〉を遂行するのが困難になる。また〈祝祭〉がなければ権力は人が凝集するしかけを失って弱体化する。〈祝祭〉は権力にとってイベント資源となっている。そして権力と〈祝祭〉がこのように支えあう積み重ねから、事例で示したような祭政一致的なノリの政治空間が生じる。[17]

（権力にはさまざまなタイプがあるが）【事例3】の生徒たちにとって権力とは、他者コントロールの形態を用いた全能具現の営為であると同時に、利害構造のなかでの戦略的行為でもある。[18] 利害構造のなかの戦略的合理性という観点からは次のように言うことができる。〈祝祭〉（悪ノリ）は人びとの戦略によって導かれ、この〈祝祭〉（悪ノリ）を通じて当の戦略がさらに合理的となるような政治空間ができあがっていく。そしてこの政治空間の中で、〈祝祭〉（悪ノリ）はますます戦略的に合理的なものになる。この繰り返しの中で、巻き込まれた者たちの内的モードがどんどんβ‐体験構造へ転換していく。こうして、保身と勢力拡大の手だてを計算しながら、ばかになって悪ノリする者たちが生み出す心理‐社会的な政治空間が完成していく。そしてこの政治空間を成立平面として、さらに次の時点での権力と〈祝祭〉が生み出される。

このようなループが回り続けるとき、政治空間は動かしがたい社会的現実になる。そしてこの社会的現実のなかで、いじめはどんどんエスカレートしていく。

さて生徒たちがどういう集団心理‐利害闘争の政治を生きることになるかは、大局的には、学校がどういうふうに制度・政策的に設計されているかによって決まってくる。【事例3】が示すような政治空間は、制度・政策的な環境の効果として蔓延する。本当はいっしょにいたくない迫害的な「友だち」や「先生」と終日べたべたしながら共同生活をしなければならないという条件に、さまざまな強制的学校行事が重なり、さらに司直の手が入らぬ無法状態という条件が重なる重畳が、【事例3】が典型的に示すような集団心理‐利害闘争の政治空間がはびこる生態学的な好条件をなしている。あるいは秩序の生態学的布置における生態学的ニッチを提供している。

さて【事例3】は、物理的暴力とその可能性を予期させる脅かしを主要な迫害メディアとした、集団心理‐利害闘争的な政治空間の典型例である。しかし上記の政治空間論は、女子生徒のグループに典型的にみられるような、「しかと」などのコミュニケーション操作系のいじめを主要メディアとする政治空間にもあてはめることができる。[19]

ところで市民状態にあって対人距離を自由に調節できる人は、このコミュニケーション操作系のいじめで被害者が非常に苦しみ、時には自殺にさえ至ることをしばしば不思議に思う。「なんでこんなことぐらいでそんなに苦しむのか。単純明快につきあわなければいいではないか」、というわけである。

たしかに市民状態であれば心理的距離の自己決定によって、即座に彼（彼女）から「ひく」ことができる。人間誰でも「いやなやつ」や「敵」の一人や二人はいるものだが、市民状態であれば公私の境で自由に距離を設定し、その設定ラインを超えて踏み込ませないことが可能である。この人とはホームパーティに誘い合う仲だが、あの人はプライベートな関係には立ち入らせず、関係を事務的なものに限定する、といった心理的距離の自己決定である。公私が峻別された市民状態では、コミュニケーション操作系のいやがらせは、それを不快に感じる側が自由に「ひく」ことでもって、大きなダメージに至る前の段階で終息する。いやがらせをする側は、それ以上相手を追うことができない。すなわち「つきあってもらう」ことができない。

しかし学校共同体では「単純明快につきあわない」ということができない。朝から夕方まで過剰接触状態で「共に育つかかわりあい」を強制する学校では、心理的な距離の私的な調節は実質的に禁止されている。学校では、たとえ赤の他人であっても、「友だちみんな」と一日中顔をつきあわせてベタベタ共生しなければならない。

誰と生々しいつき合いをし、誰と冷淡なつき合いをするかを自己決定できない場合、「いやなやつ」の存在は耐え難い苦痛になる。たとえば、顔を合わせるたびに「ちょっとした」悪意のコミュニケーションをしかけてくる者たちがいるとしよう。コミュニケーションの受け手は、学校では悪意の者たちとの距離を遠ざけ、その生々しさを薄めることができない。そして距離の調節ができないことにつけこんで、悪意の者たちは生々しい関係を保ちながら、延々と悪意のコミュニケーションをあびせ続けることができる。やっていることの一つ一つは、しかと・悪口・陰口・嘲笑といった、一見「たいしたことない」行為だが、個としての対人距離の調節を禁止された共同体で「これでもか、これでもか」とやられると、それだけで耐え難い苦痛となる。そして、その苦痛から身を守るニーズが増大し、このニーズをめぐる利害構造が肥大化し、この肥大した利害構造が集団心理－利害闘争的な政治空間の下部構造となる。この政治の蔓延は、最初の人間関係の苦痛をさらに拡大再生産する。

コミュニケーションの不快さが増大するだけではない。共生を強制する集団生活が若い人たちにもたらす作用として、距離の調節による防御機構を失わせる心理的な免疫不全とでもいうべき、さらに深いところからの破壊的メカニズムを考えることができる。

学校に集められた若い人たちは、少なくともそれだけでは赤の他人であるにもかかわらず、深いきずなで結ばれているかのようなふりをしなければならない。学校では「みんな」と「なかよく」し、その「学校のみんな」のきずなをアイデンティティとして生きることが無理強いされる。すなわち学校では、だれが大切な他者でだれが赤の他人なのかを、親密さを感じる自分の「こころ」で決めることが許されない。逆に親密さを感じる「こころ」が学校によって強制される。集団生活を通じた「こころ」の教育は学校の業務に含まれており、どういう「こころ」が好ましい「こころ」であるかは、学校が決める。「学校のみんな」になじめない「こころ」は、学校の赤の他人を家族のように感じる「協調性のある集団適応的」な「こころ」へと無理やり教育される。

学校の「友だち」や「先生」に親密さを感じない「こころ」の自由はない。生徒は学校に強制収容され、グループ活動に強制動員され、いじめや生活指導で脅されながら、「親密なこころ」をこじり出して群れにあけわたす「こころ」の労働を強制される。鷲田清一は学校生徒を感情労働者とみなす（鷲田、二〇〇〇）。しかしホックシールド（Hochschild, A.）が感情労働者の例に挙げるのはスチュワーデスのような賃労働者であり（Hochschild, A. 1983＝2000）、学校共同体に強制収容された若い人たちとは境遇が異なっている。生徒は自分で職種を選んで対価として賃金を得ているわけではなく、義務教育によって学校に強制収容され、いじめや生活指導で脅されながら「親密なこころ」をこじり出して群にあけわたす精神的な売春とでもいうべき労働を無理強いされる。したがって生徒は、感情労働者ではなく、感情奴隷であるといえる。生徒の境遇は、感情労働者であるスチュワーデスよりも性奴隷としての従軍慰安婦に近いといえるかもしれない。学校に強制収容されて、たまたま同じクラスに配属されただけの者と「親密な友だちとして共同生活」をさせられる強制労働は、拉致され従軍慰安婦にされて皇軍兵士と「愛しあわされる」強制労働と（同質ではないが）同形（isomorphism）である。従軍慰安婦にされた女性に兵士と「なかよく」しない自由がないように、生徒にされた若い人にも、「友だち」や「先生」に親密さを感じない「こころ」の自由はない。

学校の集団生活では勉強ではなく人間関係が生活の焦点となり、生徒たちはたがいの「こころ」を気にしながら群れて生きる。学校共同体にいきわたる秩序は、その場の雰囲気を超えた普遍的なルールや正義による秩序ではなく、「まじわり」「つながり」あう各人の「こころ」や「きもち」が動き合うこと（を問題にすること）がそのまま秩序化の装置となるようなタイプの秩序である。このように「こころ」や「きもち」が秩序化の装置として位置づけられるということは、集団の「まじわり」や「つながり」に離反する「こころ」の自由が許されないことを意味する。

また「こころ」や「きもち」が普遍的な正義の機能的等価物となり、秩序化の原理として流用されるということは、「こころ」が政治的な道具となることを意味する。過酷な集団心理‐利害闘争を生き延びるためには、自己の利益にかなった仕方で真に迫った雰囲気を醸成し上手に他人を巻き込んだり、迫力で相手を圧倒したりすることが強いられる。「こころ」は人格の尊厳と真理の座ではなく、保身や生存のための集団心理‐利害闘争の器官としてすり切れるまで活用される。

このような政治的共生以外の仕方で各人が各人の仕方で善く生きるスタイルを追求することは、学校共同体ではできない。学校では、選択の余地のない特定の「なかま」集団の共生が善い生であると前もって決められており、それがどんなに醜悪なものに感じられても、与えられた「みんな」の共生スタイルを生きなければならない。このことは、各々が愛や信頼や倫理や美やきずなやよろこびに関する、各々にフィットしたスタイルの洗練や成長を享受することを不可能にする。

「こころ」の秩序空間においては、他人に咎をつきつけたり、いいわけをしたりする政治闘争は、行為が法や正義にかなっているかどうかではなく、もっぱら「こころ」を問題にすることによってなされる。たとえば、「あいつはムカツク」とか「ジコチュウ」といった告発は、行為ではなく「こころ」を主題とした告発である。「こころ」を秩序化の原理とした生活空間では、いつも他人から「こころ」をあげつらわれ、互いの「こころ」を過度に気にし、不安な気分で同調しなければならない。普遍的なルールではなく、「こころ」や「きもち」に準拠してクレイムをつける場合、攻撃する側は、気にくわない者に対して攻撃点をどこにでも見出すことができる。攻撃される側は、あらゆる方向から「こころ」を見られ、自分の「こころ」に反応する他人がどういう悪意をもつかわからず、それにより自分の運命がどう転ぶかわからない不安を全方位的に生きる。そして弱者は「友だち」に対してひたすらビクビクと「反省」の身振りをするのだが、それが強者にはめっぽう面白いのである。

さらに自分で友を選択して親しみが湧いてくる以前に、強制的にベタベタさせられて政治的に「なかよくする」生活環境は、個として親密性を築く能力を破壊する。そしてしばしば、自分は本当は誰が好きで、誰がなぜ憎いのかがわからなくなり、その情動判断を場の雰囲気に代替させるようになる。数分前になかよくしていた「ともだち」が「みんな」からうとまれはじめると、半分は保身から、半分は本当に「なぜかいじわるな気持ち」になり、「みんな」といっしょに蹴っていた、といったケースは枚挙にいとまがない。

自分がいじめグループの標的となるやいやな、今まで仲のよかった「友だち」が見て見ぬふりをしたとか、手のひらを返したようになったとか、攻撃の先鋒に転じたといったことは、よくあることだ。学校共同体では見て見ぬふりが普通で、助ける方が珍しい。また多かれ少なかれ、他人がそういう目にあっているのを目撃することになる。「かかわりあい」が強制され、いじめグループと縁を切ることができない学校では、被害者を助けようとすると後でどんな「かかわりあい」が待っているかわからない。

こういう場合、いじめ被害者はよく「なかよくできなくてごめんなさい」と泣く。そして、裏切り迫害する「友だち」に「なかよくしてもらおう」と必死になる。学校の弱者は「みんなとうまくやっていけるように自分の性格を変えなければ」と思う。

これは奇妙なことかもしれない。誠実でない、あるいは迫害する者を友とせず、気楽に互いの真実を語り合える者を友とするのは、自由な人間にとっては自明のことである。ところが共同体を強いる学校では、自分を迫害したり信頼を裏切ったりする「ともだち」との関係に苦しむとき、より美しい関係を求めて友の選択を変更するのではなく、クラスの「ともだち」とうまくやっていけるように自分の「こころ」の方を変更する（「性格をなおす」）ことが強いられる。

学校の集団生活では、次のような人格変容が起こりがちだ。すなわち、「みんな」の「ノリ」によって「ともだち」が個と個の信頼関係を裏切ったことに悩む。するとその結果として、自分の「こころ」を集団生活にあわせて変更し、どんなに酷いものであっても、それが「いま・ここ」のきずなであれば自己を支えるためにしがみつく。こうしてますます「学校の友だち（みんな）」にしがみつくようになる。

こういう屈従は、自由な人間にとっては奇異に感じられるかもしれないが、選択の余地がない場合には、多くの人がそうなりうる。学校のクラスに朝から夕方まで囲い込むことは、酷い「友だち」に悩む者に対して、次の二者択一を迫ることを意味する。すなわち、酷薄なきずなにしがみつくことを選択するか、毎日朝から夕方まで過ごす過剰接触的対人世界にきずながまったく存在しない状態を選択するか、という二者選択である。この苦しさは友を選択できる自由な人間には理解しがたい苦しさである。

事例4は、帰属と共生を強いる共同体主義の学校で、ある女子中学生が「仲間のなかで生活し仲間とともに生きて」いけるように自分の「こころを直そう」とした努力の記録である。

【事例4・ベンちゃん】

南日本のある中学校に、クラスメイトから「(勉強の)ベンちゃん」と呼ばれる勉強熱心な女生徒がいた。彼女は「友だち」のノリから浮き上がり、周囲からギスギスした圧迫を受けていた。彼女は「友だちとなかよく共同生活する」ことを強制する共同体型の学校制度のもとで、「学校の友だち」と朝から夕方までギスギスと一緒に過ごしながら、「協調性のない自分ではだめだ」「みんなとなかよく交われるような自分になりたい」とまじめに悩んだ。そしてこの悩みにつけ込んだ「学校の友だち」は、悪意をこめて彼女を壊そうとした。つまり「友だち」は、彼女に売春をさせた。彼女は「みんなと仲良くできない、まじめなかたい自分を壊す」ために売春をし、妊娠し中絶した。

このように「友だちとなかよくできない自分を直さなければ」というプレッシャーによって、「まじめな子」が「友だち」に命じられるままに売春(援助交際)を余儀なくされることがある。

個人の自由を憎む右翼や左翼の共同体主義者たちは、自由がいきすぎて共同体とその規範意識が解体し、その結果若い人たちの売春(援助交際[20])が流行ると主張する(ここで第一章の注(12)に引用した文章(佐藤、一九九七、六八―六九ページ)にもう一度目を通していただきたい)。これを援助交際規範解体説と呼ぼう。

しかしミドルティーンにかぎっていえば、純然たる個人で売春(援助交際)をする人よりも、学校で身についたピア・プレッシャーに屈従する習性にひきずられて売春(援助交際)をする人の方が多いと思われる。その意味では学校共同体主義こそが売春の温床であるともいえる。少なくとも地方においては、援助交際規範解体説よりも、援助交際学校しがらみ説の方がミドルティーンの現実にあてはまっているといえるだろう。

売春一般がよいかわるいかはひとまずおいておくとしても、ピア・プレッシャーに容易に屈従する習性によってなされる売春は問題である。つまり、「あなたとわたしたちが繋がっているとすれば、そして、あなたが仲間のなかで生活し仲間とともに生きていくならば、それがあなたにとってどんなにつらいことであったとしても、あなたは売春をしなければならない[21]」といったタイプの売春は、人間の尊厳に価値コミットする立場からみれば、あってはならない売春であるといってもよいだろう。実際「気の強い」少女が中年男性とかけあい、学校内部の「気の弱い」なかま奴隷少女を学校外部で性奴隷として「売る」、といった商談は「非行のケース」としては珍しくもない。この「奴隷貿易」の拠点は学校共同体である。このなかま奴隷とでもいうべき習性の蔓延はあきらかに、共同体を強制し市民的自由と個人主義を剝奪した教育制度・教育政策の責任である。

## 4　生活環境の制度・政策的なマクロ枠を変更することによって、いじめ問題を解決する処方箋（即効的政策提言）

問題となっているようないじめの蔓延やエスカレート、そしていじめが浮き彫りにする当事者たちの迫害的で不安な生活空間は、学校を共同体となす教育制度・教育政策による環境の効果として生じたものである。共同体主義によるこれまでの教育制度・政策を廃し、リベラリズムによる新たな教育制度・政策をたちあげる必要がある。

この根本的改革案は、明治以降の日本の教育制度・政策を根本的に方向転換するものとなるであろう。このような改革は中長期的なものとなるであろう。この中長期的プランを本書では第九章で展開した。第八章ではその改革の根本原理となる自由な社会の構想を示した。

だが、中長期的改革を待つあいだにも、現状の教育システムのもとで多くの若い人たちが悲惨な境遇で呻吟することになる。これを放置しておくわけにはいかない。

以下では、「それでは今すぐできる対策としては、この現状をどうしたらよいのか」という実践的要請に応えて、短期的な（今すぐできて、はっきり効く）いじめ対策の処方箋（即効的政策提言）を提出する。これは中長期的な根本的改革を待つあいだに実施する処方であり、これをしたから根本的改革をしなくてもよいというものではない。

いますぐできる対策としては、次の二つを同時に実施することを提言する。これらは両方とも現在の学校制度の大枠内で実施することができる。

①暴力系のいじめに対しては学校内治外法権を廃し、法システムにゆだねる。そのうえで、（加害者が生徒である場合も教員である場合も等しく）加害者のメンバーシップを停止する。

②コミュニケーション操作系のいじめに対しては学級制度を廃止する。

学校に限らず、移動の自由が極小化された収容施設で共同体的な生活を送らざるを得ない環境（たとえば刑務所、捕虜収容所、強制労働キャンプなど）ではしばしばインフォーマルグループによる暴力支配が蔓延する。

他の場合もそうであろうが、少なくとも学校の場合、自分が大きな損失を被ってまで特定の個人をいじめ続けるといったことはほとんどなく、いじめは基本的に「やっても大丈夫」「やったほうがむしろ得だ」という利害構造に支えられて蔓延・エスカレートしている。

暴力系のいじめ問題は、暴力を犯罪として法システムに任せつつ、加害者側のメンバーシップを停止（退学あるいは懲戒免職）する政策によってかなり緩和させることができる。

ところで、学校に司法が入らず、仲間うちの暴力支配に対してなすすべがない「泣き寝入り」状態を反復的に体験・目撃させることは、市民的な現実感覚を破壊し中間集団全体主義を骨の髄まで習慣化する教育効果を有する。それに対して、仲間内の勢力関係を跳びこえて法によって加害者が処罰されるのを目撃する体験は、中間集団は強い者が弱い者を圧倒する力によって治められるという秩序学習をさせず、普遍的な正義が法によって守られていることを学習させる市民教育として効果的である。ちなみにこのような観点から、万引きなどに対しても、法が作用する経験をさせることは有効である。学校に囲い込まれて「生徒らしい」生活をしていると、仲間内の「ノリ」を超えた広い社会の普遍的な秩序が存在することを体感することができなくなりがちである。

しかし、しかと・悪口・陰口・単なる悪意の表情やしぐさといった、コミュニケーション操作系のいじめによる問題は、法の働きによって暴力を抑止しただけでは解決できない。コミュニケーション操作系のいじめ問題は、親密な人間関係を選択する交際圏を極小化する、小ユニットへの強制帰属の作用が寄与するウェイトが大きい。コミュニケーション操作系のいじめは、共同体主義的な学校の枠がなければ存在しえないか、すくなくともその効力が無視してよいほど微少なものになってしまうタイプの迫害の様式である。

たとえば学級や学校への囲い込みを廃止し、交際圏をうんと広くし、出会いにかんする広い選択肢空間と十分なアクセス可能性を有する生活圏で、若い人たちが自由に交友関係を試行錯誤できるのであれば、「しかと」で他人を苦しませるということ自体が存在できない。

すなわち、なにやら自分を苦しめたいらしい疎遠なふるまいをする者には魅力を感じないので、他の友ともっと美しいつきあいをする、という単純明快な選択を行うだけですべてが解決する。「しかと」

をしようとする者は、相手を苦しめるどころか、単純明快に「つきあってもらえなくなる」だけである。市民的な自由が確保された生活環境であればあるほど、コミュニケーション操作で人を苦しめようとする者は、コミュニケーションがじわじわと効いて相手が被害者になる前に、単純明快につきあってもらえなくなる。被害者の候補は、邪悪な意志をただよわせた者たちから遠ざかり、より美しいスタイルの友人関係に親密さの重点を移していく。たったそれだけのことで、コミュニケーション操作系のいじめは効力を無化されてしまうのである。

結局自由に友を選べる広い交際圏では、他者を被害者にしたてあげるよりも速い速度で、関係が不可能になる。広い交際圏では、魅力によってしか距離を縮めることができない。教育制度を変革して広い交際圏で自由かつ容易に友を選べるようにすれば、生徒たちは古代インカ帝国の儀式をリアルに思い浮かべることができないように、「しかと」とはいったい何なのか理解できなくなる。

短期的な処方箋としては、現在の学校制度の枠内で学級制度を廃止するだけでも、かなりの効果が期待できる。もちろん単一の学校に強制帰属させる制度を廃止するべきであるが、その中長期的な改革の実現を待つあいだに学級制度を廃止するだけでも、当面の現状をよりましなものにすることができる。

ただし学級制度を廃止しても暴力を放置すればギャングが跋扈《ばっこ》することになる。暴力を厳格に司直の手に委ねる学校の法化と学級制度の廃止は、両方同時に行わなければならない。

［注］

（1）ここで若干、本書で採用した問題措定法について補足説明をしておこう。上でことさらに「実体主義あるいは存在論的実体関与主義の立場から」と記したのは、現在有力な論調となっている構築主義を意識しながら、論者の実体関与的問題措定の立場を明らかにしたかったからである。

ここでいう実体関与とは次のようなことである。たとえば、分子や原子を存在するとするパースペクティヴからは、目の前の机や川の流れは構築されたものである。それに対して、目の前の机や川の流れを存在するとするパースペクティヴからは、分子や原子は理念的に構築されたものである。物性論的研究を行う物理学者や、治水ダムを設計する工学者など雑多な人々が、X〔$x_1$、$x_2$、$x_3$…〕領域を存在するものとみなしY〔$y_1$、$y_2$、$y_3$…〕領域を構築されたものとみなす様々なパースペクティヴを、使い分けたり、組み合わせて使ったりする。この実践的技能は、あらゆる実践的諸目的のために（for all practical purposes）組織される。あらゆるもの（あるいは特殊なカテゴリーとその操作以外のあらゆるもの）を構築されたものとするパースペクティヴを用いて社会的世界を記述しようとする試みもまた、この実践的諸目的の一つであり、構築主義者たちも彼らなりの存在論的実体関与を技能的に行っている。何を上記のX領域に措定し何をY領域に措定するか（あるいはそれらの様々なタイプのパースペクティヴをいかなる局面でどのように活用するか）のデザインは、問題関心あるいは価値関心によって導かれる。本稿の問題関心と実践的目的からは、構築主義的デザインは端的に役に立たず、別の存在論的実体関与のデザインが選択された。

ちなみに構築主義には、上記X領域を措定する選択肢が三つある。

①X領域にいっさい存在を措定せず、Y領域を「あらゆるもの」とする立場。これは存在論的ゲリマンダー（ontological gerrymandering）問題（Woolgar, S. & Pawluch, D. 1985）を突きつけられる前の構築主義の立場である。

②X領域を（詳細は論者によりまちまちであるが）問題化にかかわるカテゴリーとその操作のみに限定する立場。これは存在論的ゲリマンダー問題に対して戦線縮小的に防衛をはかる立場である（中川、一九九九）。

③X領域を、その研究ごとの実践的なデザインにより前二者よりさらに融通無碍に拡大する立場。構築主義を自称する多くの研究者が否認しながら実際に行っていること。実際上（for all practical purposes!）こうしなければ実践的に役に立つ研究などとうていできない。

以上の三つの選択肢のそれぞれについて検討してみよう。①は、存在論的ゲリマンダー問題によって論理的に内部崩壊する。②は、X領域が狭すぎて実践的には何の役にも立たない研究しかできない。③は従来の社会意識論との区別がなくなる。以上の理由で、構築主義には独自の立場をことさらに主張する根拠がほとんどない。「ほとんど」といったのは、②の立場は「何の役にも立たない」が、エレガントな世界記述としては理論社会学的にわずかの存在意義があるからである。ただし実際の構築主義的個別研究は、しばしば①を自称しながら③を行い、結果的に社会意識論の領域で多大な学問的貢献をしてきた。このことは評価できる。

なお筆者による構築主義的いじめ論に対する批判的検討としては（内藤、一九九七（b））がある。以上のコメントについては、稿を改めて主題的に論じる予定である。

（2）われわれの社会では学校に行かなかったり行けなかったりする若い人はしばしば異常視され、精神科医のもとを訪れたり訪れさせられたりすることがある。

（3）この根こそぎの収奪については、たとえばハーマン（Herman, J. L.）による囲い込み論とその前後（Herman, J. L. 1997 = 1999: 75-180）を参照。

（4）あの大河内清輝君は、どんなに酷いめにあっても、あるいは酷いめにあえばあうほど、「ボス」グループにしがみついていた。学級制度と、愛知県の部活強制政策と、学校や「子ども」への公権力不介入慣習は、「ボス」グループが清輝君を根こそぎの奴隷として飼育する絶好の条件を用意した。なおこの事件に関して様々な教育系知識人がまきちらしたピントはずれの論評（なかには、学力選別＝市場の論理が加害者を圧迫したことを原因とする珍説すらある）は、「大多数の人は、自由を剥奪されれば心の変化が起こるということに無知である。まして、これに理解のある人はいないも同然である。」というハーマンの言葉（Herman, J. L. 1997＝1999: 181）を裏づけるものとなった。中井久夫はハーマンの囲い込み論を援用しながら、大河内清輝君の隷従様式を理解可能なものにした（中井、一九九七、二一一二三）。

（5）ちなみに「儒教的」と呼ばれるスタイルを万人に強制してきた戦前の家族制度が廃される際に、國體護持派（右翼）は上記のレトリックを用いて、頑強に抵抗した（右翼反動）。それに対して当時の進歩派は、「家族が仲よくくらす」特定のしかたを国家が無理強いする制度を廃することと、家族が仲よくくらすこと自体を廃することとは別のことである、といったあたりまえのことを人々に説かねばならなかった（たとえば［川島、一九四六→二〇〇〇、二一一三ページ］）。「学校応援団」勢力は、五〇年前の國體護持派（右翼）と同じ論理でもって、学校共同体強制収容制度から若い人たちを解放しようとする自由化の流れに頑強に抵抗する。この自由の敵は現在「進歩」派と呼ばれている。彼らは、各人の生き方あるいは夫婦・親子・友人のあり方を**天皇のものにする**教育勅語を不当とする。しかし彼らはその舌の根も乾かぬうちに、若い人たちのありとあらゆる「ともに - ある」と「わたしで - ある」を**学校のものにする**、根こそぎの人間存在収奪制度を死守しようとする（左翼反動）。そして学校への帰属意識の風化のかすかな徴候にも神経を尖らせ、「市場の論理」や「消費社会の誘惑」に被害感をつのらせ、外部の「わるい」影響から「子どもたち」を遮断しようと腐心する。この囲い込みの「犯人は倦まずたゆまず被害者から尊敬、感謝、さらに愛情の表明を要求し続ける。犯人の究極の目的はどうも自発的な被害者をつくり出すことらしい」（Herman, J. L. 1997＝1999: 113）。犯人は被害者が「自発的」に学校を「居場所」「自分たちのなじみの場所」「安心できる場所」「自分を発見できる場所」にするように願って、強制収容制度を守ろうとするのであり、自由化と闘うのである。

（6）本書でとりあげる事例の多くは、このようなせめぎあいのなかで、$\beta$ - 秩序がきわめて優勢な局面をピックアップしたものである。このようなピックアップは、$\beta$ - 秩序そのものを原理的に明らかにするために必要とされる。

(7) たとえば「小権力者は社会が変わると別人のように卑屈な人間に生まれ変わった」(中井、一九九七、二二ページ) といったことが社会のすみずみで起こること。

(8) この生態学的設計主義を悪魔の道具にすることも可能である。いくつかの民族紛争地域においては、秩序の生態学モデルを直感的に会得しているとおもわれる政策グループが、隣人たちが殺し合うようにうまくしむけている可能性も疑われる。また諸個人が合唱の声のように共生することを強制する現在の学校も、市民的自由をアトミズムとして憎む共同体主義者たちの生態学的実践知によって試行錯誤されてきた結果なのかもしれない。つまり生態学的設計主義の政策は、図3‐4のような事態のみならず、図3‐3のような事態をも作為しうるのである。論者が提出した生態学モデルは、従来言葉にはされてこなかったが、政策をよくもあしくもうまく遂行する者たちが会得してきた実践知と重なるものかもしれない。いずれにせよ、生態学モデルにもとづく実践をそれ自体で何かよきものと捉えるのは誤りである。本書の生態学モデルは、どんな価値をいだく者にも利用可能という意味で普遍的なモデルである。

(9) 多様なきずなユニットが行き交う自由な社会の青写真については第八章を参照。

(10) この「学校」の位置価に最も近いのはかつての「天皇」である。

(11) 一九九五年七月一七日、福岡県飯塚市の近畿大学付属女子高等学校の教員宮本煌が、暴力的な自分に嫌悪のまなざしを向けていた女生徒に激昂し、暴行を加え殺した。宮本は裁判にかけられた。これに対して飯塚市では地元の愛校的卒業生たちを中心として殺した教員を助けようとする署名運動が活発化し、殺された女生徒に対する悪意に満ちた誹謗中傷とデマが街に蔓延した(藤井、一九九八)。筆者は藤井誠二氏の協力のもと、飯塚市で聞き取り調査を行った。片端から声をかけた住民の多くはよくしゃべり、語るのを拒否する人はほとんどいなかった。そのうちのかなり多数は、殺した教員に同情的で、殺された女生徒に対する否定的な感情を示した。

一九九三年一月山形県新庄市の明倫中学校の体育倉庫で、ひとりの少年がマットに逆さにつっこまれて殺された。論者は同年五月より断続的に新庄市で聞き取り調査を行ってきた。殺された少年とその家族に対する憎悪に満ちた誹謗中傷とデマが近隣住民のあいだに流布されていた。「われわれ地元は『金持ちぶってなまいき』な被害者の家族を嫌っており、どちらかというと殺した少年たちとその家族の方に同情的だ」というイメージが蔓延していた。

ところでこのように「みんなの『みんな』観」が蔓延した状況下では、憎悪の中傷を行う側は、仮に少数であっても「われわれ地元のみんな」として団結しやすく、大きな気持になって悪ノリしやすい。それに対して「正義ぶったこと」を思っている側は、仮に多数であっても孤立し不利を覚悟で発言しなければならない。「地域のみんながそう思っている」というイメージが多数の近隣住民に信じられ畏怖されて蔓延することと、近隣住民の多数が実際にそう思っていることとは、まったく別のことである。

この二つ、すなわち「みんなが思っている」ということと、『「みんなが思っている」』とみんなが思っている」ということとを混同した立場から、「人殺しの味方をし、被害者を憎々しげにののしる「新庄市民」なる単一のグループをカテゴライズし、それに対して「鬼畜」、「死ね」、「逝ってよし」、「新庄市を特殊部落として日本から隔離しよう（表現をあえてそのまま用いた：内藤）」などと誹謗中傷するネット上のスレッドが複数出現した。これらのスレッドの誹謗中傷の「証拠」として拙稿（内藤、一九九五）も、本文の記述内容や論述内容を大きく逸脱したしかたで利用された。2チャンネルという名の有名サイト上のスレッドでは、警察に逮捕・補導された若い人たちの住所氏名電話番号が公開され、それを用いた犯罪事件まで生じた。

学校をきずなの中心とした「地域社会のわれわれ」なるものを立ち上げ実体化し、その帰属でもって各人のアイデンティティを決めつける力は、このように表からも裏からも作用している。愛校心と陰口で武装し学校に奉仕する「悪ずるいかあちゃんたち」（ある住民の表現）も、インターネットの誹謗中傷サイトも、同じく、各人の多様なきずなユニットの頭越しに「学校を中心とした地域社会のわれわれ」のアイデンティティを生み出す力である。なお新庄市では、明倫学区を「変な人たちの閉鎖的な地域」「あそこは以前裏町と呼ばれていて、昔からとくに偏狭なひとたちが住んでいる場所なんだ」などとカテゴライズすることで「自分たちの学区」をイノセント化しようとする会話も聞かれた。「新庄市の穢れた部分＝明倫学区」を基点に反転するイノセント化を通じて、学校を中心として線引きされた「新庄学区のわれわれ」「日新学区のわれわれ」なるアイデンティティが立ち上げられていく。

大切なことは、各人の自由なきずな選択の頭越しに、学校や会社や天皇や教会や民族や行政上の土地区分を中心とした「われわれ」を立ち上げる共同体形成力を弱めることである。さらに言えば、物理的近隣には多様なきずなユニットが行き交っているだけで、それ以上の十把一絡げの「地域社会のわれわれ」なるものは存在しない、という社会状態を維持することが大切なのである。

(12) たとえば小学校では給食を強制し、中学校では弁当を食べる場所をクラスに限定する。小学校ではしばしば、脅しや軟禁によって嫌悪食物の摂取が執拗に強制される。このしつこいいやがらせ(harassment)は、「教育の論理」によれば「給食指導」と呼ばれている。

(13) 国家や自治体や親が「子ども」に「受けさせる」義務を有するという規定は、実質的にはそれを拒む若い人にも強制的に「受けさせる」という内容を含意してしまう。形式的には国家や自治体や親の義務規定であるが、実質的には若い人への義務規定となっている。

(14) 自治体の教育行政レベルでは、教員による暴行・傷害犯罪は問題化されないうちはただの「指導」であり、問題化された場合は「教育熱心のあまりの、いきすぎた指導としての体罰」とカテゴライズされる。場合によっては傷害致死や未必の故意の殺人ですら、このような「教育の論理」によってカテゴライズされる。なお「体罰」というカテゴリーの問題については［森、一九九六、一〇九－一一一ページ］を参照。

(15) 学校共同体主義のもとで教員は、生徒に対する脅しや暴行へ誘引される職業上の利害構造のもとに置かれている。もともと市民的な自尊心をもち、奴隷的な扱いや人格支配を「わるいこと」と思う生徒ならば、(文革やヤマギシやポルポトのコミューンをおもわせる) 強制的共同体主義の「学校らしい」集団生活を嫌悪し拒否する方が自然であり、その市民的拒否に抗して「学校らしさ」を維持するためには、多かれ少なかれ暴力と恐怖で制圧する以外に手だてはない。そして暴力は黙認されている。そのうえで教員たちは、「学校らしい」生徒の隷従状態の維持責任を、そうしなければ教員としての立場を維持できないようなしかたで負わされる。すなわち生徒の隷従状態を維持しなければ、同僚たちのあいだで「指導力の欠如」を指摘され、「針のむしろに座らされ」、あるいは昇進の道が閉ざされる。もちろんこのことは、暴行教員の加害責任をなんら軽減するものではない。

(16) 〈祝祭〉については、第二章、第四章、第六章を参照。

(17) 権力については、第六章で主題的に論じた。

(18) このような権力モデルについては、第六章を参照。

(19) ただし、暴力系のいじめとコミュニケーション操作系のいじめとでは、法的介入がおよぼす効果という点で、大きく異なっている。

(20) また、[佐藤、一九九七、六八–六九ページ] と同形の論理で援助交際を問題化しつつ個人の自由を価値下げしようとするデマゴーグとしては、小林よしのりの『ゴーマニズム宣言』など一連の漫画 (小林よしのり、一九九三〜一九九九) を参照。

(21) これは本書第一章の注 (12) に引用した佐藤の文章 (佐藤、一九九七、六八–六九ページ) をもじったものである。女子高生に売春をさせて逮捕された暴力団員のほうが、教育学者よりも実態をよく把握している。この暴力団員は次のように語る。「ワシがちょっと、『オイ、次 (売春させるのに) 誰かエエ女の子おらへんか』いうたら、自分から進んでなんぼでも連れてきて、『この子どう?この子どう?』いうて紹介してくれるし、もう楽なもんですわ。……ということは、学校の友達関

係が一番大切や、とも言えるわけやね。」（松宮、二〇〇一、四九ページ）

# 第四章

## 心理と社会をつなぐ理論枠組と集団論
## ――デュルケムの物性論的側面を手がかりに(1)

1　**心理と社会の接合領域**

ひとが群れ集まることで独特の集団力が生じることはよく知られている。たとえば次のような女子中学生の発言は、この力を純粋なかたちであらわしている。

「ひとりやったらできへんし、友だちがいっぱいおったりしたら、全然こわいもんないから。なんかこころもち気が強くなるって言うか、人数が多いってことは、安心する、みたいなんで。一回いじめたら、止められないっていうか。なんか暴走してしまうっていうかな。」「友だちに〝あのひと嫌い〟って言われると、なんかそれ、うつっちゃうんですよ」（NHKスペシャル「いじめ」一九九五年一〇月一日放送）

このような集団力は、女子高生をコンクリートに詰めた少年グループから、周囲の「風向き」や「空気」をうかがう日常の保身まで、濃淡の差はあれ多くの人びとの生活にいきわたっている。社会病理と呼ばれる現象はしばしばこの集団力との関連で生じる。

近年先進諸国では、上記の集団力に関連して、国家規模の全体主義とは別の奇妙な全体主義の問題が浮上してきた。それは、国家と個人のあいだにある中小集団の規模で、徹底的に個を制圧してしまう全体主義的現象である。[2] たとえば、職場や学校での人格支配や嗜虐的迫害、カルトや自己開発セミナー、家庭内の暴力、民族的憎悪や迫害などである。[3] 人びとはなぜこのような行為を行うのか、このような行為の連鎖にもとづいた集団の組織化はどのようなものか、このような行為や社会的組織化がエスカレートするのを抑止するにはどうすればよいのか。

この主題にとりくむためには、「非合理的」とか「感情的」などと言われているような心理過程（ミクロ）と中小集団規模の社会過程（メゾ）との結合に照準し、それを理論的に表現し分析するための理論枠組や集団論が必要になる。この分析によって明らかになったミクロ－メゾ・メカニズムが、制度的な社会条件（マクロ）のもとで繁茂したり退縮したりするミクロ－メゾ－マクロ・メカニズムを明らかにすることで、政策による上記諸現象の抑止が可能になる。

しかし、このような観点からの研究が十分になされてきたとはいいがたい。その一因として社会学における心理モデルの排除傾向がある。心理的説明を理論に組み込むことを禁じてしまえば、上記の諸現象に関する研究はほとんど不可能となる。この排除は明らかに、心理モデルを組み込むことと心理モデルに還元することとを混同し、後者の咎で前者を断罪する誤謬にもとづいている。しかしこのことを指摘してもなお、排除は前学問的な慣習の力として働く。

この慣習に社会学史的なデュルケム（Durkheim, E.）像が関与している。デュルケムは心理的説明を否定し社会学独自の研究水準を開いた「社会学的思考」の始祖とされ、その業績は問い方や答え方の模範例（Exemplar）（Kuhn, 1970）となる。この社会学史的デュルケム像が[4]、研究者集団の常識形成に関与している。だが実際には、デュルケムはその宗教研究において独自の集団心理学ともいうべき研究を展開していた。

本章では、デュルケムの可能性の中心としてこの集団心理学的な論理をとりあげ、この論理の不十分さを克服するかたちで、上で要請された理論枠組（ＩＰＳ）と集団論（集団的全能具現モデル）を提出する。そして最後に、これを非行少年グループのフィールドワークに適用する。

## 2　デュルケムの物性論的側面

デュルケムは『社会学的方法の規準』(Durkheim, E., 1895)(以下『規準』)で次のような主張をおこなう。社会は諸個人やその心理によって構成されながらも、諸個人にとって外在的かつ拘束的な創発的存在である。社会学はこのような社会を、個人やその心理とは独立したマクロ的な客観的指標から扱う。このことに関して、デュルケムは次のような科学のメタファーを用いる。

「……諸要素が互いに結合し、その結合の事実から新しい諸現象が生じるときにはつねに、これらの現象は諸要素のうちにではなく、諸要素の結合によって形成された全体のうちに位置づけられる……。(中略)水の流動性や栄養にとんだ属性その他は、これを構成している二種の気体のうちには存せず、両者の結合から形成される合成的物質のうちにこそ存するのである。」(Durkheim, E., 1895

= 1978: 30–31)

たとえば、川が流れているとき、水の一個一個の分子の振る舞い（ミクロ）を無視して、勾配や川幅など（マクロ的指標）だけから、水流の速度（マクロ）を計算することができる。社会もこれと同じように、個人やその心理と独立に扱うことができるし、またそうすべきである。このような側面をデュルケムのマクロ力学的側面と呼ぼう。心理的説明を否定し社会学独自の研究水準を開いたとされる、社会学史的なデュルケム像は、もっぱらこの側面のみから構成されたデュルケム像である。

ところで、すでに『規準』において、このマクロ力学的側面は綻びをみせている。デュルケムは社会を生命視し、社会が考え、表象し、思考し、信じるとする（たとえば（Durkheim, E. 1895 = 1978: 33-34)）。これは、河川が分子運動をするとか犬が細胞分裂するといったタイプの、要素の性質をそのまま全体の性質に適用する誤謬であり、デュルケムのマクロ力学的側面ともう一つの側面とが接近する際に生じる混乱である。

このもう一つの側面は、社会的事実の性質とそれを構成する心理メカニズムとの関係や、社会的事実が「もの」として生み出される生成の論理が問題となる側面である。これを、デュルケムの物性論的側面と呼ぶことにする。物性論とは、物質が固体・液体・気体などの状態において示すマクロ的な種々の性質と、その物質を構成する原子・分子の性質との関係を明らかにする分野である。

デュルケムの著作のなかでこの側面が最も前面に出ているのは、オーストラリア原住民の文献資料に即して宗教の原形的メカニズムを分析した『宗教生活の原初形態』(Durkheim, E., 1912)（以下『形態』）である。心理的説明を拒否したはずの社会学史的なデュルケム像とは裏腹に、『形態』は心理的説明に満ちている。以下では本書の問題関心に合致するかぎりで、『形態』の論理を取り出す。

「ひとたび諸集団が集合すると、その接近から一種の電力が放たれ、これがただちに彼らを異常な激動の段階へ移すのである。表明された感情は、……全員の意識の中で抵抗なしにこだまする。(中略)人は、自分自身をいつもとは異なって考えさせ、働かせる一種の外的力能に支配、指導されている、と感じ、当然にもすでに彼自身ではなくなったという感銘を受ける。(中略)……若干数の者の接近が、結果として、各自を変形する新しい勢力を引き出すのだ、とは彼は知らない。彼が感じるのはただ、自らの限界をこえて高められ、平素過ごしているのとは異なった生活をしているということである。だが、これらの感覚を、その原因となる何らかの外的事物に彼は関連づけねばならない。では、彼は周囲に何を見るであろうか。あらゆるところから、彼の感覚に映ずるもの、彼の注意を惹くもの、それはトーテムのさまざまな画像である。(中略)経験された感情はこの上に固着するのである。(中略)これは会合が解かれた後でも、続けてそれを想起させ喚起させる。(Durkheim, E., 1912：訳書、上巻三八九―三九八ページ)

原始人は集まることの心理的効果として、世界や自己が全般的に変形を被ったように感じる(現実感覚変形イベント)。当事者たちは、そのものとして体験できないこの無限の変形力の帰属点を、なんらかの具象(トーテムの画像)において錯覚的に体験する。このとてつもない力能の帰属点として体験されるはずのものが、日常的有限物の意味連関内にあったのでは不都合であるから、上記の有形物は通常の意味連関から厳しく切り離される。この切り離しにおいて聖と俗が成立し、この区分を中心として独自の象徴と儀礼の体系が形成される。人々の体験世界は聖なる体験に関連するものと、そうでないものとで二重化し、その切り替えごとに人格が豹変するようになる。

聖なるものを埋め込んだ象徴‐儀礼体系ができあがると、今度はその成立の端緒となった現実感覚変形イベントがこの体系によって統御されるようになる。集合による変形の印象は、それだけでは解散と同時に退色していくが、この象徴‐儀礼体系に埋め込まれることで、持続的に人々の心の中に刻印され、儀礼によって適切なタイミングで再生されるようになる。聖なるものは現実感覚変形イベントの効果として生じ、その聖なるものを中心として組織される象徴‐儀礼体系が現実感覚変形イベントを制御的に生成する。

原始人にとっては、聖なるものをめぐる集団的な結合体験は生々しく、そうでないものは色褪せて体験される。したがって個の価値や、個と個の絆は希薄である。たとえば原始人は、葬礼において聖なるものに反応して涙するのであって、個と個のかけがえのない絆にもとづいて涙するのではない。

デュルケムはこのような原始社会の集団力について、次のように論じている。

「それ〔集合的な力〕はわれわれをまったく外部から動かすのではない。そうではなくて、社会は、個人意識のうちにのみ、また個人意識によってのみ、実存しうるのであるから、集合的な力はわれわれに浸透し、われわれの中で組織化するのは当然である。このようにして、集合的な力はわれわれの存在の不可欠の部分となり、また、そのことによってこの力は向上し、強大となるのである。」(Durkheim, E., 1912：訳書、上巻三七九ページ)

# 3　ＩＰＳと集団的全能具現モデル

以下では、1節で示した主題を扱いうる理論枠組と集団論を、2節で取りあげたデュルケムの議論を手がかりにしながら、デュルケムの不十分さを克服するかたちで、つくりあげる。これがＩＰＳと集団的全能具現モデルである。

## ❶ＩＰＳ

デュルケムの物性論的側面から抽出しうる普遍的な論理は、複数の個人からなる外的社会が個人の内側から組織化するという、一見パラドックスにみえる内と外の結合様式である。すなわち、個人を内側から変形しつつ個人の内部（Intrapsychic）から作動する、その内側からの作動・変形が複数個人領域

(Interpersonal) で連鎖し組織化していく作動系が、デュルケムが『形態』で論じたタイプの社会である。

デュルケム自身は個の内側から個を変形する連鎖が個を超えて組織化する系を十分に理論化することに成功せず、社会が生命や意識を持つと考え、その前提のもとで集合表象や集合意識といった存在を想定する。この理論的失敗は、社会が個人の内側から働くことを強調しながら、その内側の心理メカニズムについての分節化を十分に行わなかったことに起因する。たとえばデュルケムは、集まるだけで現実感覚が変形する際の心理メカニズムや、「一種の電力」「こだま」といった現象が生ずる際の心理メカニズムの分節化を行っていない。「こだま」や「電力」といった表現に頼らず、いかなる心理メカニズムが、いかなるしかたで、いかなる個を超えた連鎖領域で系をなすのかを分節的／分析的に論じる理論的展開が必要であった。この分節／分析を経ることがなければ上記の系は、ひとの直感に対して、それ自体で生気に満ちているかのように映現するだろう。

上記の系について、以下では筆者なりのしかたで論理を発展させる。1節で示した主題を探求する場合、「非合理的」とか「感情的」などと言われているような心理メカニズムを重要な要素とした、次のようなループが問題となる。すなわち、各人の心理状態が場の雰囲気（場の情報）によっていつのまにか（ある程度自動的に）別の内的モードに切り替わってしまい、さらに場の雰囲気が内的モードに規定される人びとのふるまいの連鎖によって形成されるような、心理と社会が形成を誘導し合うループである。このようなループを扱うには、個人水準をさらに細かい心理メカニズムに分解したところから社会水準の現象を説明する理論構成が要求される。

上記の心理過程と社会過程の形成誘導的ループを形式的に定式化すれば次のようになる。①Intra-

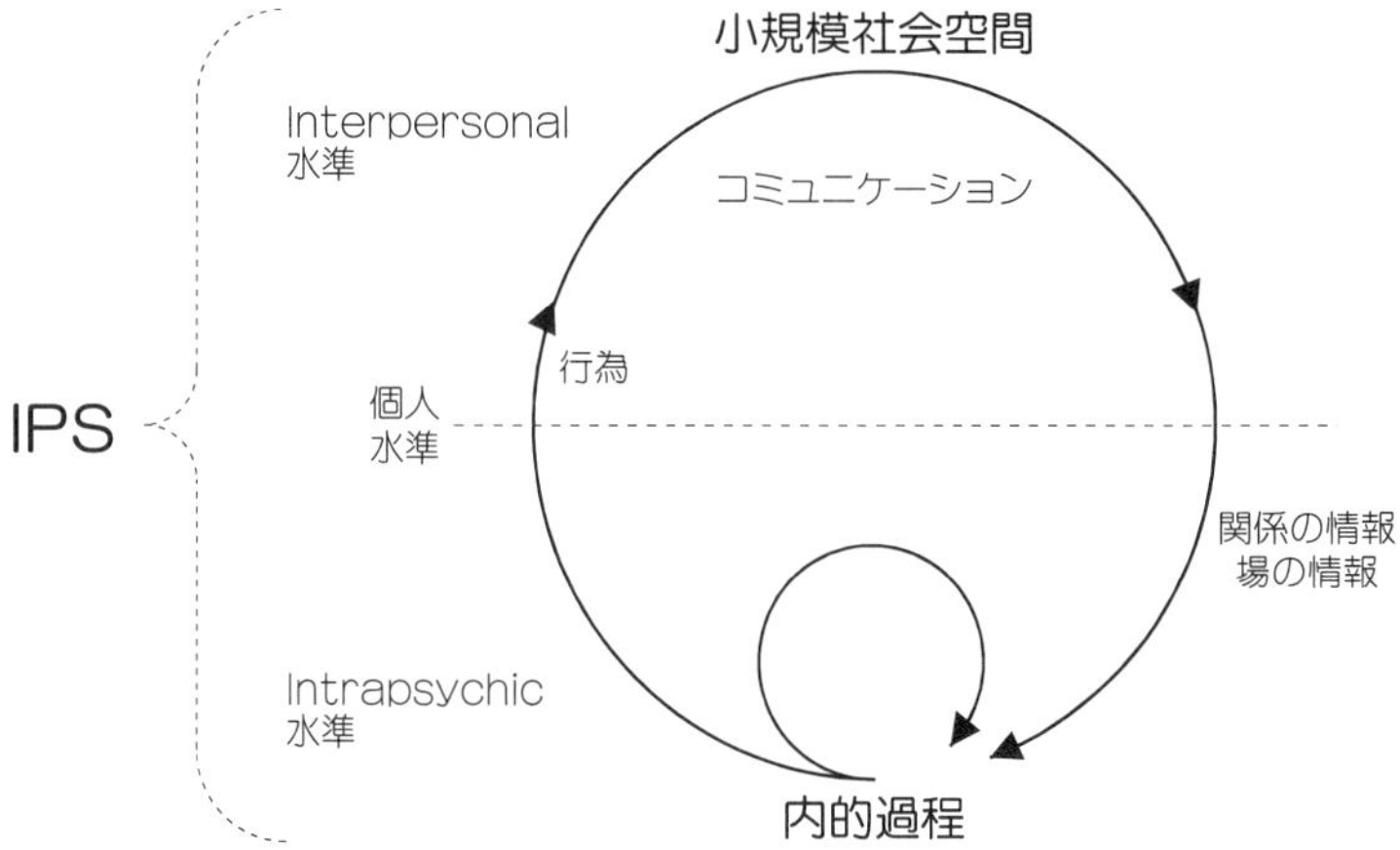


図4-1　IPSの基本形

psychicな心理過程に導かれて行為やコミュニケーションが生じる。②この行為やコミュニケーションの連鎖集積から、Interpersonalな小規模社会空間が秩序化されつつ生成する。③さらにその秩序化された社会空間が成立平面となって、Intrapsychicな心理過程が導かれる。このように**心理過程と社会過程とが形成を誘導し合う螺旋的なループをIPS**（Intrapsychic Interpersonal Spiral）と呼ぼう（図4-1）。

デュルケムがおこたった内的モードの分節／分析は、IPSにおいては図4-2のように表現できる。

このように分節化されたIPSに、研究対象や研究方法に応じて、心理系隣接諸分野から有用な説明モデルを適時抽出・加工・転用して組み込むことができる（図4-3）[5]。

IPSは、その内的論理が心理と集団との接合メカニズムであると同時に、心理とマクロ社会とを接合する媒介となる（図4-3）。具体的な心

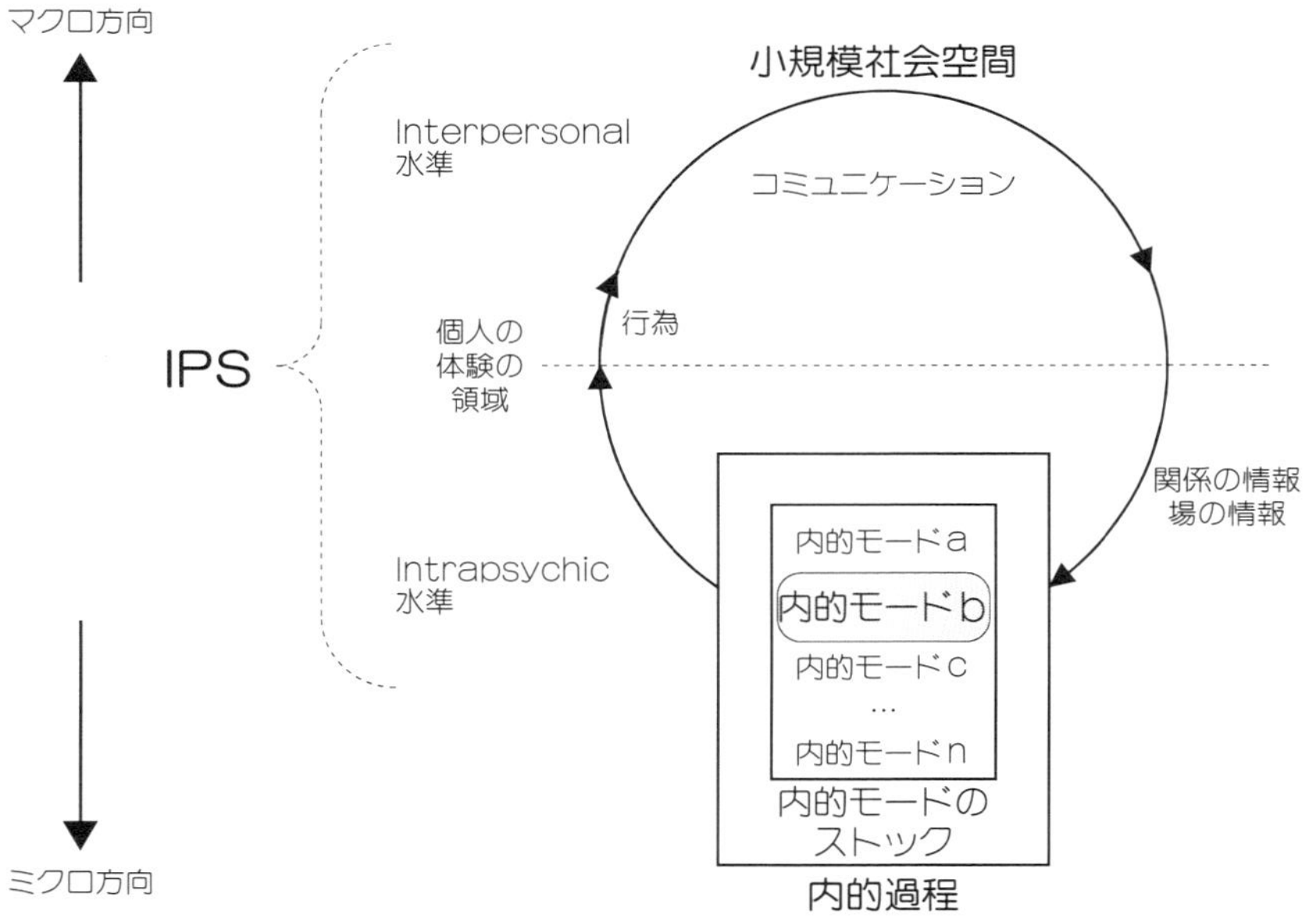


図4-2　IPSにおける内的モードの位置づけ

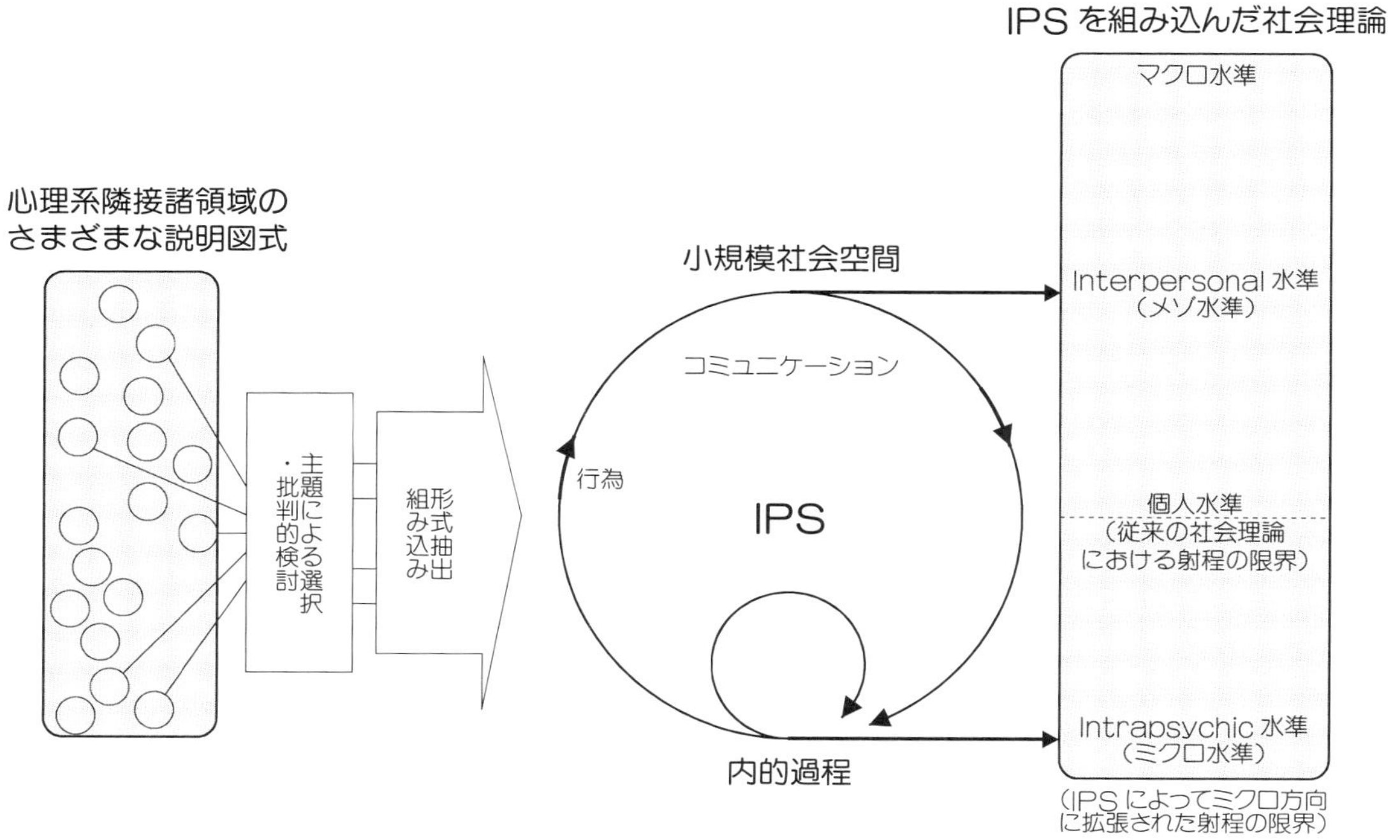


図 4 - 3　心理と社会をつなぐ理論枠組としての IPS

理メカニズムと集団過程との接合は比較的容易であるが、具体的な心理過程と何万・何億のマクロ社会とを集団による媒介なしに接合することは、高度テクノロジーによる例外的なケース[6]を除けばほとんど不可能である。IPSの理論枠組によれば、ミクロ（心理）とメゾ（集団）の接合態（ミクロ・メゾ接合としてのIPS）が、マクロ社会的な環境によって繁茂・退縮する（［ミクロ・メゾ］マクロ接合としてのIPSの生態学的布置モデル）。心理系隣接領域から抽出された説明モデルはミクロ－メゾ水準のIPSに組み込まれ、このIPSを媒介してマクロ水準に接合される（図4－3）。

従来の社会理論は個人水準の現象を最小要素とし、その結合から創発する複数個人水準以上の社会現象を研究対象としてきた。それに対してIPSを組み込んだ社会理論はミクロ方向に射程の限界を拡張し、個人よりも小さな心理メカニズムを最小要素とし、複数個人水準以上の社会現象を研究対象とする（図4－3）。

IPSは次のような可能性を有している。さまざまな集団のフィールドワークをIPSというフォーマットで理論化し、さまざまなタイプのIPSについての形態論を整備する。そのうえで制度的枠組がさまざまなタイプのIPSのマクロ的分布の濃淡を決定する働きをシミュレートし（IPSの生態学的布置モデル）、これにもとづく社会政策を立案・実施する。[7]

## ❷集団的全能具現モデル

以下ではIPSの枠組のもとで、『形態』の個々の論理を手がかりにして、1節の主題に照準した集団論を提示する。

ひとびとが集まる場の情報により内的モードが、ある程度自動的に別のタイプに切り替わる。たとえばデュルケムがいうところの「電力が放たれる」現象は、この集合的な場の情報による内的モードの転換のことである。

この内的モードの転換による圧倒的な変化の感覚は、容易に全能の感覚[8]として体験され、この感覚を核とした特定の内的モードが形成される。全能の感覚は、聖の感覚のみならず、力の感覚、融合の感覚、無の感覚といったさまざまな変種を有している。全能感に関する内的モードは、場の情報によって再現的に活性化されるようになると、ＩＰＳの構成要素となる。

全能の感覚を核として生じる特定の内的モードやそれを集団的に具現する営為の体系が、当の体系と内的モードを再産出する仕方で全能の感覚を繰り返し再生することがある。このとき集団的な全能具現の連鎖はＩＰＳをなす。集団的に全能を具現するＩＰＳでは、①全能を共同の様式と作業で具現しつつ、②かつ当のグループ過程自体が全能的に体験されるというしかたで、二重の全能感が圧縮されていることが多い。このように全能を共同の様式と作業で具現しつつ、かつ当のグループ過程自体も全能的に体験されるようなグループ過程を〈祝祭〉と呼ぶことにしよう。

一定数の者があるタイプの内的モードに導かれてコミュニケーションを連鎖させるとき、しばしば、この連鎖の形態が場の情報となり、近接する者たちの内的モードを同一のあるいはそれと適合したタイプへと転換させる連鎖が生じる。『形態』で「こだま」と呼ばれる現象は、この連鎖のことである。

各人は複数の内的モードを有しているが、身体や客観的世界は一つしかないので、全能の感覚を中心とした内的モードがある程度中心化すると、他のモードでの生活のリアリティが希薄になることがある。たとえばデュルケムが描く原始人においては、別の内的モードによる親密な個と個の関係が希薄になるほどに、集団的な聖をめぐる内的モードが中心的な位置を占めている。

以上が集団的全能具現モデルである。このモデルは宗教のみならず、さまざまな分野に応用の可能性が開かれている。

最後に次節では、集団的全能具現モデルを非行少年グループのフィールドワークに適用する。

## 4　非行少年グループのフィールドワークへの適用

### ❶事例

以下は筆者によって一九九七年に北日本のある都市でなされたフィールドワークである。

公立A中学の一年生に「軍団」なるグループが発生した。上級生グループに「目をつけられた」者たちが対抗的に団結したのが結成の発端であったが、しばらくすると少年たちは「軍団」にふけりはじめた。それ以前の彼らは、特別に問題のある少年たちではなかった。彼らは二年生になると学校や地域を「制覇」しはじめた。彼らは、同学年のクラスに次々と乱入し手当たりしだいに殴った。授業中にも乱入した。廊下でだれかれかまわず因縁をつけ、卑屈な態度をとらない者を殴った。気にくわないと思った下級生には「焼きを入れ」た。上級生グループや他校のグループとも抗争した。他校との抗争中には、路上でその学校の生徒をみつけると、無関係な者でも殴った。また抗争に木刀などの武器を用いることもあった。A中学の生徒たちは暴力支配におびえて暮らした。彼らの暴力に対して保護者も教員もなすすべがなかった[9]。教員たちは、彼らの卒業を待ち、その後に「生活指導」のひきしめを図る方針をかためた。

「軍団」のつきあいは卒業後も続いている。彼らは集まっていっしょにいることを好む。彼らの中心メンバーの多くは高校を中退し、定職を持たず、街を徘徊しては他のグループと抗争したり、さまざまな事件で警察に逮捕・補導されたりしている。筆者は彼らの居住地域にしばらく滞在し、行動を共にした。少年たちは自慢話[10]に花を咲かせ、筆者はひたすら興味深く聞いた。

彼らは中学時代の被害者について、次のような話をおもしろおかしく話し、笑い興じる。①不良に反感をもっているまじめな生徒を待ち伏せしておもいきり蹴ったら教室の端から端まで飛んでいって、鉄パイプのようなものに頭をぶつけた。さらに彼に土下座させて謝らせ、それをふんづけた。②「弱すぎるからふざけて殴っていた」生徒が、二日間飯を食えなくなった。彼はバナナを一本もって学校の前まで来たが、足がふるえて歩けなくなり、学校に近寄れない。それから○○公園に行き、遺書を書き自殺しようとしたが、未遂で終わった。

当時、彼らは何に対しても「むかつく」「むかつく」と言っていた。例えばある少年は、朝起きて親とけんかしてむかつく。学校に行って男子と女子が仲良くしているのを見てむかつく。廊下を歩いていて理科室のにおいがしてむかつく。「廊下がきにくわねえ」。といった具合である。また別の少年は、自分たち以外の者が「調子に乗っている」とむかつくと言う。「調子に乗る」とは、例えば授業中にうるさいとか、女といちゃいちゃするとかいったことである。

中学時代の彼らはむかつくとだれかれかまわず殴る。気がおさまるまで殴る。あばれたらすっきりする。彼らは当時をふりかえって言う。「みんなむかついていた。みんなあばれていたよ」「どうしようもなかったよ」「楽しかったな」「狂気だよね」。「軍団」活動のピークと「むかつく、むかつく」と言っていたピークとはだいたい一致している。

彼らは仲間内で悪いことをしたことを自慢し合う。すごいと思われるとうれしい。暴力は「力の誇示」であり、その「力」を仲間同士でほめあう。例えばある少年は別の少年のことを、「強い・危ない・かっこいいと三拍子そろった」といったふうにほめる。彼らは学校を制覇し、他校のどこにも負けないと誇る。それに対して筆者が「甲子園大会で優勝したようなものだな」と言うと、実に嬉しそうな表情をする。ある少年は「かっこわるいやつは弱い」という。強いと後輩から「神様みたいに」あがめられ、女子からもてるから気持ちがいい。ある少年は、当時学校の便所に放火したことを自慢する。別の少年は、校長室に乱入し「なんでクラス替えしねえにゃ、こらっ」とヤクザの口まねをしながら椅子を蹴り、おびえた校長が逃げたことを自慢する。別の少年は、シャベルをもって暴走族を待ち伏せし、殴りつけていたことを自慢する。

「軍団」の少年たちは、「友だち」が一番大事と口をそろえて言う。彼らは「友だち」のかっこよさや強さを嬉しそうにほめたたえる。だが話をよく聞いてみると、ある時仲が良かった「友だち」が、次にはぼろくそに言われている。例えばある少年Aは少年Bと特別仲がいいと語っていたし、実際にそのようであった。しばらくたってBが「つきあいが悪い」と言うことで仲間内の悪口の標的になると、Aは

Bをぼろくそに言う。例えば、Aは自分たちのメンバーの名前を挙げながら、「こん中、かっこわるいのいないっす」と言った。その直後に誰かが「B以外」と言うと、Aが「B以外みんなかっこいいっす」と言葉を続け、まわりがうなずく。また、ケンカが一番強いことからリーダー格と目されていた少年Cも、「つきあいが悪い」ということで悪口の標的になったことがある。彼らが集まるときはいつも他の人たちの話をする。話題としては、先輩の話と、その場にいない仲間の悪口が多い。つきあいが悪いものは悪口の標的にされる。少年たちは、これまでの向背定かならぬ人間関係の経緯をすべて記憶しているが、このことを感情的には切り離していた。「けっこう不安定な人間関係だね」という筆者に対して、少年たちは「みんな、仲いいですよ」と答えた。

ある少年はあらゆることにむかつくと言いながら、仲間について次のように語る。「一人でいたらむかつく。ひとりでいると胸がもやもやしてくる。仲間といると、ひとりのむかつきがおさまる」。

筆者は別の少年と二人で話した。彼は仲間から「強い・危ない・かっこいいと三拍子そろった」とほめちぎられていた少年である。「軍団」と縁が切れたら自分はどうなると思うかと尋ねると、彼は「弱くなる」と答えた。①両親が死んだら、②（結婚するつもりの）彼女にふられたら、③学校を退学になったら、弱くなると思うかという質問に対して、彼は「思わない」と答えた。仲間といて何が与えられるのかという質問に対して、彼は「仲間といると何でもできるっていうか」「自分を守るっていうか」と答えた。

あるとき彼が盗んだバイクの件で仲間が警察につかまり、彼はチクったという疑いをかけられた。そのときどう感じたか尋ねると、彼は「むかついた」と答えた。この件で仲間と縁が切れそうになったときどう感じたかという質問に対して、彼は「強い方につくっていうか。そういう疑われたりしても、強いやつが、そう言えば従うというか」と語った。

彼に円グラフをイメージしてもらい、自分にとっての重要度という点で、「軍団」の仲間、親、結婚するつもりの彼女、学校がそれぞれ何パーセントになるかを答えてもらった。すると彼は、「軍団」四〇パーセント、親二〇パーセント、彼女二〇パーセント、学校二〇パーセントと答えた。次に筆者は、A君、B君、C君、D君……と、「軍団」のひとりひとりの名前を挙げながら、自分にとってどのぐらいの重要性があるかを尋ねた。すると彼は、「ひとりひとりは、べつに、何とも思わないです」「とくべつ仲いいとか、そういうわけでもないです」と答えた。上の円グラフをイメージしてもらうと、彼はひとりひとりの重みを「1ぐらい」と答えた。筆者は、「例えばA君B君C君とあなたの四人で会うと仲間の重要性は四〇だけど、ひとりひとりの個人だと1になるんですね」と尋ねた。彼は「はい」と答えた。

## ❷分析

少年たちは日常的にむかついている。そして、ありとあらゆることにむかついている。少年たちのむかつきは、自己の目標達成を妨げる何かに対する怒りという意味での、通常の攻撃性ではない。むかつきは、本人たちにもよくわからないしかたで体験世界の全域に瀰漫《びまん》している。(11)

少年たちは仲間と集まり、暴力によってかたちを与えられる全能感によって、むかつきから「守られ」、「なんでもできる」ような気分になる。この全能感は仲間を媒介することによってしか得られず、仲間と疎遠になると自分が「弱くなる」。それゆえ救済財としての仲間の重要性は、ときとして親や恋人や学校よりも重くなる。しかし、「軍団」のひとりひとりの人物の重みは無にひとしい。

少年たちの集団は、①暴力によってかたちをあたえられる全能感を中心にして組織化され、②その組織化に制御されながら暴力の全能感が再生され、③その全能感を中心にして集団が再組織化される、IPSをなしている。このようなIPSをなすことにより、「軍団」は最初のきっかけ要因（防衛のために団結する必要）から離陸し、それ自体の内的論理によりエスカレートした。

仲間関係に位置づけられた暴力は、孤独な暴力では感じることができない全能感をもたらす〈祝祭〉的暴力である。暴力による全能具現を共同で遂行するグループ過程それ自体がさらに全能的に体験されるという意味で、全能は二重に折り重なっている。集団の自己再産出の枢軸ともいうべき全能具現は、①暴力の全能感を共同の様式と営為で達成するグループ過程が、②当のグループ過程自体が全能的に体験されるようなしかたで連鎖することにおいて、安定的に供給される。さらに仲間内での自慢‐賞賛によって、個々の暴力遂行は必ず位置ある暴力（the situated violence）となり、少年たちは位置ある全能の自己を与えられる。

事例の少年たちにおいては、集合的全能感を核とした内的モードが著しく中心化し、他のモードによる現実構成が解体傾向にある。これは、被害者に対する感覚（いわゆる虫けら扱い）だけでなく、仲間に対する感覚にもあてはまる。仲間は集団的全能の共鳴板としてのみ扱われる。

また「むかつき」については次のように考えることができる。①集団的全能具現を核とする内的モードが中心化することによってその他の体験構造が解体傾向に陥る。この解体傾向に起因する曖昧な不全感として「むかつき」が生じる。(12) この「むかつき」に対してさらに集団的全能具現が起動され、上記の中心化が悪循環的に進行する。②少年たちは、全能具現的営為を起動するための触媒として「むかつく」よう、自分たちの心理状態を操作している。

［注］

（1）本章は一九九六年度トヨタ財団研究助成による研究成果の一部である。フィールドワークにあたっては、大野俊和氏（札幌国際大学人文・社会学部）に御協力いただいた。

（2）全体主義という実践的な概念用具が状況に応じて輪郭を変じていくとすれば、国家と個人のあいだにある中小集団規模の全体主義をも含めた、包括的な全体主義概念のスペクトラムを想定してもかまわない。本書第一章では、中間集団全体主義という新しい全体主義概念を提出した。

（3）もちろん、ここで問題化されている諸現象が過去に比べて増加あるいはエスカレートしたと言うことはできない。カネッティ（Canetti, E.）が集めた古今東西の事例によれば、上記のタイプの集団現象は人類の歴史と共に古いと考えることができる（Canetti, 1960）。先進諸国で人権意識の水準が高くなっていることが、問題化がいきわたる条件となったと考えることもできる。しかし程度の差はあれどの社会にも存在するとしても、そのことが事態を問題化しないまま放置する理由になるとはいえない。むしろ、人類の宿痾の病ともいうべき普遍的な現象がさまざまな条件のもとで繁茂したり退縮したりするメカニズムに取り組むことは、単に近代や現代だけの問題に取り組む以上に意義深いとも言える。

（4）例えば、筆者が目にした限りで最も完成度が高く水準を落としていないと思われる教科書『社会学史学概論〔新版〕』のデュルケムの項は、デュルケムのマクロ力学的側面（本章2節参照）が社会学史的デュルケム像として選択されていることを典型的に示している（本間康平・田野崎昭夫・光吉利之・塩原勉編、一九八八、七―八、一〇ページ）。

（5）ＩＰＳに精神分析学から抽出した説明モデルを埋め込んだ応用例としては、本書第五章を参照されたい。

（6）たとえば、パソコンによって何千万人もの人びとがリアルタイムで参加する株式市場で心理的パニックと株価の上下が同期するといった場合が、この例外的なケースである。ただし将来的には集団（メゾ）を媒介しないこのようなミクロ・マクロＩＰＳが普通の社会現象になるかもしれない。

（7）本書第三章では、この観点から「いじめ」問題に関する政策提言を行った。また本書第九章では根本的な教育改革案を提示した。

（8）全能概念の詳細については本書第二章および第五章を参照されたい。

（9）彼らは事態を教育問題ととらえ、司法による解決や出席停止を嫌った。筆者が話を聞いた被害少年の親たちは加害少年を敵視せず、話し合いの場では彼らの健全育成を願う会話がなされていた。この親グループが筆者の前で嫌悪を示したのは、抜け駆け的に警察に相談した被害少年の親や、暴行により身体に損傷を受けたとして生徒を告訴した一教員に対してである。

（10）彼らが自慢したり盛り上がったりするために話す内容を、そのまま事実として受け取ることはできない。しかし彼らの話は、本当に起こった出来事かどうかにかかわらず、グループの秩序や現実感覚を分析するための重要な資料となる。

（11）むかつきとよばれる感覚がいかなるメカニズムによって成立しているかについては、本書第二章および第五章の〈欠如〉論を参照されたい。

（12）当事者はこの「むかつき」をありとあらゆる細かい「おもいどおりにならないこと」に帰属させて反応するから、あたかも「欲求不満耐性が欠如している」かのような状態像を示す。「欲求不満耐性」という概念を安易に使用することは、非行少年に対する理解を妨げる。理科室のにおいに「むかつく」少年は、「欲求不満耐性が欠如している」どころか、欲求の秩序が特定のＩＰＳに特化してしまったのである。

# 第五章

# 精神分析学の形式を埋め込んだ社会理論

## 1　IPSの有用なミクロモデルを心理系隣接諸領域から抽出すること

第四章では、心理系隣接諸領域から有用なモデルを抽出し、IPSに埋め込むプランを示した（図4－3）。この隣接領域にはさまざまな候補が考えられるが、本章では、いじめを典型的な例題としながら、IPSへ埋め込むための部分的ミクロモデルを、クライン（Klein, M.）とコフート（Kohut, H.）の流れをくむ精神分析学の現代的諸潮流から抽出する。

精神分析学のこの潮流を抽出元として選択したのは、本書の主題に照らして極めて有用な説明図式が散見されるからである。しかし精神分析学の説明図式は、多くの場合そのまま用いることはできない。次節では本論に進む前に、精神分析学に批判的検討を加えながらモデル抽出の原理を提示する。

## 2　精神分析学の批判的検討とモデル抽出の原理

これまで精神分析学は、独自の発達図式を理論的基礎部門（Metapsychology）に据えて理論構築を行ってきた。古典的精神分析学の発達理論の数々、とくに、感覚障壁、自他未分離、Oedipus Complex、女児の Penis Envy・口唇・肛門……と続く性発達理論は、実際の乳幼児観察にもとづく研究と食い違っており、現在では否定されている（たとえば、[Stern, D. 1985＝1989〜1991, Eysenck, H., J. 1986＝1988]）。フロイト（Freud, S.）以降の精神分析学者のうち古い世代ほど、自分の新しいアイデアを「フロイトの真意」や「フロイトが示した道の延長」として表現する傾向があり、新しい世代ほどフロイトの神話内容から自由になってくる。

だが個々の理論内容は変化しても、発達論を神話化するスタイル自体は変わらない。すなわち、乳幼児期に生じた幻想やコミュニケーションの歪みがそのまま固定した構造が、成人後に再活性化することによって様々な病理が生じるとするスタイルは変わっていない。この傾向は、臨床実践と一体化した次のような理論構築法によって維持されている。すなわち精神分析医は、臨床現場で成人患者の話を聞きながら、患者が現在の病理と対応していると感じるような「当時の家族関係のなかの乳幼児」を思弁的に再構成し、それをもう一度成人の病理の原因論的説明にあてる。本稿で紹介する比較的新しい学説群も、大部分は、家族を特権化した発達論を理論的基底に据えている(1)。

近年の発達理論(たとえば(Stern, D. 1985＝1989〜1991))やトラウマ理論(たとえば(Herman, J. L., 1992＝1996))の知見によれば、さまざまなタイプの自己や体験構造は、生涯を通じていつでも変化(変形、病理化、派生体形成、構造転換)を起こしうる。このことはトラウマによる成人後の不運な人格変化の例などから明らかである。発達論的には、乳幼児期は各種の最も基本的な体験構造が観察者にとってくっきり見えてくる発生の時期であるが、そのさまざまな派生的変化が起こる時期は人生の各時点に分散している。たとえば、後に紹介するコフートの自己愛的イメージ構成体やカーンバーグ(Kernberg, O. F.)やマスターソン(Masterson, J. F.)の対象関係ユニットは、乳幼児期にしか発生し得ない基本構造というよりも、人生のどの時期にも発生しうる派生的構造と考えられる。

精神分析学の発達論には以上のような難点があり、これを社会理論の内部にそのまま移入することはできない。精神分析学から社会理論のモデルを抽出する場合、準拠枠としての家族論と発達論の特権性を解除し、心理－社会的メカニズムの一般形式に照準することになる。すなわち本稿では、乳幼児発達や母子関係や家族の物語として語られている通時的モデルを、心理－社会的なメカニズムについての共時的な抽象形式へと変換するという原則をたてる。精神分析学は発達論としては正しくなくても、そこから抽出される一般モデルが様ざまな心理－社会現象を説明する豊かな可能性を有しているのだ。

## 3　体験構造具現モデル

「いじめ」は（ある程度社会的に構造化した）嗜虐的攻撃を意味する日常語である。嗜虐的攻撃と戦略的攻撃は別のものであるが、通常混在しており、概念的に区別されていないことが多い。純粋に戦略的な攻撃の場合、目標にたちふさがる障害が除去されればよく、相手が苦しむか苦しまないかはどうでもよいことである。それに対して嗜虐的攻撃では、他者が苦しむことがはじめから要求されている。そこでめざされているのは、加害者が前もって有しているある体験のひな型が（たとえば実際に殴られて顔を歪めるといった）被害者の苦しみの具体的なかたちによって現実化されることである。

以下では体験のひな型が現実化されることについての理論枠組を、精神分析学から取り出す。

クライン（Klein, M. 1975＝1985〜1997）によれば、内的幻想は外的現実を体験するひな型となり、外的現実は内的幻想の裏付けとなる。たとえば乳児は絶滅の恐怖と迫害不安に満ちた内的幻想を生きており、空腹時のタイミングのよい授乳は栄養摂取のみならず、内的迫害幻想からの救済をもたらす(Klein, M. 1975＝1985：62)。このような機制は、「外界における証明によって、内的、外的な危険に対する恐怖を解消しようとする」強迫的傾向を生む(Klein, M., 1975＝1997：241)。クラインは、幻想と現実、想定された乳幼児(本稿2節参照)と現実の患者とが不分明な記述スタイルで議論を展開する。それに対してストロロウ(Stolorow, R.)は、体験のひな型が現実化されることについて、体験構造の具現(concretization)という明快な理論枠組を提出した。(Stolorow, R. D., 1984：89, Stolorow, R. D. & Atwood, G. E., 1984→1993, Stolorow, R. D. Brandchaft, B. & Atwood, G. E., 1987, Stolorow, R. D. & Atwood, G. E., 1992)。

体験構造とは、「主観的世界を形成しオーガナイズする、自己と対象との特有の布置」であり、「それを通じて自己や他者についての体験が特徴的な形態や意味を帯びるところの、認知‐情動図式」(Stolorow, R. D. & Atwood, G. E., 1984→1993：33-34)である。具現とは、この体験構造を、「客観的と信じられる出来事」、「物的対象」、「実体」、「具体的・感覚運動的象徴」といったものによって、「具体化」したり、「ドラマ化」したり、「象徴的に変形」したり、カプセルに包みこんだりする(Encapsulate)ことである。

ところで具現はドラマ化や具体化によって体験構造を維持する機能を担っている。体験構造は、具体的な何かの形態において具現されてはじめて、当事者にとってリアルな現象として現れる。具現のためにかたどられる具体的な何かの形態を、**〈具象〉**と呼ぼう(筆者による概念)。特定の体験構造を具現によってリアルに生きようとするニーズがある場合、ひとはそのための〈具象〉を調達しなければならない。

ストロロウによれば、体験構造と行為やコミュニケーションは具現《concretization》によって接合される。すなわち行為やコミュニケーションの具体的パタンは、具現《concretization》を通じて体験構造を維持する機能を果たす。また逆に、具現《concretization》を通じて体験構造のまとまりを維持する必要のために、一定の行為をせずにはおれないとか、コミュニケーションを特定の方向に誘導せずにはおれない、といったことが生ずる。すなわち、「前もって決まった仕方で他者がふるまうよう誘導し、そのことでもって主観的な秩序とInterpersonalな領域との間に主題に関する同形性（Thematic Isomorphism）がつくられるように仕向ける」(Stolorow, R. D. & Atwood, G. E., 1984→1993：91）のである。

本稿では以上の体験構造具現モデルを、他者操縦的・他者支配的・嗜虐的なコミュニケーションを分析するための基本枠組とする。さらにこれを集団論に適用し、特定の集団形態が特定の体験構造を具現する〈具象〉となると考える。

**以上の具現概念を組み込むことによってＩＰＳという理論枠組は完成する。**体験構造は行為やコミュニケーションや集団の形態によって具現され、具現のニーズによって行為やコミュニケーションや集団の形態が誘導される。このような機制によって、具現はＩＰＳ内部の心理過程と社会過程を接合するボンドとなる（次ページ図５－１参照）。

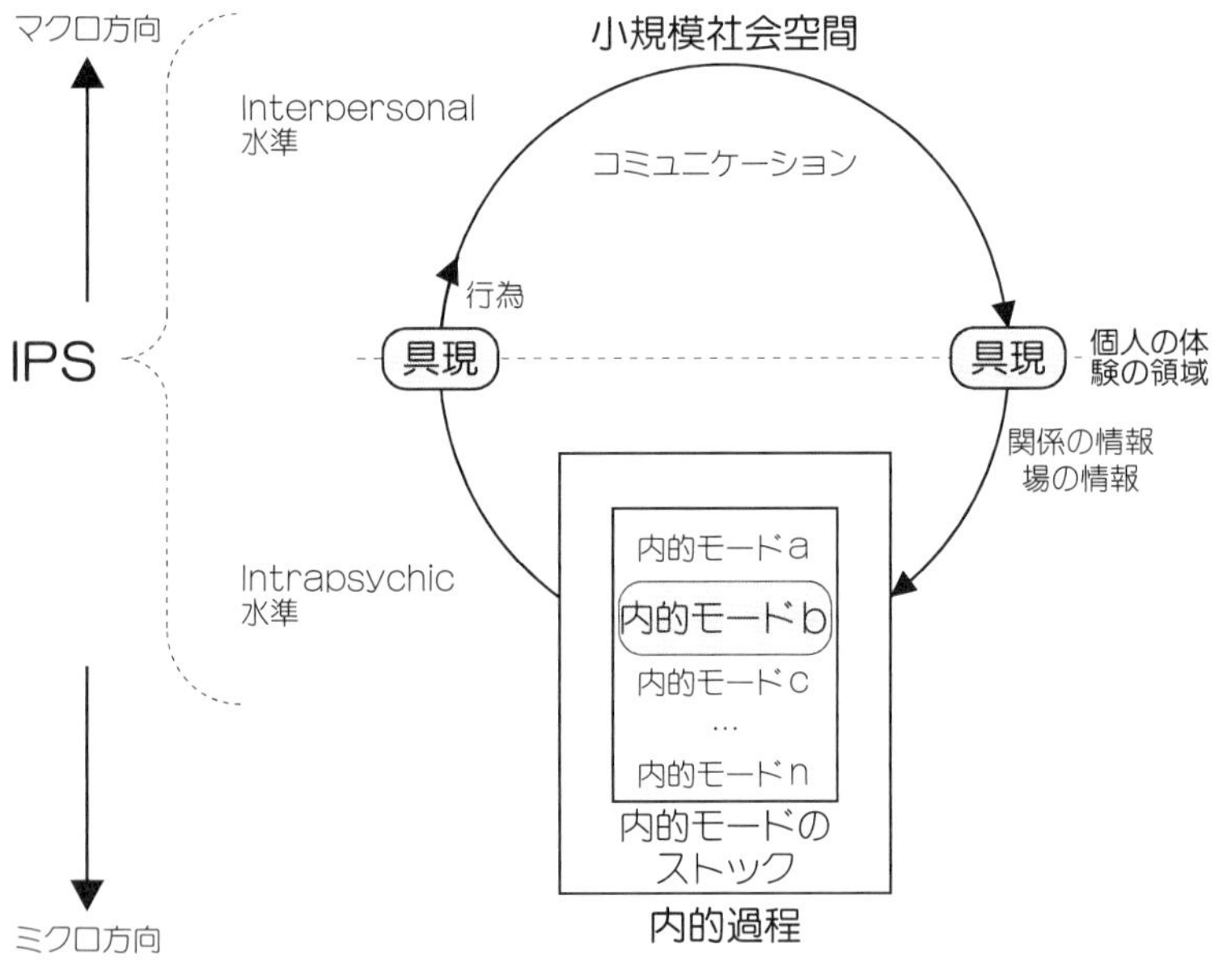
マクロ方向
IPS
ミクロ方向
Interpersonal
水準
Intrapsychic
水準
小規模社会空間
コミュニケーション
行為
具現
具現
個人の体
験の領域
関係の情報
場の情報
内的モードa
内的モードb
内的モードc
…
内的モードn
内的モードの
ストック
内的過程

図5-1

## 4 〈欠如〉からの全能希求構造

「いじめ」が蔓延する場についてしばしば次のような特徴が報告されている。漠然としたイラダチ・ムカツキ・落ち着きのなさ・慢性的な空虚感と、その反転形としての空騒ぎ。「いじめ」の形態は目的のための手段を超えた奇妙な創意に満ちている。しかもこのような「あそび」は、はっきりした充足に至らず、しばしば際限のない「だらだら」とした執拗さを示す。ここには何らかの耐えがたさがあるはずなのであるが、当事者はそれが何の欠如であるかの像を結ぶことができない。このような欠如とそれに対する奇妙な反作用的営為をどのように概念化すればよいのであろうか。

ラカン（Lacan, J., 1948＝1972, 1949＝1972）によれば、乳児は運動調節機能が欠如し、身体のまとまりを感じることができず、寸断されたばらばらな身体像を生きている。このような〈原初的不調和〉状況にある乳児は、他人の姿や鏡に移る自分の姿を見て、その外的な形態のなかに自分がまだ持っていない身体的統一感を先取りし、外挿する。このような外からの鏡像（欠如からの救いのイマーゴ）の受容において、多かれ少なかれナルシシズム的に体験される「わたし」なるものが生じる(2)。

コフート（Kohut, H., 1971＝1994, 1972, 1977＝1995, 1978＝1987, 1984＝1995）によれば、子どもは親との原初的な共感的環境を生きており、これによって原初的な自己のあり方（一次的自己愛）が支えられる。だが子どものニーズに完全に反応できる親は存在しない。表情の読み違えや反応の遅延は必ず起こる。子どもはこの欠如を、誇大的で顕示的な自己のイメージ（誇大自己）と賞賛される全能の自己－対象（理想化された親イマーゴ）との組からなるイメージ構成体によって代補する（Kohut, H. 1971＝1994：22）。

ホッパー（Hopper, E.）（Hopper, E., 1991）によれば、クラインが原始的な不安を示す概念として提出した絶滅の不安（Annihilation Anxiety）は、その中にすべてを飲み込み絶滅（Annihilate）する「ブラックホール」の感覚である。ホッパーは、絶滅の不安に対してカプセルに包む（Encapsulation）という概念を提出する。すなわち人は、絶滅の不安と結びつく感覚や情動や表象を、最初のトラウマが補償されるような筋書で再上演される心的な防壁空間に囲い込み、封印しておこうと試みる。

上記三者の説をストロロウの枠組（3節参照）で再構成しつつ、2節で示した原則により共時的な形式的モデルを抽出しよう。ラカンが想定した乳児は、主観的世界の内部に位置づけられた何らかの欠如に苦しめられているのではなく、何が欠如で何が充足であるかの分節を含めて、主観的世界のオーガナイゼーション自体が解体の危機に瀕する耐えがたさを生きている。コフートの共感的環境は自己と共に主観的世界が開かれる場であり、共感的環境の失敗は主観的世界のまとまりの失敗として生きられる。ホッパーが「ブラックホール」と形容した絶滅の不安（Annihilation Anxiety）は、何ものかの欠如ではなく、何ものかが何ものかとして成立する体験世界のオーガナイゼーション自体が腐食し、すべてが無限の穴に呑み込まれていくような不気味な感覚である。

ここで論じられている**無限の**欠如は、食物がないとか名誉がないといった何らかの欠如とは存在の水準を異にしている。これを、個々の何ものかに対する欠如と区別して〈欠如〉と呼ぼう。通常、欠如と〈欠如〉は混ざり合っているが、分析的には別のものとして扱うことができる。〈欠如〉は何ものかとしての輪郭をもたぬまま、「いいようのない」感覚として当事者に迫り、前述の漠然としたイラダチ・ムカツキ・落ち着きのなさ・慢性的な空虚感をもたらす。

この〈欠如〉に対する反作用的あるいは救済指向的な体制化として、ラカンは鏡像とそれにもとづく自己愛的な生の様式、コフートは代補的イメージ構成体、ホッパーはEncapsulationを提出した。だがいずれの説においても、〈欠如〉から代補的体制化にいたるメカニズムは不明である。精神分析学から抽出しうる一般モデルはここまでである。

以下ではここまでの議論を端緒とし、さらに精神分析学とは別系列の論理を用いて、〈欠如〉からの全能希求構造を論ずる[3]。

〈欠如〉は**無限の感覚**を随伴しながら志向点となる。この志向点に対する逆を志向した、認知‐情動的な暴発反応としての志向の反転が生じる。この反転において生じた志向点が全能であり、その随伴情動が全能感である。当事者にとって全能が有する唯一の意味は、**〈欠如〉の無限が反転して生じた無限**である。この原型的なメカニズムだけでは、全能は一瞬の錯覚としてしか存在しえない。全能は、何らかの具現メカニズムに埋め込まれることではじめて持続し、体制化し、嗜癖的に希求されうる[4]。

ところで全能の無限性のゆえに、全能を具現する体験のひな型は、有限なもののかたちを組み合わせて無限をかたどるようなしかたで構成される。そして有限なもののかたちは無限をかたどるとされた瞬間から、特別な意味を有するようになる。全能具現に用いられる形態はたとえば、①限りない上昇や下降、②他者コントロールの完全性、③破壊の瞬間の爆発感覚、④悪ふざけによる条理の変形、⑤グループへの融合・溶解、⑥永遠の愛、⑦自己の無化など、多岐にわたるが、いったん選択されると執拗に追求される。たとえば、①は薬物依存、⑦は自殺、⑥と⑦の圧縮態（⑥⑦）は「トリスタンとイゾルデ」に使用されている形態である。「いじめ」は②③④⑤のさまざまな組み合わせに応じて、多彩な状態像を示す（これについては8節以降で詳論する）。

全能を具現するこのような形態のタイプがいかなるものであるかが、社会理論にとって重要な意味を帯びてくる。この形態が、薬物による身体感覚といったものではなく、自己と他者あるいは集団的結合といった社会的なものの形態であるとき、社会理論における大きな意義を有することになる。

## 5　内的ユニットモデル

全能は特定の体験構造が具現されることによって、一瞬の錯覚以上のものとして成立するのであった。ところで全能のひな型となる体験構造をどのように記述したらよいであろうか。ここでは、体験構造を内的筋書あるいは内的表象のネットワークからなるユニットとして記述し、様々なタイプの内的ユニットが具現により断続的に活性化するというモデルを提出する。この内的ユニットに関して、コフート、クライン、カーンバーグ、マスターソンの諸説を示しつつ、そこから形式モデルを抽出しよう。

コフートは、共感的環境のとぎれを代補するイメージ構成体（4節参照）を自己と自己対象（Self-object）の関係という観点から考える。自己対象とは、自己を支え、慰撫し、修復し、「自己の凝集性、強さ、調和を維持する」（Kohut, H., 1984＝1995：73-78）何かとして体験される対象であり、しばしば自己の延長であるかのように癒着的に体験されたり扱われたりする。

クライン（Klein, M. 1975＝1983〜1997, Segal, H. 1973＝1977）によれば、早期の乳児は母親を全体的な対象とみなすことができず、身体部位を断片的に体験する。それらは、母親が自分の欲求を満たしてくれるときと満たしてくれないとき、攻撃的になっているときとそうでないときとで、「良い乳房」、「悪い乳房」といったように、全く別の対象として体験される。このような「良い対象」と「悪い対象」のそれぞれとセットになっているのが「良い自己」と「悪い自己」であり、「良い自己－良い対象」セットと「悪い自己－悪い対象」セットは、現実の関係の中でめまぐるしく変転し、そのつど激しい欲求不満と断片化の不安に苛まれる。

カーンバーグ（Kernberg, O. F., 1976＝1983, 1980＝1992〜1993）は、「同じ強さを持ち、記憶の中では切り離されて」いないが「情動的には完全に切り離されており、意識体験において交代し合う」（Kernberg, O. F., 1976＝1983：7-8）ような、矛盾した自我状態を交代する境界例患者の臨床像から、〈①自己表象－②対象表象－③随伴情動〉のユニットがいくつも隔壁化（compartmentalization）されて併存し、それが状況に応じて集塊ごとごっそり入れ替わる、というモデルを提出した。

マスターソン（Masterson, J. F. 1972＝1979, 1980＝1982, 1981＝1990）も境界例患者の人格の豹変ぶりと、その著しい「見捨てられ感情」に着目した。マスターソンによれば境界例患者の母親は、不安定で耐え難い欠如の感覚から、原初的な母子融合の幻想にしがみついている。そして、その融合の筋書にあった仕方で振る舞うよう、子どもを圧迫しつつ操作する。すなわち、子どもが独自の自己を生きることをあきらめて自分の好みのイメージにかなったしがみつきをすることに対しては愛情の報酬（Reward）を与える。しかし子どもが自発的で独自な自己を示すと、それを「みすてられ」と感じてしまい、とっさに愛情を撤去（Withdraw）する仕草をしてしまう。

このようなコミュニケーションを反復するうちに、外的な母子関係が内在化されて、①自己表象と②他者表象と③随伴情動とから成る特異な分裂的対象関係ユニット（Split Object Relation Unit）が子どもの精神内界に形成され、成人後もそれらが断続的に出現する。これがＲＯＲＵ（Rewarding Object Relations Part Unit）とＷＯＲＵ（Withdrawing Object Relations Part Unit）の断続出現モデルである。

ＲＯＲＵは愛情供給型対象関係ユニットと訳される。それは次の三つの部分から成るユニットである。①自己を無にしてしがみつくことでかわいがられる良い自己像、すなわち受け身的で迎合的な良い部分的自己表象。②独自の自己を生きることをあきらめてイメージ通りに振る舞うかぎりで自分をかわいがる母の像、すなわち退行的・依存的な行動に対してのみ是認・支持・愛情供給を行う母親の部分表象。③愛され、世話をされ、再結合の願望を充足された快い感情。

一方、ＷＯＲＵは愛情撤去型対象関係ユニットと訳される。それは次の三つの部分から成るユニットである。①独自の自発的な自己を出すことで見捨てられる、惨めで無力で不適切で空虚な悪い自己表象。②分離‐個体化への主張や行動に対して是認や愛情供給を撤去して自分を見捨てる、つめたく残酷で敵意に満ちた母親の部分対象。③無力・絶望・空虚・抑鬱・憎悪といった不快な感情。

境界例患者は現実検討能力を有しているが、ＲＯＲＵとＷＯＲＵとの不安定な断続から成る体験構造をも生きている。境界例患者は、非現実的であるにもかかわらず成人後の人間関係にＲＯＲＵを狂おしく求め、他者を操作して自分の求めるＲＯＲＵの筋書どおりの存在へと切り詰めようとする。しかし他者が生身の他者であること自体が、必然的にＲＯＲＵをとぎれさせる。このことにより必然的にＲＯＲＵはＷＯＲＵに反転し、境界例患者は「愛情を撤去され」「裏切られ」「見捨てられ」たように感じてしまう。またそのような時にはしばしば憤怒が生じる。

上記コフート、クライン、カーンバーグ、マスターソンの諸説から、社会理論に組み込むための形式的モデルを抽出しよう。

これらの論者はすべて病理の発生を発達論的に説明しているが、本稿では3節で論じたように共時的なメカニズムについての形式的なモデルのみを抽出する。

コフートの自己愛的イメージ構成体は、全能体験のひな型としてストックされている自己と対象の関係についての内的表象のユニットと考えることができる。断続的にアクティヴになる内的ユニットという発想はクラインに遡ることができる。ただしそれを整合的なモデルにしたのは、カーンバーグの功績である。カーンバーグは体験のひな型を、自己表象と対象表象と随伴情動の三項からなるユニットとして表記した。

様々なタイプのユニットが各人の心理システムに複数ストックされており、このようなユニットが〈具象〉とのマッチングにおいて活性化することによって、リアルな体験が成立する。状況に応じて人がちがったようになるのは、このユニット活性の断続性《on/off》による。全能を具現する内的ユニットを、特に全能具現ユニットと呼ぼう。内的ユニットのストックは、ＩＰＳのIntrapsychic水準に位置づけられ、状況に応じて具現される。

マスターソンは内的ユニットモデルを他者コントロール的なコミュニケーションのモデルに組み込んだ。これは二者関係のみならず、ＩＰＳ枠組による集団論に拡張することができる。全能具現のためには、内的ユニットに書き込まれた布置のとおりに他者をあらしめねばならない。自己が全能具現により〈欠如〉から生き延びる（かのように錯覚する）ことができるかどうかは、この他者コントロールの技能にかかっている。内的ユニットに書き込まれたひな型を用いて全能を具現するために他者をコントロールする現実の社会関係が、さらに社会関係についての内的ユニットに折り重なっていく。

# 6 投影同一化と容器‐内容

投影同一化（projective identification）は、クラインによって導入された概念である（Klein, M., 1975＝1983〜1997, Segal, H., 1973＝1977）。投影同一化においては、自己の一部が分裂されて、外的対象に投影される。その自己の一部は、自己の一部であり続けながらそのまま、外的対象と同一視されて体験される。投影された自己の一部は、その投影された他者との対象関係において、他者の中で生きられる。この心理メカニズムに準拠して、実際の他者コントロールが行われる。すなわち、「この外的対象は、自己および内的対象の投影された部分によってとりつかれ、支配され、またそれと同一視されることになる」（Segal, H. 1973＝1977：38）。「他の人々を支配しようという欲求は、自己の部分を支配しようとするゆがんだ欲動として、ある程度説明できるだろう。他の人びとのなかにこれらの部分が過剰に投影されると、投影された部分はその人びとを支配することによってのみ支配されうる」（Klein,

M., 1975 = 1985 : 17)。

オグデン (Ogden, T. H. 1979) によれば投影同一化は、自他の境界が曖昧に感じられるような幻想であると同時に現実の他者操作でもあり、Intrapsychic な領域と Interpersonal な領域を架橋する概念である。またオグデンによれば、投影者は自分が受け手の内部に投影した感覚を、受け手が体験しているように感じる。投影された部分が望みのしかたで再内在化されなければ、投影者は心的に消耗する。

投影同一化は、投影した自己の部分を他者の中でコントロールする内的体験にもとづいて、他者を現実的にコントロールする機制である。その際、自分にとって耐え難い体験のひな型を、他者を使用してより快適な体験の布置へと加工する方法が、ビオンのいう容器 (container) と内容 (contained) である (Bion, W. R., 1961 = 1973, Grinberg, L., Sor, D. & Bianchedi, E. T., 1977 = 1982)。

すなわち、投影される自己の耐え難い内容が投影先である容器に入れられ、その容器のなかで内容がより快適なものに変化し、その変化した内容がもう一度自己に返ってくる。このような容器として使用される側は、「誰か他者の空想のなかの一部分を演じているように操作されていると感じる」(Bion, W. R., 1961 = 1973 : 143)。

ところで投影同一化／容器 - 内容のモデルを用いれば、「いじめられた者がいじめる」抑圧移譲現象を原理的に説明することができる。抑圧移譲を行う者は、かつてのいためつけられる自己を他者に投影し、他者の中でかつての自己を生きつつ、それと同時進行的に、かつてのいためつける他者として現在の自己を生き直す。このように攻撃者との同一化を組み込んだ自他反転的な投影同一化／容器 - 内容の機制によって、耐えがたい体験の枠組を書き換えることができる。そのため加害者は、この操作のための容器として被害者を執拗に使用する。抑圧移譲的他者コントロールにおいては、表象構造の修正のみならず、完全なコントロールによる全能具現（8節参照）が同時並行的になされる。

投影同一化／容器‐内容において他者や集団の中で自己を生きようとして、生きさせてもらえなかったり、望みの自己が返ってこなかったりすることもある。その場合、自己と他者が重ね合わされるような体験のオーガナイゼーションが始動すると同時に頓挫するという事態が生じる。他者の中で自己が生きられることの頓挫は、しばしば独特の攻撃性を生む。次節ではこの攻撃性について論じる。

## 7　全能憤怒

ラカン（Lacan, J., 1948＝1972, 1949＝1972）によれば、先に挙げた鏡像作用（4節参照）において自己ならざる他者の中でナルシシズム的な自己が生きられるのであれば、その鏡像たる他者の振る舞いしだいで（鏡像として思い通りになってくれないというだけで）、自己は容易に解体してしまう。そうすると、鏡像作用による「救済」以前の寸断された身体が露わになり、このことによりしばしば、身体の寸断という筋書によって与えられるような多彩な攻撃性が現れる。この種の攻撃性は、他者の中で自己が生きられる「主体の生成におけるナルチシズム的構造に相関的な緊張」（Lacan, J. 1948＝1972：157）である。

このような攻撃性に関してコフートは、次のような自己愛憤怒という概念を提出する（Kohut, H., 1972）。全能のコントロールを予期して誇大自己が活性化し、発散へと諸力が動員される只中で、誇大自己を照らし返すべき自己対象が予期に反して非協力や不従順を示した場合、発散と抑制との混在あるいは瞬時の継起が生じる。これにより、イメージ構成体（4節参照）はバランスを崩して解体の危機におちいる。自我はこの危機を非協力的な自己対象の悪意と腐敗に帰責する。こうして、相手を辱め滅ぼし尽くしたいという執拗な憤怒がわきおこる。これが自己愛憤怒の原理である。

このような自己愛憤怒による攻撃衝動は、目標に対する障害を退けようとする通常の攻撃とはことなり、しばしば相手を滅ぼし尽くすまで止まらない。思い通りにならない者に対する自己愛憤怒の激しさは、自己愛的な環境に対する完全なコントロールを心理的に必要とする程度に比例している。また自分にさからうだけでなく、自分よりも輝いていた、あるいは拡張された自己ではなく独立した人格を有する他者であると感じさせられたといったことが、自己愛的な体験空間にひび入った手に負えない疵として、被害感情とともに激しい憤怒を引き起こす。

上述の攻撃図式を、これまで論じてきた〈欠如〉からの全能具現構造に位置づけてみよう。全能具現過程の只中で〈具象〉として期待された他者が望み通りに機能しなかった場合、〈欠如〉から全能へと反転しかかった体験構造がもとの〈欠如〉へと再反転する。この再反転によって現出した〈欠如〉の耐えがたさは、思い通りになるはずだった他者のせいにされる。そしてこの帰責に即して相手を苦しめる形態を〈具象〉として、即座に全能の再具現が図られる。この場合攻撃者は、相手を苦しめつつ自己の〈欠如〉を投影同一化／容器‐内容によって相手に生きさせると同時に、相手に〈欠如〉を生きさせる完全な他者コントロールを〈具象〉として自己の全能を具現する。

以上の原理的考察に従って、以降、自己愛憤怒を全能憤怒と呼ぶことにする。

## 8　全能ユニットの圧縮－転換モデル

これまでの議論を統合して、ひとつの実用的なモデルを提出しよう。すなわち、全能具現に用いられるさまざまな形態（4節参照）を体験構造のユニットモデル（5節参照）で表記し、そのユニットが単独あるいは圧縮形態で、持続したり他のものに転換したりする動態を示すモデルである。ここで圧縮とは、複数の体験ユニットがひとつの出来事を〈具象〉として具現されることである。以上を全能ユニットの圧縮－転換モデルと呼ぶ。

このモデルでは次のような表記法を用いる。aユニットからbユニットに転換することを、a↓bと表記する。aユニットとbユニットの圧縮を［a、b］と表記する。前の時点の経緯によって決定されたユニットaに別のユニットbが圧縮した場合、↓（a↓）［a、b］と表記する。何らかの障害によってaユニットの活性化が阻止された場合、／aと表記する。

さて、次にこのモデルを「いじめ」に適用してみよう。〈自己表象－対象表象－随伴情動〉タイプの表記法（5節参照）を採用すれば、「いじめ」の全能体験ユニットの基本形は次のようなものになる。〈(他者が生命的・人格的自発性の独自の中心として生きているという初期条件を前提に、だからこそ、その他者の生命的・人格的存在を踏みにじり抹殺するという営みにおいて）完全に他者をコントロールする無限の力に満ちた自己・完全にコントロールされる無力な他者・随伴情動としての全能感〉。これはすべての「いじめ」に共通する基本形である。

無限をかたどる（4節参照）実践的な形態としては、この基本ユニットは次の三つのサブタイプに分岐する。「いじめ」のさまざまな形態はすべて以下の三ユニットの組み合わせから説明できる。以下では煩瑣を避け、随伴情動としての全能感の項は省略する。

①TB（Thunder Bolt）「全能の破壊神と崩れ落ちる屠物」。

②MS（Master of Slave）「全能の主人と完全にいいなりになる奴卑」。

③PG（Playing God）「全能の遊戯神と変形する玩具」。この遊戯神は、新たな接続線を引いて世界の別次元の脈絡を強引に結びつけ、思いのままに世界の条理そのものを一気に破壊しつつ再創造し、その思いもよらぬ形態変化の愉快なかたちに笑い転げる。

たとえば次の事例を考えてみよう。ある「いじめ」グループは、被害者を木に登らせて歌を歌わせ、その木を揺すった。またグループは、マンションの高階層から「つかいっぱしり」をさせるのに、エレベータを使うのを禁止した。気にくわないことがあるとグループはしばしば被害者を殴った。「つかいっぱしり」で買ってこさせた缶入り飲料が冷めていたことに怒り、被害者の上半身を裸にして背中に水をかけた上で、コンクリートの滑り台を背中ですべらせた。

まず「背中ですべらせる」ケースを分析してみよう。缶飲料が「ぬるい」ことに「つかいっぱしり（MSを具現）」に対する受動攻撃性を読み込んだ加害者たちは、まず全能憤怒（R）（7節参照）のメカニズムによりTBを具現する体制に入る。これは、／MS↓R↓TB、と表記できる。これだけであれば、たとえば「殴り倒す（TBを具現）」という行為が生成されたであろう。だが同じ人物に対してTBが何度も繰り返されている場合、PGが圧縮されるようなしかたで、TBが具現されやすい（反復的虐待における遊戯混入の経験則[5]）。それで結果としてTBとPGが圧縮され、「殴り倒す」かわりに「背中ですべらせる」が生成した。「背中で滑らせる」はTBの破壊性とPGの遊戯性の両面を満たす〈具象〉となりうる。この経緯は、／MS↓R↓（TB↓）［TB、PG］、と表記できる。

「木にのぼらせて歌を歌わせる」はPGの具現である。また被害者に余裕を与えることは、前述の他者存在抹殺的なコントロールの完全性という全能具現の要を損なうので、「つかいっぱしり（MSを具現）」においてエレベータの使用を禁止するのは自然な反応である。

# 9　集団

ビオン（Bion, W. R., 1961＝1973, Grinberg, L., Sor, D. & Bianchedi, E. T., 1977＝1982）は、グループ心性を、Work Group と Basic Assumption Group という二つの側面から考える。Work Group は、一定の課題を操作的合理性にしたがって遂行する側面である。Basic Assumption Group は、グループ内に共通した全員一致の意向についてのメンバーの無意識の想定（Basic Assumption）を基礎にして、メンバーの内的幻想が動かされる側面である。Basic Assumption Group においては、メンバーの精神力動はしらずしらずのうちに妄想－分裂態勢（(Klein, M. 1975＝1985)）にシフトし、グループは各人の容器（container）となる。そして、容器としてのグループの Basic Assumption に反するものに対して、各メンバーは不快を感じるようになる。Basic Assumption Group では、全体としての集団のありかたが、個人の意志や成熟度とはある程度独立に、個人の内部でいかなる態勢が活性化するかを左右する。集団内の精神力動はしばしば、メンバーひとりひとりの意志や成熟度とは独立した、全体としての集団独自のものである。

さてビオンの集団容器論を全能具現モデルに適用すると、集団形態を〈具象〉として全能具現がなされるという考え方が導き出される。(6) 集団形態を〈具象〉とする全能具現という観点から、以下で**〈祝祭〉**という概念を提出する。たとえば集団的な「いじめ」の場合、個人的な「いじめ」とは根本的に異なり、「いじめ」による全能具現を共同で遂行する集団過程それ自体がさらに全能的に体験されがちである。このように①なんらかの形態を〈具象〉とする全能具現と、②共同でその全能具現を遂行する集団過程自体を〈具象〉とする全能具現が、二重に折りかさなる集団的全能具現を、**〈祝祭〉**と名づける。つまり〈祝祭〉とは、①やることとの全能具現と②集まることとの全能具現が二重に折り重なるタイプの集団的全能具現である。〈祝祭〉は、当事者にとって直感的に「みんなのノリ」と感じられ畏怖される。

集団が全能体験の容器となるタイプかならないタイプかをめぐる場の情報に応じて、活性化する内的ユニットがある程度自動的に切り替わる。このような場の情報による適合ユニット選択の自動化によって、付和雷同とか、場の雰囲気によって人がちがったようになるといわれる現象が生じる。集団的全能具現（〈祝祭〉）の役割関係上の分節から「うちら」の身分感覚が生じる。「すなお」とは、コントロールする側の全能具現に即して体験された、コントロールされる側の体験ユニット転換の自動性のことである。下位者の「すなおさ」は上位者の全能〈具象〉となる。〈祝祭〉は$\beta$‐秩序（第二章参照）の規範の準拠点となっている。

さて、上記のように二重に折りかさなる全能具現を〈祝祭〉とすると、さらに次のように全能具現が三重に折りかさなる、**〈属領〉**という概念を提出することができる。すなわち**〈属領〉**とは、①なんらかの形態を〈具象〉とする全能具現と、②共同でその全能具現を遂行する集団過程自体を〈具象〉とする全能具現が、二重に折りかさなった集団的全能具現（＝〈祝祭〉）が、さらに③当の〈祝祭〉が物理的空間をおおいつくすこと自体を〈具象〉とする全能に三重に折りかさなる全能具現である。あるいは上記定義の〈祝祭〉部分を圧縮してより簡潔に表現すると、〈属領〉とは、①〈祝祭〉の全能具現が、②当の〈祝祭〉が物理的空間をおおいつくすこと自体を〈具象〉とする全能に折りかさなる、全能具現である。

たとえば群れて〈祝祭〉を生きる者たちのあいだには、しばしば奇妙な空間占有感覚が生じる。学校の教室や小規模な公園やコミュニティセンターや大学の院生室は、税金で作られた公的な財産である。ところがこのような公的空間はしばしば、一部の「なかよし」グループの〈属領〉となり、特有の冗談の言い方、笑い方、へつらいかた、うわさ話や陰口の言い方、内幕情報をめぐるさや当て、といったものに埋め尽くされる。そこで群れている者たちは、「われわれのなかよしコミュニケーション」あるいは「われわれのノリ」が物理的空間を完全に埋め尽くすかたちによって、集団的に全能を体験しようとする。すなわち、①やることとの全能と②集まることとの全能が折りかさなって展開する〈祝祭〉＝「われわれのノリ」が、さらに③物理的空間をおおいつくす全能に折りかさなっている。このような空間占有感覚による全能具現が〈属領〉である。

7節で論じた全能具現をめぐる攻撃のメカニズムは、集団形態を〈具象〉とした場合にも適用しうる。このことにより、次のような事象が説明可能となる。

①一糸乱れぬ集団行動のなかで手をのばすタイミングを間違えた者を、号令者が真っ赤な顔で怒鳴り散らし、殴り倒す。②自分たちを特定の場所の主流派だと思っている「なかよし」たちが、その場所で

「浮き上がったまま大きな顔をしている」と感じられる以外にはこれといって害をなさない者に対して、損得だけからは考えられないような悪意を抱き、それをあらゆる機会に実行にうつす。③市民的な空間ではさまざまなタイプの友人と対等につきあうのが楽しいのだが、なぜか学校で身分が下とされる者に対等な態度で「いられる」と手痛い攻撃を加えずには気持ちがおさまらない。これら加害者たちは、なぜか主観的には被害感情を有している。

上の諸事象は次のように説明できる。運動場＝大地にはりつく従属者たちの身体が号令者の完全なコントロールのもとで単一の身体と化したように感じられる集団形態（上記①の場合）や、「われわれのなかよしコミュニケーション」が特定空間を完全に埋め尽くすように感じられる集団形態（上記②の場合）によって、加害者たちの全能が具現されている。そして場ちがいなものの存在は、自己の延長のように体験される「われわれ」空間＝〈属領〉にひび入った疵として、全能憤怒（7節）をもたらす。また、集団が全能体験の容器となるタイプかならないタイプかをめぐる場の情報に応じて、自動的に、身分関係やそれをめぐる全能憤怒が体験されたりされなかったりする（上記③の場合）。

本章で論じてきた純粋形に近い典型例[7]における攻撃性や迫害性は、利害の対立の程度ではなく、①集団のタイプについての場の情報と、②集団的全能具現を心理的に必要とする程度に比例している。しかし普通にみられる複合形（実際には、ほとんどの社会現象は複合形である）の場合、①場の情報、②集団的全能具現の心理的必要、③利害構造という三つのファクターによって、集団的迫害が決定される。「リストラいじめ」のような集団的迫害ではしばしば、決定因子である利害構造に従って、迫害的他者コントロールによる全能具現の形態が流用される。多くの場合、最も強い力をおよぼすファクターは、全能ではなく利害である。しかし利害と全能具現が相互に埋め込み合う創発的全体は、合理的選択モデルだけから描いた社会像とは、かけはなれたものになる。
より一般的な議論としては、①場の情報、②全能具現ニーズ、③利害構造という三つのファクターの配置に応じて、さまざまな集団的迫害のスペクトラムを考えることができる。(8)

［注］

（1）この構成法には治療技法としての利点もある。すなわち、治療者と共に「心の中の乳幼児」の比喩で自分の心を語ったり考えたりする患者の体験を、病的な体験構造を変容させる手段とすることができるのである。もちろんこの治療技法は、社会理論のモデルを抽出するという本稿の目的には無関係である。

（2）Lacan, J. の鏡像説が前提する乳児無能説は、乳児有能説に傾いている近年の発達科学の知見と一致しない。また、主観的世界が無統合であることに対するこのような耐え難さと救済志向は、いったん特定の統合が成立した後にそれが解体傾向にある場合にしか存在し得ない。Lacan, J. は、後になって生じる不全感を乳児に読み込んでいるのである。鏡像説を発達論として受け入れることはできないが、Lacan, J. が乳児に読み込んだメカニズムは、乳児以外の人間行動を説明する豊かな可能性を有している。

（3）〈欠如〉からの全能希求構造については、本書第二章も参照されたい。

（4）〈欠如〉からの全能具現がなされるといっても、主観的世界のオーガナイゼーションが回復するわけではないので、〈欠如〉はそのままであるかさらに拡大深化している。そして〈欠如〉とそのすりかえ充足としての全能具現は、相互に他の産出を反復的に誘導しあう。この悪循環により「いじめ」の多くは、激情にかられているが「だらだら」しており、執拗であるが「なげやり」である、といった印象を与えがちである。

（5） 女子高生コンクリート詰め殺人の加害少年たちが、「がんばれ、がんばれ」という歌を歌いながら振りをつけて少女を迫害したのは、反復的虐待における遊戯混入の経験則の典型例である。

（6） これまでの〈欠如〉と全能をめぐる原理的説明（本章および第二章）から明らかなように、全能具現モデルの〈具象〉は、クライン派の表現を用いれば、〈欠如〉の自己を入れると全能の自己を返してくれる容器（ビオン）あるいは「おっぱい」（クライン）である。

（7） ただし「公園デビュー」という名で有名になった小規模な公園は、「お受験」の内幕情報をめぐるデマ政治が絡んでくると、純粋型ではなく複合形になる（多くの場合、入試が文字通り「正攻法」で行われていたことに、後から気づくことになる）。また大学の院生室は徹頭徹尾、利害――あるいはより正確には、そこに命運を左右する枢要な利害があるという不安な錯覚と、その錯覚につけこんで他人を畏怖させて利用する戦略――に貫かれているので、純粋形ではなく複合形である（群れて陰口と内幕情報に明け暮れた者たちは、「寝技」と呼ばれる裏の力よりも、「実力」と呼ばれる表の力の方が実際にははるかに強いことに、後から気づくことになる）。

（8） 利害と全能具現の相互埋め込み構造とそこから生じる政治空間については、第三章および第六章を参照。

# 第六章

## 利害－全能接合モデルと権力論
## そして政策構想へ

# 1　合理的選択理論から利害と全能の接合モデルへ

錯綜した現実を説明するためには、合理的選択モデルも全能具現モデルも、それだけでは役に立たない。人々が利害計算だけで動いている社会状態も、全能具現だけで動いている社会状態もきわめて例外的である。多くの場合、全能具現メカニズムは利害構造に埋め込まれている。利害と全能の相互埋め込みは、個々の要素に還元できない創発的な社会空間を現出させる。人間のほとんどの社会生活は多かれ少なかれ、全能具現と利害計算に貫かれている。[1] いじめはこのことが当てはまる典型的なケースであるが、それ以外の広範な社会現象も利害の軸と全能の軸の接合構造から分析することができる。以下でアウトラインを示す利害－全能接合モデルは、社会科学のさまざまな領域に大きな進展をもたらすだろう。

利害－全能接合モデルは社会理論のデッドロックを突破する先端となりうる。人々（に限らず生物一般）は多かれ少なかれ合理的選択メカニズムに従って動いている。そうでなければ死滅しているはずである。このような黄金律に対する意識はますます高まり、現在社会科学では、合理的選択理論が最も有力である。しかし、「学問的に」最有力説となっている合理的選択理論はほとんど役に立たない。合理的選択モデルによって理論的に（特に数理的に）洗練すればするほど学問が役に立たなくなる、というのが現在の社会科学のデッドロックである。役に立たないのは、現実には「非合理的」「感情的」な夾雑物が混じっているからで、純粋モデルではこうなる、と説明される。また純粋モデルとの距離を測ることで現実を理論的空間に位置づけることができる、とも考えられる。しかしこのような弁護は、「だからどうなのだ（So what ?）」と言われれば、それまでである。いずれにせよ合理的選択理論による近似モデルは、現実のふるまいと「近似」しないので、実際には役に立たない。

合理的選択メカニズムはありとあらゆる社会現象を貫いているはずであるが、合理的選択メカニズムだけで動いている社会現象はほとんど存在しない。それは他のメカニズムと相互に埋め込み合う創発的な全体をなしており、その全体は合理的選択モデルだけから描いた社会像とは、かけはなれたものになる。

ここで合理的選択モデルをめぐる問いの構造自体を次のように変える必要がでてくる。すなわち、合理的選択モデルを採用するか却下するかではなく、(2) 合理的選択メカニズムと他のメカニズムとの有用な接合モデルをいかに組み立てるか、というプラクティカルな問いを立てるのである。

合理的選択メカニズムと他のメカニズムとの接合モデルにはさまざまなものがあり得る。2節では、利害と全能の接合に関する一般モデルを提示する。これは、合理的選択メカニズムと他のメカニズムとの接合に関する一般モデルとしても、論理形式をそのまま用いることができる。その後、3節で、利害

－全能接合モデルによる一つの問題解決アプローチ（「弱い輪」の切断戦略）を提示する。

次に4節では、利害と全能の接合領域に展開する権力について論じる。利害と全能の接合モデルから、新たな権力論が生まれてくるだろう。さらに5節で、この権力モデルにもとづく臨床的政策構想を示す。

## 2　利害と全能の接合に関する一般モデル

利害と全能の接合メカニズムについては、すでに第二章で二つの個別モデルを提出している。すなわち、①利害 - 全能マッチングモデル（第二章7節参照）と②「うまくやりおおせる」タフの全能具現モデル（第二章6節参照）である。

①利害 - 全能マッチングが利害と全能の接合メカニズムについてのモデルであることは、一目瞭然である。②「うまくやりおおせる」タフの全能具現メカニズムでは、利害計算にもとづく行動プランニングを怜悧あるいはトリッキーに遂行する形態自体が、全能具現の〈具象〉となっている。この場合、全能具現が利害計算のターボチャージャーになっている。つまり利害計算的なふるまいが、単なる適応行動であることに加えて、さらにそれ自体で全能具現的に渇望されることによって、加速的あるいは加圧的に誘導されるのである。ところで「うまくやりおおせる」タフの美学を生きる者は、「表」よりも

「裏」を好み、普遍的なルールや正義に憎悪や嫌悪をいだきがちである（第二章6節参照）。このことにより、彼らはしばしば「表」の普遍的なルールや正義に準拠した戦略が利益にかなっている状況下で、利益やコストに関する利害計算を間違える（たとえば僅少な利益に対して引き合わないような多大な対人コストをかける）。「うまくやりおおせる」タフという利害‐全能接合においては、全能から利害への誘導にこのような偏倚がある。このような偏倚の積み重ねによって、合理的選択理論が役に立たなくなるような社会状態が現出する。[3]

上記の①や②のみならず、これから様々な利害と全能の接合メカニズムが発見されていくであろう。以下では、利害と全能の接合メカニズムについての一般モデルを提示する。これはさまざまな接合メカニズムの理論枠組となるものである。

当事者にとってリアルに生きられる体験の世界は、特定の体験枠組あるいは認知情動図式によって枠づけられて成立する。たとえば笑いながら近づく者の顔を、ある人は優しい微笑みと体験し、別の人は侮辱をしかけられたと体験する。また別の（おそらく精神病の）人は怪物が自分を食べようと巨大な口を開けて襲いかかってくると体験するかもしれない。体験枠組あるいは認知情動図式f、g、h……は、当事者にとってのリアルな体験を成立させるメカニズムとして図6‐1のように表現できる。

図6‐1では、研究者が「笑っている」と解釈するようなしかたで筋肉を動かしながら近づく顔が「客観的世界X」に存在している、という存在論的実体関与[4]を行っている。ここで認知情動図式fを生きる者はリアルにf（x）＝「優しい微笑み」を体験し、gを生きる者はg（x）＝「侮辱をしかけられた」をリアルに体験する。そして認知情動図式hを生きる者は、h（x）＝「怪物が自分を食べようと巨大な口を開けて襲いかかってくる」というリアルな体験に恐慌をきたす。

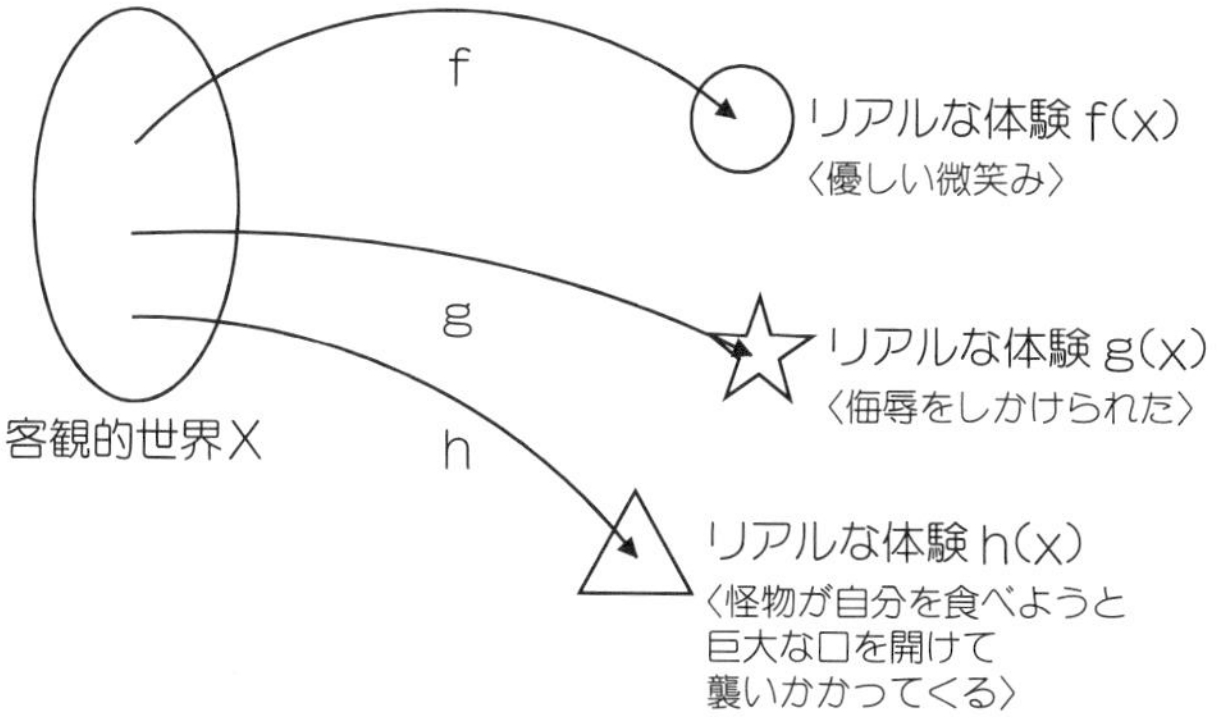


**図6－1　認知情動図式**

このような認知情動図式f、g、h……を、図6－2のように筋書をなす意味ネットワークからできているとモデル的に考えることができる。

これまで論じてきた全能具現や利害計算の認知情動図式も、図6－3のように筋書をなす意味ネットワークからできているとモデル的に考えることができる。

さてこれまで論じてきたように、もっぱら全能だけを生きている者や、もっぱら利害だけを生きている者は、純粋モデルを構築するための典型的な（あるいは経済学によくあるような仮想的な）事例としては有用であるが、現実には多数派ではな

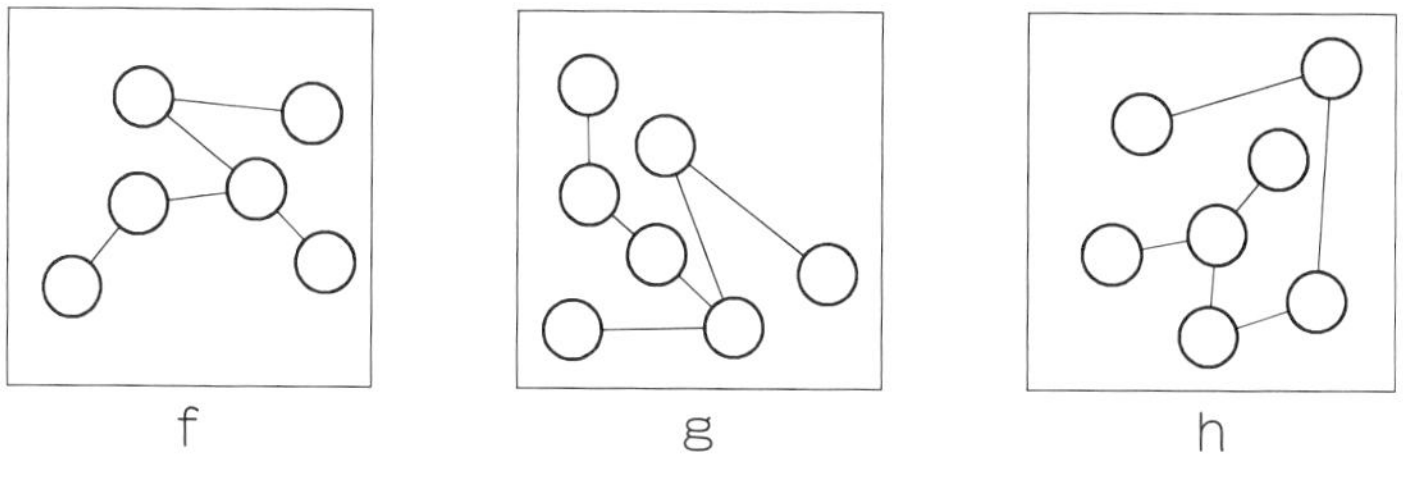


**図6－2　筋書をつくる意味のネットワーク**

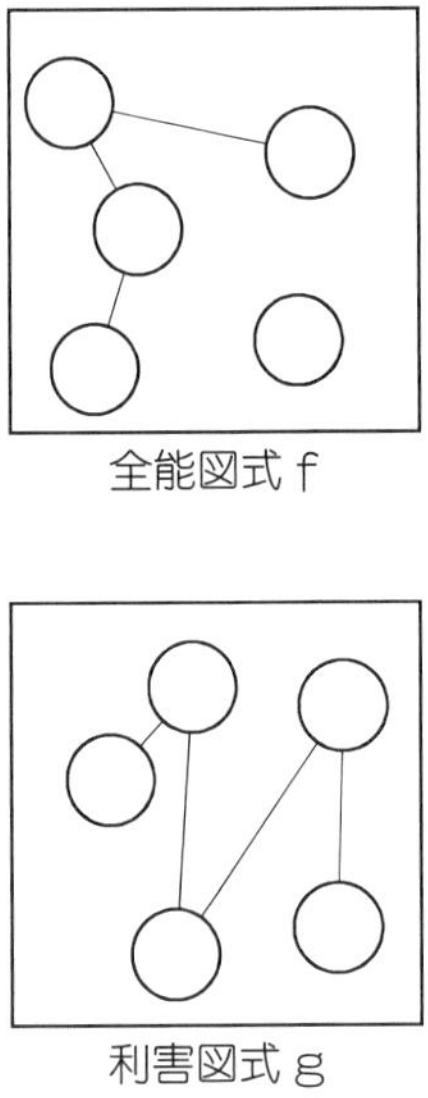


図6-3

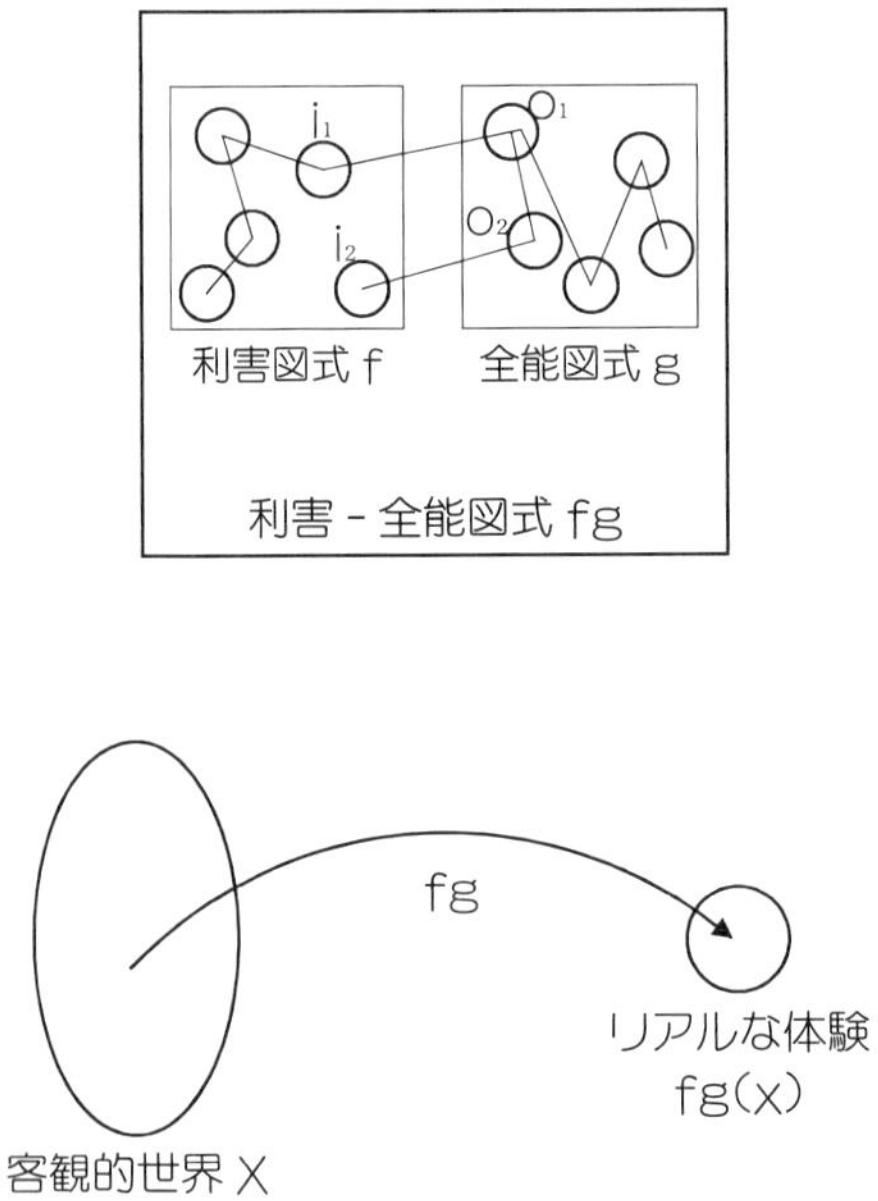


図6-4　利害と全能の接合から生まれるリアリティ

い。ほとんどの人々は、多かれ少なかれ利害と全能の接合を生きている。

ここで利害と全能の接合から独自のリアリティ[5]が創発するメカニズムを、図6-4のように表すことができる。

当事者は、利害計算だけの体験f(x)でもなく、全能具現だけの体験g(x)でもなく、利害と全能が接合した複合的な体験fg(x)をリアルに生きている。そして純粋な利害モデルにも純粋な全能具現モデルにも還元できない複合的な行動様式を示す。

ここで図6-4に時間軸を導入すると、図6-5のようになる。利害図式が次の時点での全能図式の形成を誘導し、全能図式が次の時点での

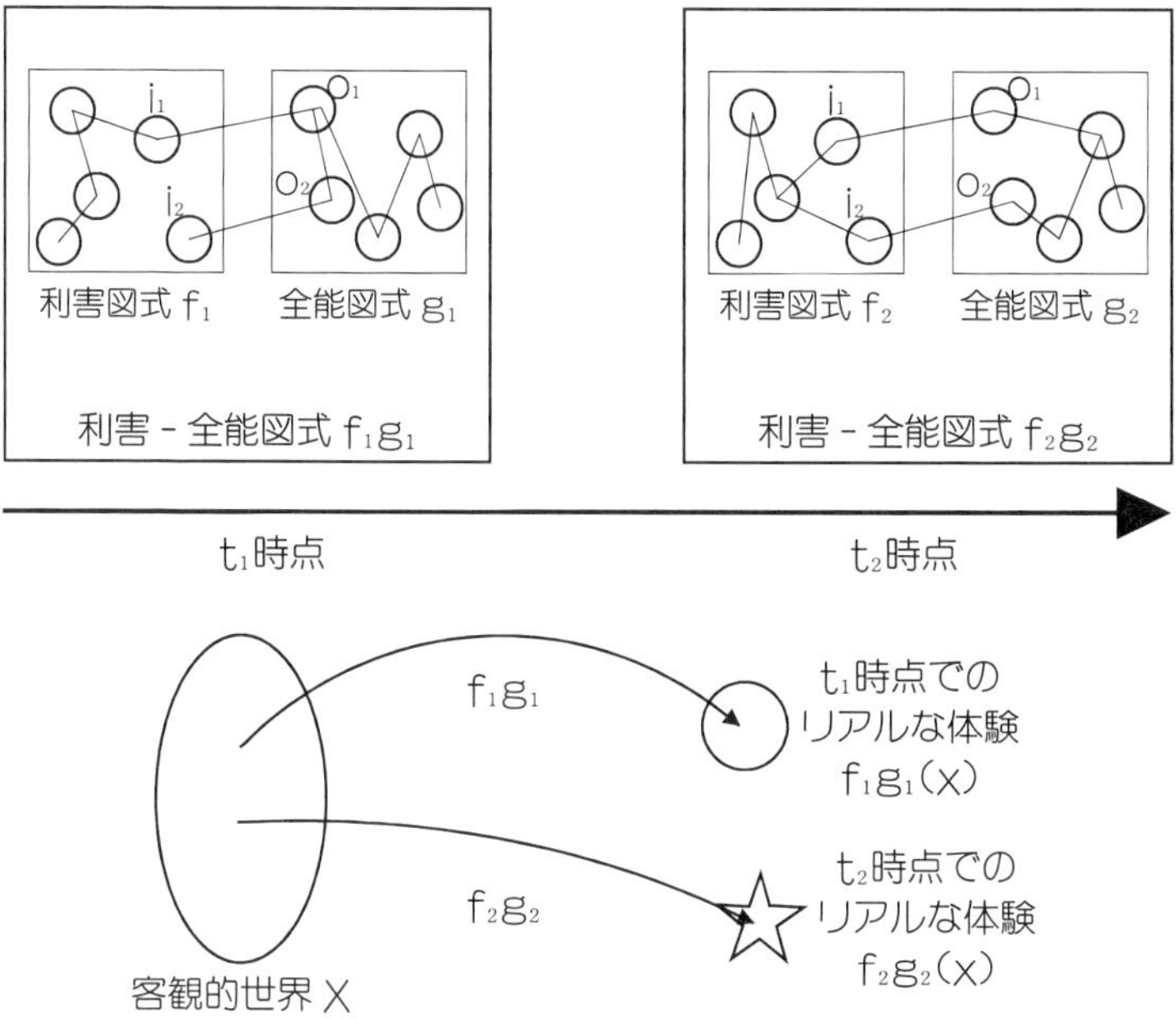


**図6-5　利害図式と全能図式の共形成**

利害図式の形成を誘導する、といったしかたで、利害図式と全能図式は相互に他を誘導し合う。つまり全能図式と利害図式は、時間軸のなかで共形成あるいは共進化していくのである（図6-5の上）。

　この利害図式と全能図式の共形成の結果、$t_1$時点から$t_2$時点に時間が推移すると、体験される現実構成も$f_1g_1$（x）から$f_2g_2$（x）へと変化する（図6-5の下）。

　以上、利害と全能の接合に関する一般モデルを提示した。利害と全能の接合に関するさまざまな個別モデルは、この一般モデルに位置づけることができる。またこのモデルは、利害と他のメカニズム（たとえば利害と理念）[6]との接合に関する一般モデルにもなりうる。

## 3 「弱い輪」としての利害と全能の接合面

ところで経験的には明らかに、利害と全能の技能的接合傾向が大きい者、たとえば計算ずくで「悪のり」する者は、利害と全能の技能的接合傾向が小さい者、たとえば損得を考えずに「悪のり」する者よりも、その人口が圧倒的に大きい（図6‐6）。

ここで問題解決アプローチに関する一つの仮説を提出しよう。

本書で主題的に論じたように、「思いどおりにならないはずのものを思いどおりにする」（中井、一九九七、六ページ）形態を用いた全能具現、およびそれを埋め込んだローカルな秩序が自生してしまうことが、多くの人々の生活を不安で苦々しく苦痛に満ちたものにするのであった。

本章で論じた利害と全能の接合面は、このような社会的全能具現やローカル秩序を弱体化し、社会状態を改善するための、「弱い輪」となる。「弱い輪」とは、この一点を切断すると全体を破壊することが

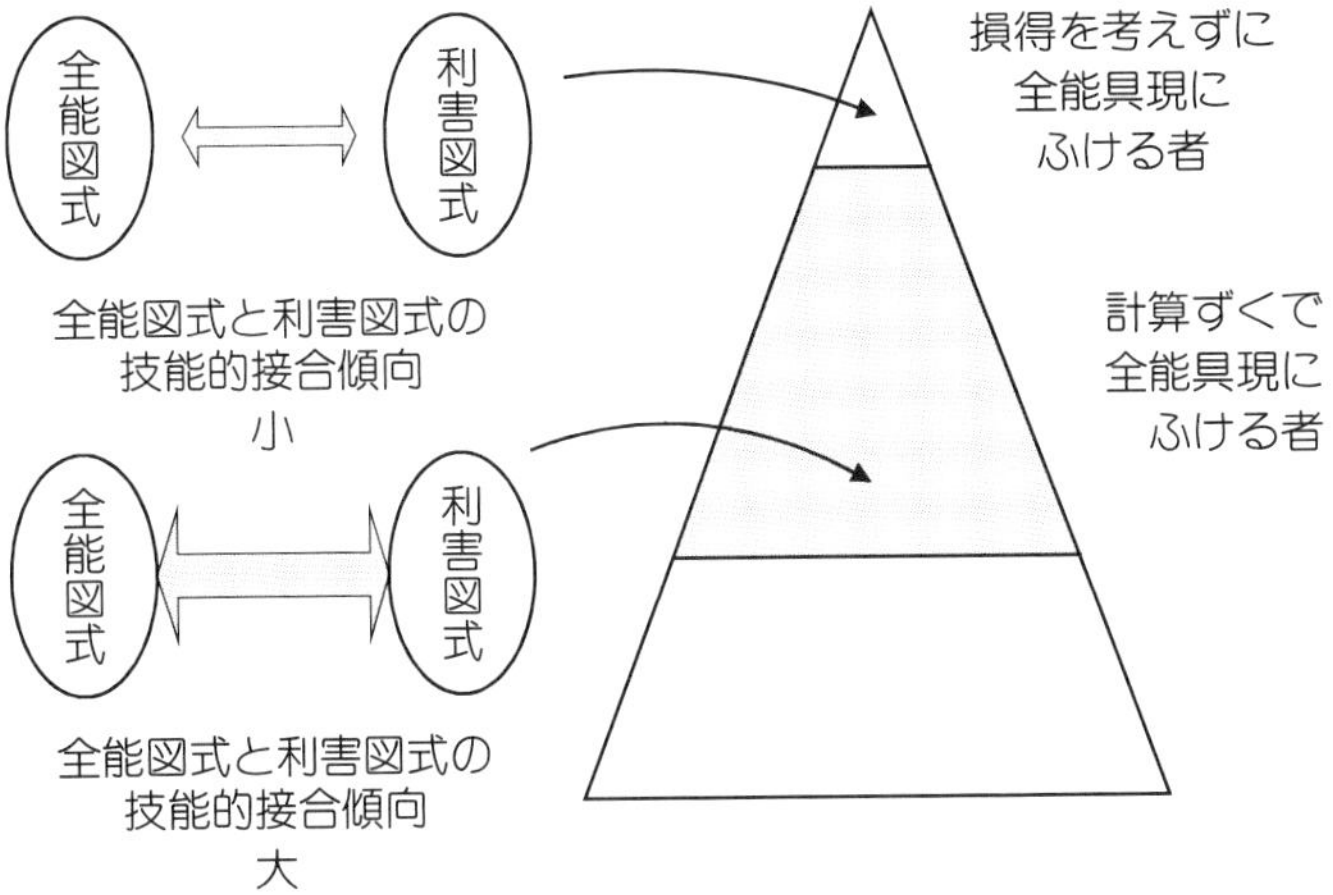


**図6-6　全能具現にふける者の人口比率**

できる特権的な攻撃点である。あるいは「小さなプッシュが大きな結果をもたらしうる」ポイント(Saunders, B., 1991: 44. 内藤朝雄、二〇〇〇(a)、六九ページ)である。

利害と全能の接合面は、図6-7(および図6-4と図6-5)の「$i_1$-$o_1$」、「$i_2$-$o_2$」のラインである。このラインを切断する政策が、中間集団全体主義のIPS秩序と現実感覚を破壊するのに最も大きな効果をおよぼしうる(図6-7)。

たとえば次のような歴史的な事例は、この仮説を具体的にイメージするのに役立つだろう。①魔女狩りは狂騒的なお祭り騒ぎであると同時に当時最も効率のよい金儲けの手段でもあった。②日本ではしばしば、学校の暴行教員は非暴力的な教員よりも「指導力」が認められ教頭や校長への出世に有利である。[7] ③戦時中の軍部では、非現実的な主張で気迫を示す演技が仲間内での立場を安泰にし、臆病者というレッテルを貼られたら切腹を強要されることすらあった。④いじめが蔓延する教室で、キレる実演

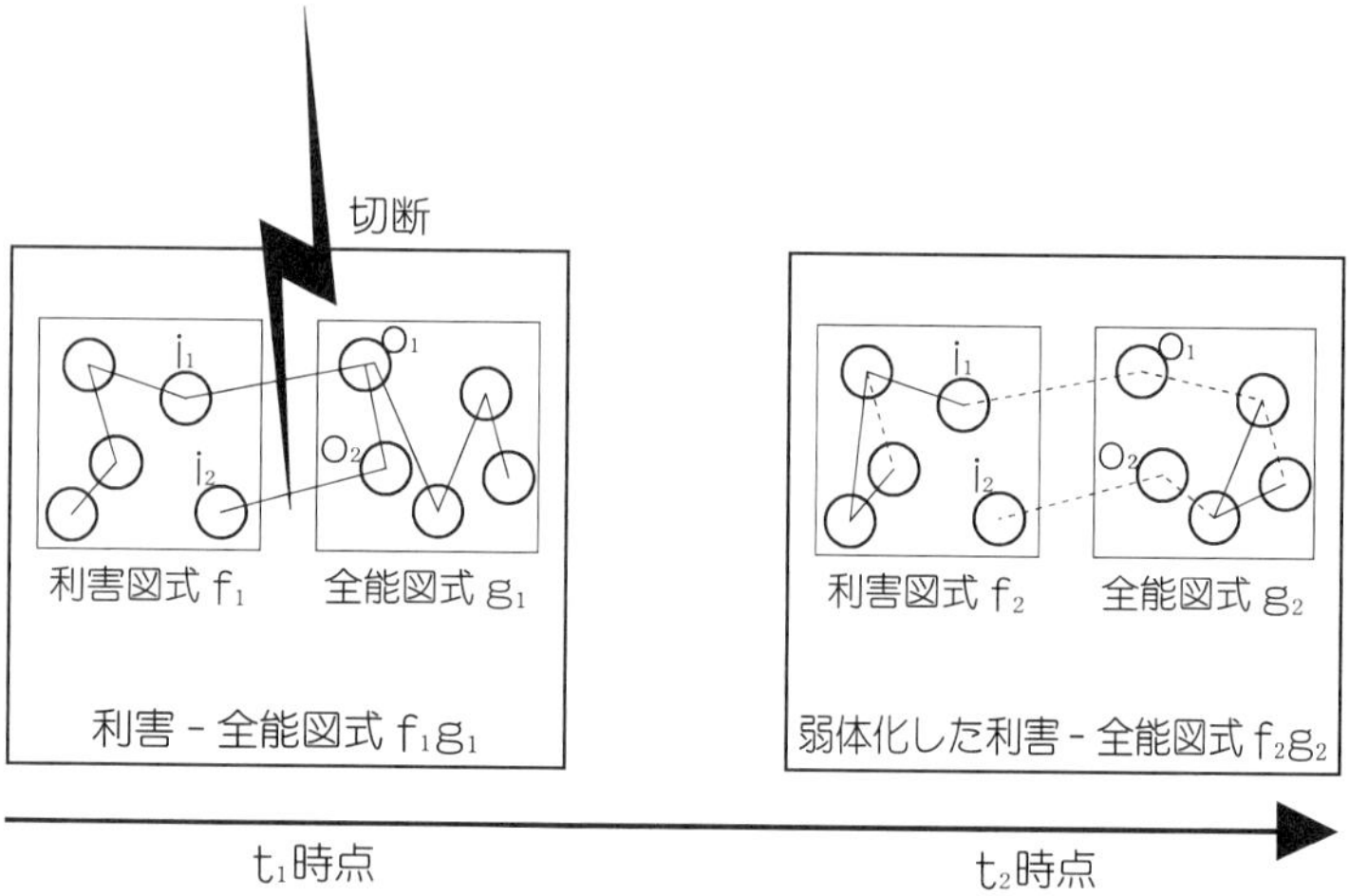


図６－７　利害と全能の接合面を切断する政策

は自分の立場を有利なものにする。⑤文化大革命時の中国では、「悪のり」することが同時に保身の術でもあった。

社会状態を観察して、利害と全能が一致していると思われるところでは、利害と全能の相互増幅的共形成によって「悪のり」の蔓延とエスカレートが生じている、あるいは将来そうなる危険性が大きいと推定することができる。それに対して利害と全能が一致していない社会状態では、すくなくとも「悪のり」の蔓延とエスカレートは起こっていない、あるいはそうなる見込みは小さいと推定することができる。

## 4　利害と全能の接合という観点からの権力論

第二章や第五章で論じたように、全能には固有のかたちがなく、全能を具体的に体験するためには別の生活領域からかたちを借用する必要がある。全能を求める営為は、具体的な何かのかたちにかたどられてはじめて、習慣あるいは慣習として人や社会に定着する。利害図式はしばしば全能具現のために借用される。たとえば第二章で提出した「うまくやりおおせる」タフの全能具現は、利害から全能への形態借用である。このような形態借用は、本章2節で一般モデルとして表現した利害－全能接合メカニズムのひとつである。この借用のための利害と全能の接合面は、図6－4、図6－5、図6－7の「$i_1$－$o_1$」、「$i_2$－$o_2$」のラインであらわされる。

さて、利害図式のうちあるタイプは全能図式に借用されやすく、別のタイプは借用されにくいと考えることができる。たとえば利害図式のうち、生命保険はA社とB社のどちらに加入したらよいだろうかといったタイプは、とうてい全能図式に借用されないだろう。それに対して、全能図式に借用されやすい利害図式もある。その代表的なもの、というよりも最も全能図式に借用されやすい利害図式が権力である。以下でこの借用について論じる。

権力論にはさまざまなものがあるが、権力概念の骨格を利害図式で表すタイプがある。有力な定式化としては、次のような宮台真司のものがある（宮台、一九八九）[8]。すなわち、XがYの行為を予期することによって、Xの選好が不本意ながらの選好に変化するとき、YからXへと権力が作用している。たとえば強盗の被害者（X）が、「お金を払わなければ撃つ」という強盗（Y）の行為を予期することによって、被害者（X）の選好が「お金を払わない」から、不本意ながらの選好「お金を払う」へと変化したとき、強盗（Y）から被害者（X）へと権力が作用している[9]。

宮台の定式化に見られるような権力の骨格自体は、全能とは何の関係もない利害図式の組み合わせである。また権力は、強盗のように「悪い」ものばかりとは限らない。勉強しなければ自動車整備士（看護婦、美容師、公認会計士、医師……）の国家試験に通らないから「本当は遊びたいけど勉強するしかない」、といった場合の権力作用は、きわめて中性的である。

ところが経験的には、利害の式からなる権力の形態は、全能を求めるためのひながたとして借用されがちである。つまり権力にアクセスする機会を手にした者は、利害の式からなる権力の図式を、他者をコントロールするパワーに満ちた自己という全能図式に借用（流用！）して全能を体験しようとする。「権力者」と呼ばれる者が「いばり」がちなのは、利害図式からなる権力そのものではなく、この借用のメカニズムによる現象と考えることができる。他人を思いどおりにする「全能気分の役得」からの法制度的物象化による切り離し（疎外＝よそよそしくすること）が十分になされていない場合、権力は多かれ少なかれ全能具現に流用される。

また権力図式の全能図式への借用は、政治的にきびしい社会環境であればあるほど、集合的な利害‐全能マッチング（第二章7節参照）によって統御され、生き延びるための心理‐社会的スキルになっていく。たとえば「生き馬の目を抜く」ような人間関係の政治[10]においては、権力は「しらじらしい」損得計算によるだけでなく、「なめられない」ために「気合いを入れて」行使されなければならない。権力の制度的中性化が不十分なところでは、「いばる」ことはしばしば利益にかなっている。

## 5 臨床的な政策

権力が第一次的に利害図式から構成されており、この利害の形態を借用して第二次的に「思いどおりにならないはずの他者を思いどおりにする」全能が求められるとすると、次のような臨床的な着眼点を得ることができる。

権力の鋳型となる生活環境の利害図式は、制度・政策的なマクロ条件によって計画的に変化させやすいものであり、このことによって権力のありかたも容易に変わる。そして権力のありかたが変わることで、他者をコントロールする全能追求も蔓延したり衰退したりする。

他人を「思いどおりにする」形態を用いた全能具現とそれを埋め込んだローカル秩序を衰退させるために、計画的に生活環境の利害図式を変更する臨床的な社会政策を構想することができる。その際、マルクス的な「物象化からの解放」ではなく、ジンメル的な「物象化への解放」という観点が実践的な有用性をもつと思われる。[11]

すなわち社会の秩序形式が（具体的な人間関係からできあがっているにもかかわらず）ものの関係のように現象（物象化）する抽象化・客観化を経ることによって、権力を流用して他者の運命を「我がものにする」ことをむずかしくさせることができる。権力が十分に抽象化・客観化された場合、地位にもとづく権力へのアクセスは単なる抽象的な役割にすぎなくなる。たとえばこの観点から、入試において「こころ」を評価する内申重視主義と「知育偏重」のペーパー試験一発主義のどちらが望ましいかを考えることができる。

このように、他者コントロールによる全能追求を為しがたくするように、臨床的に政策をチェックしたり立案したりすることで、社会に偏在する、「思いどおりにならないはずのものを思いどおりにする」全能とそれを埋め込んだローカル秩序の問題を改善していくことができる。この実践が最も鮮やかな効果を示すと思われるのは、いじめ対策であるが、その他にもさまざまな領域で展開可能である。

本書で示したさまざまなアイデアは、政策立案セクターと結びつくことで十全な役割を果たすことができる。

次の第七章では少し目先を変えて、これまでの議論をドメスティック・バイオレンスに応用する。その後に第八章で自由な社会のヴィジョンを、そして第九章で中長期的な根本的教育改革案を提出する。筆者のヴィジョンを社会政策さらには政権構想に反映させることにより、二一世紀に日本が自由な市民の社会となる可能性が開けるだろう。

［注］

（1）そうでない生の局面は僥倖のように現れるか、かなり保護された生活環境下でのみ持続的に享受可能となる。隠遁生活への望みは、「生ぐさい」社会的全能具現を嫌う者たちの解放欲求によるものである。しかし社会的全能具現からの解放要求は、即座に、当の解放をめぐる社会的全能具現に転化しがちである。たとえば道元禅師は、僧院近辺を属領とする有力武士との関係を誇って見栄を張った弟子を追放し、その弟子の座所を切り取って捨てたと伝えられている。ここには隠遁者集団による反属領の〈属領〉が生じている。社会的全能具現に巻き込まれることからの解脱をそこそこ達成するには、特殊集団（サンガあるいはコミューン）を組むことではなく（これは事態をさらに悪化する）、金と市場と法による物象化を防御帯とした距離化のテクニックを用いる方が容易であろうと思われる。

（2）人間が生物であるかぎり、合理的選択モデルを却下できるはずがない。

（3）論者がX県で聞き取り調査を行っていたとき、X県の「県民性」なるものがよく話題に上っていた。東京からX県に赴任した人は次のような話をした。「職場でもX出身の人は、なにか得体の知れぬところがある。彼らはものすごくずるがしこく、『いつも人間関係をこちょこちょやって』生きている。彼らのこういう能力は、われわれの想像を絶するものだ。かれらは黙っていて、何を考えているかわからない。まるで下の方では根っこがつながっていて、地面から木が一本一本生えて人間になっているような不気味な感じだ。彼らは黙っていて、裏で『こちょこちょ』画策して、ものごとをひっくり返す。かれらはものすごく強い。しかし、かれらはバカなんだ。あれだけ計算高くて、それで結局、たいした利益を得ていない」。もちろん、このような「Xの県民精神」なるものが存在するとは思えないし、この発言が示すような人間類型はXでも東京でも同じようにみられる。だがこの「差別的」な発言が示唆する社会現象には、利害計算とその他の「何か」との接合メカニズムに関する社会科学的な普遍性がある。本章では、合理的選択モデルと別のモデルとを接合しながら、このような現象を解き明かすための道を開く。

（4）存在論的実体関与については第三章の［注］1を参照。なお研究者の視点を「特権的」な位置に置かない立論は、端的に不可能である。

（5）図6‐4および図6‐5は、神経細胞群淘汰説（theory of neural group selection）を提唱する生物学者エーデルマン（Edelman, G.）の図（Edelman, G. 1992＝1995: 121）からインスピレーションを得たものである。

（6）本章で提出した接合モデルは、次のような「名言」のところで立ち止まった学問的前線を、さらに前に進めるものである。「人間の行為を直接に支配するものは、利害関心（物質的ならびに観念的な）であって、理念ではない。しかし、『理念』によってつくりだされた『世界像』は、きわめてしばしば転轍手として軌道を決定し、そしてその軌道の上を利害のダイナミックスが人間の行為を推し進めてきたのである。」（Weber, 1920‐21＝1972: 58）

（7）第三章の［注］15を参照されたい。

（8）権力概念の骨格を利害図式で表すタイプの権力論にはさまざまなものがあるが、あらゆるタイプを挙げてその異同を論じるといったことはせず、自説の展開に必要な限りでのみ先行研究を参照する。本章では、宮台による定式化の完成度の高さとシンプルさを考慮して、これを利害図式型の代表例として挙げた。ありとあらゆる権力概念のオンパレードとしては、たとえば［盛山、二〇〇〇］がある。

ちなみに［盛山、二〇〇〇］の末尾には次のような一文がある。

『「いじめ」という現象の発生プロセスがどうであれ、特定の個人に対する長期的ないじめの構造の存在は、被害者個人に対する偏見、いじめに同調しないことで受けるサンクションに対する恐れ、いじめという行為に他虐的悦びを感じるまでの感情パターンなどの、構造的状況が成立していることを意味している」(盛山、二〇〇〇、一八八ページ)

盛山の「百科全書」において、このような心理 - 社会的な「構造的状態」は、上記のように末尾の一言のコメントで済まされているだけである。しかしこの「構造的状態」は一言で済ますにはあまりにも重要である。重箱の四隅をきれいにさらっている著作で、このような重要主題がきれいさっぱり等閑視されているのは不思議である。これは本書第四章で指摘した、社会学における心理的説明の排除慣習によるものであろう。

論者が本書で主題としたのは、いじめにかぎらずさまざまな社会現象にみられる、このような「構造的状況」の内実であり、またこの「構造的状況」に関する普遍的な理論である。IPSはこの「構造的状況」を扱うためのひとつの有力な理論枠組である。

(9) 宮台は、このような基本形にさまざまな論理的操作を加えることによって、さまざまなタイプの権力類型(脱人称的権力、汎人称的権力など)を分岐させる(宮台、一九八九)。同書における最大の業績はこの分岐の方にあるが、本稿ではその基本形の部分のみを用いた。

(10) 人間関係の政治については、たとえば第三章4節を参照されたい。

(11) この論点については、[内藤、二〇〇〇(c)]を参照されたい。

# 第七章

## 利害と全能を機能的に連結する技能
## ——市井のバタラーに取り組むための分析枠組

# はじめに

本章では、利害‐全能接合モデルをドメスティック・ヴァイオレンス（ＤＶ）に適用する。学問的なＤＶ研究の動向にことさらに関心があるわけではない読者には、1節、2節、3節は退屈に感じられるかもしれない。そのような場合は、4節から通読されたい。

## 1　DV問題

DV（domestic violence）とは、「親密」とされる性的パートナーによる（通常は男性から女性への）暴力のことである。[1] 男性が「従順でない」あるいは「逸脱的」とみなした女性の性的パートナーに暴力をふるうことが是認されがちな社会状態は、歴史的に古くから（吉浜、一九九四、一八二―一八三ページ。「夫（恋人）からの暴力」調査研究会、一九九八、一二―一三ページ）、世界各地に広く（Davies (ed.), 1994; Department of State, U. S., 1997）みられる。DVが問題化されてきたのは、人権あるいは個の尊厳という価値の高まりにともなう比較的新しい現象である。[2]

アメリカでは一九七〇年代にDVの問題化が活発化し（熊谷、一九八〇、三六ページ）、八〇年代九〇年代を通じて問題化は順調に進展し、一九九四年にはマスメディアが「OJシンプソン事件の報道に明け暮れ」たことで、「DV対策は飛躍的な展開を見せた」（梶山、一九九九、七―八ページ）。日本では、一九九五年の『「夫（恋人）からの暴力」調査研究報告書』（「夫（恋人）からの暴力」調査研究会、一九九五）をきっかけに、無作為抽出調査を含む『「女性に対する暴力」調査報告書』（東京都生活文化局、一九九八）が発表され、全女性のおよそ三人に一人が身体的暴力の被害を経験しているという報道が世論をプッシュした。現在マスコミは年ごとにDVを大きく取りあげるようになり、出版物も急増している。(3) また最近では、司法によるDVの扱いにも変化のきざしがみられる。(4)

問題化の立ち上げ段階においては、一部の突出的典型例からテーマを簡潔に示し、ひとびとに問題を印象づける図式が必要とされる。(5) アメリカではこの段階は終わり、被害者救済のみならず、官民双方による加害者に対する多様な処遇システムが発達し（中村、一九九九）、より細かい理解や評価や査定が求められるようになってきた。このような社会的要請のもとで、現在アメリカで膨大な量の学問的研究(6)が蓄積されている。そして日本でも、啓蒙的・動向紹介的な論文が散見される。しかし実践の指針となるべき、DVの多様なタイプに配視《めくばり》した整合的な理論化は、うまくいっているとはいいがたい。

一九八〇年に熊谷文枝は、アメリカにおける七〇年代の研究動向紹介において、「現段階ではいずれもが記述的解明に終始しており、その社会問題を社会学理論を適用して究明するには至っていない」と述べる（熊谷、一九八〇、三七ページ）。一九九四年にホルツワース・マンロウ（Holtzworth-Munroe）らは、DV研究の膨大な蓄積を検討し、その傾向について次のように論じる（Holtzworth-Munroe & Stuart, 1994: 476, 482）。①従来の研究者はしばしばバタラー（batterers）を単一のグループとして扱いがちであった。従来の研究は刑務所に入れられたり、治療処置を命令されたりといった人びとをサンプルとしていたが、それはバタラー全般を代表しない。公的組織からバタラーと認定されることなく市井（community）に生きる、広範なバタラー層が存在する（Holtzworth-Munroe, Stuart,

1994: 493)。②バタラーのタイポロジーに関する研究であっても、それらは概して記述的（descriptive）なものであり、暴力に関わると仮定された諸変数をもとにサブタイプを分化させるシステマティックな理論研究はとぼしい（Holtzworth-Munroe & Stuart, 1994: 482)。七〇年代に熊谷文枝が指摘した理論化の課題は、九〇年代にもちこされ現在に至っている。このような背景のもとでホルツワース・マンロウらは、これまで蓄積されてきた先行研究のエッセンスを統合しつつ、上記の課題に応えるバタラー理論の構築を試みた（Holtzworth-Munroe & Stuart, 1994)。

本稿では、このホルツワース・マンロウらのバタラー研究を紹介し（2節）、これに批判的な検討を加えつつ別の理論的可能性を示唆し（3節）、この批判点と理論的可能性を強調するような事例を呈示し（4節）、これからのDV研究を方向づける分析枠組となるべき独自の観点を提示する（5節）。これは、全能の追求と利害計算とのかね合いの様式からバタラーをとらえる観点である。

## 2　ホルツワース・マンロウらによるバタラー研究

ホルツワース・マンロウらは、様々な先行研究が採った着眼点から、（a）暴力の苛烈さ、（b）暴力の一般性（妻にだけか、それとも他の人たちにも向かうか）、（c）精神病理や人格障害の質という三つの次元（dimensions）を抽出し（Holtzworth-Munroe & Stuart, 1994: 477-481）、これらの三次元を以下のように組み合わせて、①家族がすべて（family only）タイプ、②気分変調/境界例（dysphoric/borderline）タイプ、③一般的に暴力的/反社会的（generally violent/antisocial）タイプという、バタラーの三タイプを提出した（Holtzworth-Munroe & Stuart, 1994: 481-482）[7]。

①家族がすべてタイプは、（a）暴力の苛烈さは（他の2タイプに比較して）低度で、（b）暴力の一般性は低度（家族にしか暴力をふるわない）で、（c）精神病理や人格障害はほとんど見いだされな

い。

②気分変調／境界例タイプは、（a）暴力の苛烈さは中度から高度で、（b）暴力の一般性は低度から中度で、（c）最も気分変調的で精神的苦悶状態を生きており不安定である。

③一般的に暴力的／反社会的タイプは、（a）暴力の苛烈さは中程度から高度で、（b）暴力の一般性は高度（家族以外の者にも暴力をふるいがち）で、多くの犯罪歴をもつ傾向があり、（c）アルコールや薬物の問題をかかえていたり、反社会性人格障害(8)あるいはサイコパシー（Psychopathy）(9)でありがちである。（Holtzworth-Munroe & Stuart, 1994: 481-482）

次にホルツワース・マンロウらは、時間軸を用いて、現在から遠い遠位（distal）と現在に近い近位（proximal）という二水準に分布する様々な相関物（correlates）の異なるウェイトづけと組み合わせから、上記バタラーの三タイプのそれぞれの発展を理論的に導き出そうと試みる（Holtzworth-Munroe & Stuart, 1994: 482-493）。

ホルツワース・マンロウらは、遠位《とおい》相関物（distal correlates）として遺伝／出生以前の影響（例えば気質）、子どもの頃の家族経験（たとえば夫婦間暴力、児童虐待、しつけ）、ピア経験（たとえば非行グループへの参加）を挙げる。近位《ちかい》相関物（proximal correlates）としてアタッチメント、依存性、共感性、衝動性、社会的技能、（女性や暴力に対する）態度を挙げる。これらの相関物との関係でバタラーの三タイプを比較すると、次のようになる。

①家族がすべてタイプは、すべての項目について他の二タイプに比して問題が少ない。すなわち遺伝

的家族的問題や非行問題が少なく、共感性があり、衝動性が強くなく、女性に対してリベラルで、暴力に対して否定的である。しかし、妻に対して過度に依存し、それが些細なことでゆらぐと、暴力に至る。暴力の後には後悔する傾向がある。また一般社会では社会的技能に富んでいるが、妻に対する社会的技能だけは劣りがちである。これらのことからホルツワース・マンロウらは、家族がすべてタイプの暴力は、遠位《とおい》相関物の影響が最も少なく、妻への大きな依存と、妻に対してだけ低い社会的技能と、若干の衝動性とのコンビネーションによるものである、という仮説を提示する。

②気分変調／境界例タイプは、遺伝的問題や家族的問題や非行問題の影響、共感性、衝動性、女性や暴力に対する態度といった諸項目で、家族がすべてタイプと一般的に暴力的／反社会的タイプとの中間に位置する。彼らは遠位《とおい》相関物としては親からの拒否、虐待、非行グループの影響が強く、これが近位《ちかい》相関物としてアタッチメントの構造の歪みとしてあらわれている。気分変調／境界例タイプは、他者を信頼するのが困難で、拒否された、軽んじられた、見捨てられたといった枠組で関係を解釈しがちである。彼らは、妻を自分の一部のように感じるといった病的な依存をし、関係の些細なトラブルに過敏に反応し、嫉妬深くアンビバレントで、三タイプのうち最も苦悩が大きい。

③一般的に暴力的／反社会的タイプは、遺伝的家族的問題や非行問題が大きく、共感性に乏しく、衝動性が強く、女性に対して伝統的で、暴力に対して肯定的である。彼らは遺伝、家族経験、ピア経験などの好ましくない遠位《とおい》相関物の影響を最も受けている。他の二タイプと異なり、妻を単なるもの(objects)として見ているので、妻には依存していない。三タイプの中で最も衝動的で怒りやすく暴力実行的であるが、不安や後悔や悩みは最も少ない。彼らにとって、DVは、ありとあらゆるところで展開する暴力・犯罪傾向のほんの一部にすぎない。(Holtzworth-Munroe & Stuart, 1994: 483-493)

以上の三タイプには、それぞれの原因やリスクファクターや（そのふさわしい）処置法がある。たとえば、一般的に暴力的／反社会的タイプのバタラーには、他の反社会性人格障害者同様、現在行われている心理教育的な処置（psychoeducational treatment）は役に立たないだろう（Holtzworth-Munroe & Stuart, 1994: 494）。また家族がすべてタイプは、市井に生きる広範なバタラー層を代表する最多数派である（Holtzworth-Munroe & Stuart, 1994: 482）。

以上、ホルツワース・マンロウらによるバタラー理論を見てきた。しかし、彼らの立論はいくつかの点で不十分なものである。次節ではこれに批判的検討を加えながら、別の理論的展開への足がかりとする。

## 3　批判的検討と別の理論的可能性

ホルツワース・マンロウらは従来の研究を記述的説明であって理論的でないと批判するが、その代案ももっぱら記述的説明であって、システマティックな理論とはいえない。たとえばバタラーの三タイプは、（a）暴力の苛烈さ、（b）暴力の一般性、（c）精神病理や人格障害の質という（それ自体記述的な）三次元を、理論的にではなく記述的に組み合わせることから構成されており、これらの三次元が接合し合ってバタラーの三タイプが生成するメカニズムは説明されていない。[10] またホルツワース・マンロウらは、時間的な遠位《とおい》と近位《ちかい》に分類された諸項目を用いた説明を発達モデル（developmental model of the various subtypes of male batterers）（Holtzworth-Munroe & Stuart, 1994: 482）と呼んでいるが、これらの諸項目のそれぞれをもっぱら記述的にバタラーの三タイプにあてはめているだけで、その各タイプの成立に至るメカニズムを説明していない。

さらにホルツワース・マンロウらの所説の根幹に批判的検討を加えよう。彼らは、気分変調／境界例タイプと一般的に暴力的／反社会的タイプの両群には人格障害モデルを適用するが、バタラーの大部分をしめる家族がすべてタイプには人格障害モデルを適用せず、「妻に過度に依存しながら、妻に対してだけは社会的技能が低いので暴力をふるってしまう」[11]と説明する。これにはいくつかの点で疑問がある。

最も多数派をしめる市井のバタラーが、「家族がすべて」といった生き方をしているという説は、多元的な生活の一部としてDVを行いながら、家族以外での生活（職場、近隣、友人、飲み屋など）を生きる拠点にしているタイプを無視しており、バタラーの実状と乖離している。

また、事件を起こしにくい市井のバタラー群が、妻に対してだけは社会的技能が低いという説にも疑問がある。社会のなかでいわば「うまくやりおおせている」バタラーたちの多くは、事件を起こさない範囲内で、安全かつ巧妙に状況をコントロールしつつDVを遂行する社会的技能に熟達している。それだからこそ、彼らは社会的地位を保ちながら市井のバタラーであり続けることができる。このDV遂行の技能がいかなるものとして成立し得るかは、バタラーがおかれた社会的状況によって決定される。しかしホルツワース・マンロウらがDVの社会学的側面を重視しているとはいいがたい。

バタラーが些細な思い通りにならないことで逆上したり、自分が他者を完全にコントロールしているという実感の享受自体が目的となった生活の囲い込みを行ったりすることに対して、「過度に依存」「社会的技能が低い」といった記述でもって説明の代わりとするのではなく、このような外見が成立するメカニズムを示すようなしかたで、市井のバタラーたちの独特の現実感覚を研究する必要がある。このようなタイプの現実感覚に対して最も大きな説明力を有するのは、ホルツワース・マンロウらが採用しなかった人格障害モデルである。

たしかに、精神医学的な人格障害（personality disorder）の診断は、その傾向が極端で通常の社会生活を営むことが極めて困難とみなされる場合にしかなされない（The American Psychiatric Association, 1994）[12]。医療教育の場で「学んだばかりの障害の記述に従って自分や家族を見てしまう傾向」は「医学生症候群」と呼ばれる。しかしそれほど、人格障害のメカニズムについての説明モデルは、ほとんどすべての人に程度の差はあれ当てはまる（Davison, Neale, 1994＝1998: 278）。**人格障害モデルの心的およびコミュニケーション的メカニズムは、精神医学的に人格障害と診断される人々によって典型的、集中的あるいは硬直的に生きられるが、それ以外の広範囲の人々にも多かれ少なかれ別様に生きられているのである。**市井のバタラーの大部分は精神医学的には（いかなる診断名もつかないという意味で）「正常」であり、ホルツワース・マンロウらがこれに人格障害概念を適用しないことは、診断学的には正しい。しかし人格障害のメカニズムは、市井のバタラー（を含めて広範囲の人々）を説明するためのモデルを抽出する素材として豊かな可能性を有している。人格障害研究から形式的に抽出された人格障害モデルは、特に従来の社会科学において「非合理的」「感情的」「逸脱的」などと記述されがちな社会‐心理現象を説明するのに役立つ。

以上の批判的検討から、ホルツワース・マンロウらの説とは別の理論的可能性が開けてくる。公的組織に把捉されがちなバタラー群と市井のバタラー群の両方が、多かれ少なかれ人格障害モデルの心理‐社会的形態を生きているとすれば、この両者の違いはどこにあるのだろうか。この違いは、人格障害モデルの心理‐社会的形態と保身や利益追求に関わる利害図式とを、機能的に連結させることに成功しているかどうかによって生じる、というのが筆者による代案である。ホルツワース・マンロウらの説とは反対に、市井のバタラー群は社会的技能に富んでおり、上記の連結に成功していることによって特徴づけられる。

以下、右で論じた批判的検討と理論的可能性を典型的に示す事例を4節で提示し、5節ではこの事例を参照しながらDV研究を導く分析枠組を提示する。

## 4　事例⑬

《A子からの聞き取り》　A子は同じ大学に通っていたB男（現在会計事務所を開業）と結婚した。B男はものしずかでおだやかな外見の人物であったから、結婚してからの態度にA子は驚いた。

後から考えてみればB男にはたしかに陰険なところがあった、とA子は思う。学生時代から目下の者（後輩）の態度にはうるさかった。たとえば、ちょっと雰囲気が気にくわない後輩に対して、突然逆上したことがあった。B男は、その後輩に対して罵声を浴びせながら、まわりにあるものを手当たり次第に投げつけた。堅くて大きいものを投げつけようとしたとき、まわりの人たちに制止された。その後、彼はまわりの人たちと飲みに行き、その後輩の態度があまりにも酷かったから、あのおだやかなB男が耐えられなくなった、という世論をつくってしまった。その後友人たちの間では、被害者の方の立場が悪くなった。

またB男は、自分が憎んでいた他の学生があるミスをおかした機会をとらえて悪い噂を流し、友人たちの間で居づらくし、彼を留年に追い込んだこともあった。

こういったB男の世論操作の巧妙さに、A子は感心した。

B男は女性と性的に親密になるための社会的技能を人並み以上にもちあわせていた。学生時代には「二股をかけていた」こともある。

卒業後、A子は保育園で働き、B男は会計士の資格を取り、会計事務所で働いた。B男の収入はかなりよかった。B男の意に反して、B男の母親（寡婦）は同居しなかった。

結婚後、B男はささいなことでA子に罵声を浴びせ、威嚇し、暴力をふるうようになった。ただし、怪我をしない程度に力を調節しており、あざができる以上の身体的損傷はなかった。頻繁になされるのは、罵声をあびせる、襟首をつかんでふりまわす、襟首をつかんで手をふりあげ威嚇する、襟首をつかんで壁や押入に押しあてたり、押しつけたりするといったことである。またB男は、テーブルをたたく、ものを投げるといったことも頻繁に行う。これらのことはA子にとっては、屈辱的で、かなり痛いが怪我はしない。めったにないことではあるが、B男が殴る蹴るといった暴力をふるい、A子が殺されると思ったこともあった。ただしこのような場合でも、身体的損傷はあざ程度であった。罵声をあびせるときには、テレビなどでヤクザが脅す場面にも似た、独特の発声法になる。

B男は会計事務所を開業するという目標をたて、A子とB男の両方の給料を合わせてその目標のために使うと決めた。そして、A子もB男も両方とも小遣いを月数万円と決めた。しかし実質的には、A子は金を自由に使うことができず、B男は好きなように使っていた。B男は友人と飲みに行き、後輩におごり、飲んでまわった。B男の遊興と散財には、業界で人間関係を築くという意味が与えられた。B男はA子を飲みに誘い、その代金をA子に払わせ、A子の「小遣い」を使い果たすようにしていた。いつのまにか、A子の収入であってもB男のものであり、「小遣い」以外の枠でA子の要望でA子が稼いだ金を使うときには、B男が「買ってあげ」ているということになった。さらに、「小遣い」の枠でものを買うときにも、A子はB男にうかがいを立てて許しをえなければならなくなった。

B男の後輩が「先輩はお金がなくなっても○○日（A子の給料日）に給料日だなんていいな」とうらやましがった。B男は周囲に対して、A子の金を自分の自由にしていると自慢していた。

以下でA子がB男との結婚生活において経験したいくつかの出来事についてみていこう。

新しい家に引っ越したとき、そこにはクーラーがなかった。A子は暑くて困ったが、B男の方はほとんど家にいないので困らなかった。A子はクーラー購入を提案した。B男は「背水の陣を敷いて、開業のために一生懸命になっているのに、金を使うことばかり言いやがって！」と怒鳴り、右頬を二回殴った。そしてB男はA子のワンピースの胸元をつかみ、自分は座卓の上に腰掛け、A子を座椅子に押しつけた。ワンピースが破れると、B男はA子の肋骨を拳骨でゴリゴリ押した。またB男は、「なんでおまえにそこまでしてやらなければならないんだ」と言った。A子が「自分のボーナスでクーラーを買わせてほしい」と言っても、B男は、「お前の稼ぎも貯蓄に回すことになっているんだから、必要のない物はいらない」、「お袋と同居したかったのに、お前のせいでこんな形の生活になって二人でこんなところで贅沢しているのだから、これ以上は必要ない。おまえにこれ以上してやる負い目はない」と言う。

あるときA子とB男が出かけたとき、A子は坂道を歩くのがつらくなり、「タクシーに乗ってもよいか」とB男に尋ねた。するとB男は「何もしないおまえがぜいたくいうな」と怒鳴った。B男は罵声をあびせながら、A子の襟首をつかんでふりまわしたり、突き飛ばして地べたに倒したり、殴ったりといったことを小一時間ほど続けた。A子は「やめて」と言ったがB男はやめなかった。通りの向かい側の民家からは住人がのぞいていた。

B男はしばしば友人と一緒に泥酔して帰宅し、A子が友人を泊めるのを嫌がると逆上した。

また食事時には次のようなことがあった。B男は食卓の揚げ物について「これは何か」と尋ねた。A子は「ひれかつ」と答えた。しかしB男が期待していたのは、皿の上のすべての品目をひとつひとつ答えることであった。それでB男は逆上した。

あるときA子は酔ったB男を車で迎えに行き、友人を自宅まで送った途中暗くて道がわかりにくい場所を通った。A子は運転を躊躇したがB男に命じられてアクセルを踏んだ。すると車は柔らかい土のところにはまり動けなくなった。通りかかった車に助けてもらった。その後A子に代わってB男が車を運転したが、その助けてくれた人の車にぶつけてしまった。B男はこれをA子がしたこととして処理した。また帰路、すべてはA子のせいだと怒った。A子が「命令したのはB男ではないか」と言うと、B男は逆上し、運転中に車を急発進・急停車させ続けてA子を怖がらせた。

B男はA子に向かって、「おまえは嫁であり、ピラミッドを支える底辺なのだから、君主には絶対服従だし、また、お前の意見など聞くはずもない。」「俺はこれから、お袋を頂点とするピラミッド型の家庭を作ろうと思っている。おまえはその底辺であり、お前の言うことが通るとは思うな。お袋とお前の関係が成立しなければ、俺とおまえの関係もないと思え」と言った。

B男は、勤め先で不快に思った女子社員の悪いうわさを流して辞めさせようとするといったことをよくした。あるときB男は、気にくわない女子社員にものを投げつけながら怒鳴り散らしているところを、他の従業員たちに目撃された。それで一時職場でのB男の評判が落ちた。B男はこのことにショックを受け落ち込んだ。B男はA子の仕事を休ませて、二人で温泉旅行に行った。A子はこれを「傷心旅行」と呼ぶ。その後、着実に「つきあい」による世論操作を行い、「女子社員の態度があまりにもわるいので、B男が怒るのもしかたがない」という世論をつくるのに成功した。その女子社員は別の部署に移った。

またあるときは、自分が所属する事務所の上司を憎み、社長に取り入り、一族経営の力関係を巧妙に利用してその上司に不利な噂を流し、「人格に問題がある」とされた上司を左遷させたこともあった。人脈をつくるのはかなり巧く、開業のめどもたった。開業が決まるとB男は浮き足立ち、だれかれかまわず誘っては毎日のように飲み歩いた。それを見ていた社長が「舞い上がるんじゃない」ととがめた。B男はその話をA子にしながら、社長を恐れてぶるぶる震えていた。B男はやがてその社長を憎み、開業するときに会社からかなりの引き抜きを行った。結局B男は業界でもうまく立ち回り、それなりの地位を築いている。

A子とB男は結婚六年目に離婚した。離婚するとき、B男は母親とA子を前にして「自分がいかによい夫であったか」を涙ながらに語った。B男の母親はA子に対して「あなたがわるいわね」と言った。その後、B男はA子についての悪い噂を流してまわり、A子は一部の親戚や大学時代の友人たちから次々と絶交された。離婚直後から、B男は別の女性と同棲を始めた。A子はDVの被害を争点とした民事訴訟を起こしたが、裁判官はDVを認めなかった。

## 5 市井のバタラーを特徴づけるもの
### ——全能図式と利害図式を機能的に連結する技能

3節で有用性を示唆した人格障害モデルのうちバタラーの分析に役立つのは、対人関係を用いて全能を追求していると思われるタイプの人格障害、すなわち境界性人格障害と自己愛性人格障害に対する研究の蓄積から引き出されるモデルである。第二章および第五章では、境界性人格障害と自己愛性人格障害の研究に有用なタイプの精神分析学の諸潮流から全能具現モデルを抽出した。

市井のバタラーも公的組織に把捉されがちな極端なバタラーも、性的パートナーに対する完全なコントロールに執着しており、ささいな意のままにならぬことに（しばしば被害感情をこめて）逆上する。こういった常識的にはきわめて「ひとりよがり」と感じられるバタラーの行動様式や現実感覚は、性的パートナーを「思いどおりにする」形態を〈具象〉とした全能具現を生きていることから生じるものである。

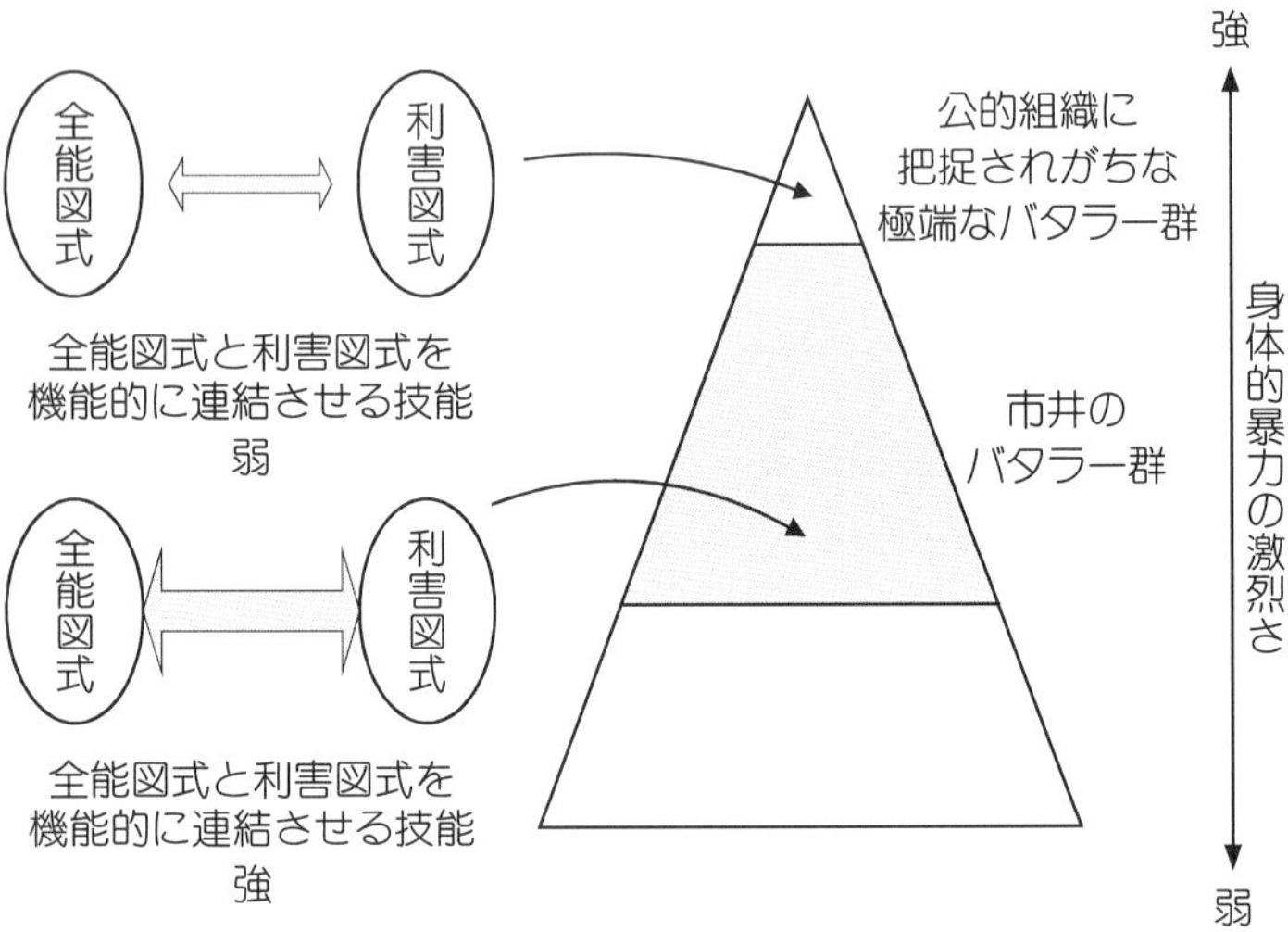


図7-1　市井のバタラーと極端なバタラーの比較

　さて、市井のバタラー群も公的組織に把捉されがちな極端なバタラー群も共に、完全な他者コントロールをめぐる全能を生きているとすれば、彼らを分かつものは何であろうか。たしかに、極端な物理的行為に及ぶバタラーは、そもそも全能追求傾向の激しさが違うと考えることができるかもしれない。しかし、戦争や民族紛争や法の及ばぬ閉鎖的な教室では「普通の人」がしばしばきわめて残忍な行為に及ぶことが知られている。決してすべてではないが一定数[14]の「普通の人」は、社会状況での利害計算の結果に応じて残酷な好みを巧みに顕在化させたり潜在化させたりできる。市井のバタラー群もこのような「普通の人」であると考えることができる。

　すなわち次のように考えることができる。人は、多かれ少なかれとらわれてしまうなんらかの全能体験図式と、保身や利益追求のための利害図式の二つを同時並行的に生きている。そして、この全能図式と利害図式を機能的に連結させる技能に富んだ人と、この技能に乏しい人がいる。市井のバタラーは、完全な他者コントロールをめぐる全能図式と保身や利益追求のための利害図式とを機能的に連結する技能に富んでいる。それに対して、公的組織に把捉されがちな極端なバタラーは、このふたつの図式を機能的に連結する技能に乏しい（図7-1）。

上記の観点からみられた市井のバタラーの典型例が、4節で提示した事例のB男である。

B男は、通常の社会生活の場面では、他者コントロールをめぐる全能図式を潜在化させており、そのため、おだやかな外見の人物で通っている。しかし全能体験のニーズは強く、大学であろうと職場であろうと家庭であろうと、保身のための社会的技能が通用する範囲内で、最大限に全能体験図式を活性化しようとする。たとえばB男は、後輩や女子社員に対し、保身のための技能の範囲内で激昂し、いやがらせを行う。しかし、大学や職場ではできることが限られている。もし限られていなければ、家庭で行ったような相対的に激しい行為に至ったであろう。家庭でも、病院で診断や検死をされるようなことにならないよう注意をはらいながら、その範囲内で最大限妻を脅かし苦痛を与える工夫がなされている。彼は日々怒りに身を任せて激昂しているようにみえるが、非行少年がよくやるような「なにも考えずに思う存分ボコボコに殴る」といったことを、一度もしていない。夫婦が密室で共同生活をしていたことを考えると、このことはB男の高い自己コントロール能力を示しているといえるだろう。日常的ともいえる彼の激昂の振る舞いは、計算ずくであり創意工夫に満ちている。肋骨の起伏を拳骨でゴリゴリ押すといったことは、怒りに我を忘れたときに思いつけるものではない。怪我をさせない範囲内で最大限のオーバーアクションを工夫して妻を脅かすゲームにおいて、（泥酔した状態でありながら）とっさに自動車の急発進急停車を思いついて実行する技能は、衝動的な「乱暴者」には存在しない。また、完全なコントロールによる全能体験をしやすくする環境整備のために妻の経済的自由を奪う営為と、自分の収入を増やす利害計算上の営為とが、自営業モデルの家計の合併を上手に用いた策略によって同時になされている。さらに、おごらせて金を使い果たさせるといった細かい技もこまめに用いている。

彼が激しく後悔し狼狽する（そして深く傷つく）のは、全能体験図式と利害図式を機能的に連結して「うまくやりおおせる」自分の技能が狂いを見せたときである。一見倫理性が全く存在しないように見えるB男にとって唯一の倫理は、自分に対して「世渡りをうまくやりおおせる」という約束を果たすことであるかのように思われる(15)。

B男は市井のバタラーであるが、ホルツワース・マンロウらが主張するような「妻に依存した」「妻がすべて」タイプではなく、また妻に対する社会的技能が劣っているわけでもない。離婚が決まり、完全な他者コントロールの図式による全能体験の素材としてA子を使用できなくなると、B男は即座に別の女性を調達して同棲を始めている。これを、「依存」する相手を絶えず必要としているととらえることもできるが、「依存」すら技能的に処理できると考えることもできる。

B男のように機会をめざとくとらえ、計算ずくで悪のりするタイプは、絶望的になって損得を考えずに暴力的になるタイプとちがって、利害構造を上手に設計することでおとなしくさせることができる（ただし「こころ」を変えることは容易ではない）。怪我をしない程度のDVでも被害者が高額の慰謝料をとることができる社会状況であれば、B男はもっとおとなしくしていたであろう。

全能図式と利害図式を機能的に連結させる技能を十分に身につけており、利害図式に応じて全能図式の活性状況を伸縮させるタイプの人口の方が、この連結技能が弱く損得抜きに全能図式に従って行動してしまうタイプの人口より、多数を占める（図7－1）。DVの教科書で典型例として描かれる「大けがをさせる」夫はDVの少数派であり、多数派のDV加害者は「ことが大きくならない範囲でうまくやっている」と思われる。しかし「うまくやっている」DVの被害者の傷つきも小規模だとは決していえない。A子がB男にされ続けたような迫害は、長期にわたって反復されると、一過性の大暴力の被害以上のダメージになりうる。人口的には、教科書的な大暴力の被害者よりも、A子のような被害者の方がはるかに多いと思われる。

これからのDV研究は、バタラーによる全能図式と利害図式の機能的連結の技能という分析枠組に従って、「ことが大きくならない範囲でうまくやっている」タイプのバタラーとその加害抑止を主要な研究対象としていく必要がある。

［注］

（1）domestic violence の語義は、家庭内の暴力という字義通りの意味から、「『親密な』関係における男性から女性への暴力」というより限定された意味へと推移してきた（「夫（恋人）からの暴力」調査研究会、一九九八、一〇、一四ページ）。もともとの広い意味での家庭内暴力には、family violence の語があてられる（井上、一九九九、一四八ページ）

（2）究極的な価値の拠点を個の尊厳から伝統やコミュニティの尊厳に奪い返そうとする代表的な論客であるテイラー（Taylor, C.）は、自説を展開するために、西洋近代以外の人びとの観点からは「個人の権利を基礎として議論をすすめようとする考えそのものが、奇妙でわけのわからないもの」であるだろうことを援用する（Taylor, 1985＝1994: 194–195）。現在の先進諸国では、この「奇妙でわけのわからない」価値が、男性が妻や子を殴ることが問題化されるほどまでに高まったのである。

(3) たとえば一九九九年の新刊だけでも、[草柳、一九九九]、[鈴木・後藤、一九九九]、[鈴木・石川、一九九九]、[梶山、一九九九]、[吉廣、一九九九]、[日本DV防止・情報センター編、一九九九(a)、一九九九(b)]、といったものが挙げられる。

(4) たとえば一九九九年五月二六日、大阪地方裁判所が妻に殴るけるを繰り返していた男性に懲役一年六カ月の実刑判決を下した(毎日新聞社、一九九九・六・一六)。

(5) たとえば[Walker, 1979]は、この初期段階の要請に応えたもっとも優れた業績であろう。

(6) たとえば医学系の論文検索システムMedlineを「domestic violence」でキーワード検索すると一一八四件ヒットした(一九九九・一一)。医学系を含めた全学問領域における業績数は膨大なものになると思われる。

(7) 人格障害については[The American Psychiatric Association, 1994]、[福島、一九九三、一九九八]を参照。

(8) 反社会性人格障害によるドメスティック・ヴァイオレンスの典型的なケースとしては例えばSpitzer, Gibbon, Skodol et al. (1994 = 1996: 107-111)を参照。

(9) サイコパシーは、ドイツ系の用法とアメリカ系の用法が錯綜した歴史的な概念である。ドイツ系の概念は「精神病質」と訳され、現在の人格障害概念と大まかに重なっている。アメリカ系の概念は「サイコパス」と訳され、反社会性人格障害概念の下敷きとなっていると同時に、現在でもそのまま用いられている(生地、一九九八)。ホルツワース・マンロウらは、サイコパシーを後者の意味で用いている。

(10) さらにこの三次元のうち(a)(b)と(c)とは理論的水準が異なっており、均質にならべること自体にいかなる意味があるのか疑問である。

(11)「社会的技能が低いから妻を殴る」という説明は、妻を殴れば社会的技能が低いとカウントしている場合には無意味となる。ホルツワース・マンロウらは社会的技能を判定する方法についての詳細を示していないので、この疑問点については保留しておくしかない。

(12) この程度に至らないものは人格傾向 (personality trait) と呼ばれる (福島、一九九三、三八二ページ)。

(13) 一九九九年一〇月から一一月にかけて、A子に対してインタビューを行った。被害者・加害者双方のプライバシー保護のために、事実関係を大幅に改変した。A子の許可を得て掲載した。

(14) 民族共同体主義が荒れ狂ったルワンダやボスニア・ヘルツェゴビナ、あるいは魔女狩りや文革や日本の学校共同体のようなケースは、この「一定数」がかなり多いことを示唆している。

(15) 「うまくやりおおせる」タフの全能具現については、第二章6節を参照されたい。

# 第八章　自由な社会の構想

# はじめに

これまで学校のいじめに焦点を当てながら、中間集団全体主義の状態を、ミクロ・メゾ・マクロ統合的に扱ってきた。すなわち、まず心理水準（ミクロ）と集団水準（メゾ）を接合するＩＰＳという理論枠組のもとで、さまざまな心理‐社会接合的なメカニズムやローカル秩序を分析した。そして何万人・何億人の規模で行われる制度・政策をマクロ環境とし、その環境の効果のもとで、上記の心理‐社会接合的なメカニズム群や秩序状態群が生態学的に蔓延したり退縮したりするミクロ・メゾ・マクロ統合理論を提出した。中間集団全体主義は、この生態学的なダイナミズムの、一つのありうる状態として起こる。

第三章では、心理‐社会的なメカニズム群や秩序状態群の生態学的な布置の変化をみこして、その制度・政策的マクロ環境をコントロールする生態学的政策論を示した。そして、学校共同体主義の制度・

政策のもとで構造的に強いられる心理‐社会的な隷従生活を詳細に分析した。その次に行うことは、若い人たちをこの隷従生活から救い出すための制度・政策的な改革案を提出することである。

この改革案には、短期的なものと中長期的なものの二タイプがある。根本的な問題解決のためには中長期的な政策が必要となる。中間集団全体主義をはびこらせる学校共同体主義の教育制度を原理的なところから変革し、新たな教育制度をうち立て定着させるには、最短でも数年から十数年の時間がかかるであろう。この移行期に苦しむ人たちのことを考えれば、中長期的政策を敷くあいだに、短期的政策をも同時並行的に行う必要がある。

第三章では、現存の学校制度の枠内で、いじめ問題に対して「そこそこ効果がある」短期的な政策を提言した。本書では最後に、いじめ問題、およびいじめとその不安が明るみに出す中間集団全体主義問題を解決し、若い人たちがそれぞれの生のスタイルを獲得しながら自由な市民として成長していく生活環境を保障するための、中長期的な教育制度改革案を提出する。

これは、明治の学制以降一〇〇年の教育政策をいわばスクラップ・アンド・ビルドする、自由な社会の構想による教育改革である。この改革はもはや単なる個別の問題解決案にはとどまらない。それは自由の原理によって組織された、二一世紀日本の新たな教育制度の青写真である。したがって、その原理のところから説明する必要がある。

まず第八章ではリベラリズムの原理による自由な社会の構想を示す。次の第九章で、この構想にもとづく新たな教育制度案を提示する。

# 1　ノージックによる自由な社会の構想

筆者による自由な社会の構想は、『アナーキー・国家・ユートピア』（Nozick, R. 1974＝1998: 503-504）の第一〇章と部分的に似ており、別の部分で異なっている。本章の構想はノージックを知る前から温めていたものであるが、この著作はすでに一九七四年に出されており、本章3節における共通部分のオリジナリティはノージックにある。本章ではまず1節で筆者の構想と近接したノージックの説を紹介し、2節でそれに批判的検討を加え、3節で筆者の構想を示す。

ノージックは、万人にあてはまる最善の生や社会状態が存在しそうにないことを、膨大な名前の羅列によって示した。すなわち彼は、ウィトゲンシュタイン、エリザベス・テイラー、バートランド・ラッセル、ピカソ、モーゼ、アインシュタイン、ソクラテス、ヘンリー・フォード、ババ・ラムダス、ガンジー、エドマンド・ヒラリー卿、釈迦、フランク・シナトラ、コロンブス、フロイト、エジソン、あなた、あなたの両親などの多彩な名前を挙げ、「これらの人びとの各々にとって最善であるような一種類の生や社会状態が、実際にあるだろうか」と問う。そして「全員が住むべき最善の社会が一つある、という考えは、私には信じられないものに見える」と述べる（Nozick, R. 1974＝1998: 503-504）。

ノージックは、多種多様な善い生と社会状態が殲滅《せんめつ》し合うことなく発展を遂げるための共通基盤を要請する。彼はこれをユートピアの枠とよぶ。それは複数のユートピア実験が試される大枠としての、メタ・ユートピアとでもいうべき環境である。この枠の具体的内実は、他のタイプのユートピアに対する攻撃を禁止し、各ユートピアに対する個人の選択権と移動の自由を保障するといったことである。この枠の中でさまざまなユートピアが平和共存し、人々はそれらを自由に出たり入ったりできる。ここでさまざまなユートピアは社会に散在する共同体（コミュニティ）の姿で描かれている（Nozick, R. 1974＝1998: 505-506, 512-513）。

さてノージックは、上記の枠が作用して多種多様な生と社会のスタイルが形づくられるメカニズムとして、濾過法（filter devices）を提出する。濾過法とは、一定の不適格な条件だけをフィルターで濾過して除去する手続きである。この濾過手続きは、次のようなものである。他の善い生と社会状態を追求する他者たちの自由を侵害したり攻撃を加えたりすることを禁止する。人びとはさまざまな社会状態を自由に選択したり拒否したり脱退したりできる。このことは、個人に自由を与えるのみならず、さまざまな善い生と社会状態に魅力という淘汰圧をかける。つまりノージックのフィルターは、①暴力と囲い込みの禁止と②魅力による淘汰という二つのメカニズムから成っている。

暴力と囲い込みを禁止したうえで魅力によってさまざまなユートピアが生成・淘汰されるダイナミズムの結果、何が生み出されてくるかは予測不能である。ノージックによれば、「濾過手続きは、限られた知識しか持たず求められている最終的産物の性質を厳密には知らない企画者にとって、特にふさわしい手続である」。彼はそれを次のように進化になぞらえる。「進化は、自分がどんな生物を創造したいかを厳密には知らないある慎み深い神が適切にも採用した生物創造の手続、なのである」。(Nozick, R. 1974＝1998: 507〜513)

またノージックによれば、このユートピアの枠のなかで引き起こされる生成のダイナミズムは、「フィルターと生き残る生成過程の産物との間の相互改善作用を組み込ん」でいる。新しい魅力的な生成産物のなかで魅力のハードルはさらに高くなり、以前は最善だったパタンが次の時点では捨てられる。この淘汰のメカニズムは、魅力的なコミュニティを生み出しながら人々に提供する方法として、非常に優れたものである (Nozick, R. 1974＝1998: 513-515)。

以上ノージック説を紹介した。次に2節でノージックに批判的検討を加えながら、きずなユニットという概念を提出し、その後3節で筆者による自由な社会の構想を提示する。

## 2　多元的共同体主義から多様なきずなユニット群のリベラリズムへ

筆者の構想はノージックと根幹的な論理がかなり共通している。ただし決定的に異なるところから、別々の道へと分岐していく。

まず、『アナーキー・国家・ユートピア』の第一〇章以外の箇所で展開されている、最小国家論や反福祉主義には筆者は同意できない。暴力と囲い込みを禁止し、個人による自由な選択を実質的に確保するには、最小国家ではなく中規模の政府が必要とされるだろう。自由な選択のためのライフチャンスを万人に確保するのは、アメリカ的なリバタリアン政府ではなく、ヨーロッパ（たとえばオランダ、フランス、ドイツ、デンマーク）的なリベラル政府の方である。低所得者が医療を受けられずに死んだりホームレスになったりする（あるいはその不安が日々の生活をおおいつくす）レーガン式の小さな政府で、個人の自由な選択のためのライフチャンスが実質的に確保されるとはとうてい考えられない。このことは筆者が第九章で展開する教育チケット制による自由な福祉主義と関連してくるだろう。

またノージックは、濾過法のモデルを、自由な社会の枠のなかでさまざまな善い生と社会状態が共存しながら成長する共通基盤としてだけ考察した。しかし濾過法は、自由な社会の枠にとどまらない、多種多様なメカニズムのモデルとなりうる。たとえば本書で論じた共同体主義の学校制度は、市民社会の論理と移動の自由を不適格なものとしてフィルターで除去し、その枠内で生き延びるために試行錯誤する人々の自然発生的な自治によって、独特の政治と〈祝祭〉の多様なスタイルが生成する濾過法である。そこでは狡猾や嗜虐や威嚇や保身や残酷や卑屈の多様なアートが進化する。濾過法にはさまざまなタイプがあり、そのタイプを指定する必要がある。ノージックの濾過法は、理論的には筆者による生態学モデルに吸収される。

さらにノージックの社会構想において、自由に選択される単位として指定されるのは、ユートピアと名づけられた共同体（コミュニティ）だけである。これは過度に共同体主義にひきずられた構図になっている。筆者がノージックに最も同意できないのは、この点である。

人は何らかのしかたで自己感覚を関係に埋め込んで生きる。その自己構成的な関係をきずなと呼ぶとすれば、そのきずなのユニットにはさまざまなタイプが考えられる。たとえばきずなユニットには、対（カップル）、家族、友人、職場、学校、教団、共同体、地域、民族、国家、さらには個人の心理的あるいは身体感覚的断片間の関係、自然との関係など(1)、多種多様なものが考えられる。さらにきずなを定義する自己感覚にはさまざまなタイプがあり(2)、これを上記の媒体による分類とクロスすれば、きずなユニットのタイプはさらに増大する。共同体は、考えられる多種多様なきずなユニットの中の一つのタイプにすぎない。

実際に一人一人に目を向けてみれば、どのような自己感覚がどのようなきずなに支えられて存立しているかは、各人によって驚くほどまちまちである。さらに、多種多様なきずなユニット群のウェイトづけや、場面場面で陰影づけられたそれらの濃淡の動きや組織化の様式は十人十色である。

きずなユニットの集合をXとすれば、X＝｛$x_1$（自然）、$x_2$（個体内部的断片結合）、$x_3$（対（カップル））、$x_4$（家族）、$x_5$（学校）、$x_6$（会社）、$x_7$（共同体）、$x_8$（地域コミュニティ）、$x_9$（労働者階級）、$x_{10}$（教団）、$x_{11}$（民族）、$x_{12}$（国家）……｝といったふうに表現できる。ところがある特定の善い生を万人に押しつける$x_n$主義者たちは、Xのうち特定の$x_n$（たとえば、家族、学校、共同体、国家など）のきずなを、きずな全般と等置する。そしてその特定の$x_n$のきずなにウェイトを置かなかったり、それ以外のきずなに重点をおいていたりする人たちを、「砂つぶのような個人」「根無し草」「孤立化の病理」「アトミズム」といったぐあいに、きずなそのものが欠損した生を生きる者と決めつける。

このような誤りをおかさない（あるいはこのような決めつけを許容しない）ためには、関係に埋め込まれた自己なるものを論じるときには、家族とか共同体とか国家とかの特殊な概念ではなく、きずなユニットという広い概念を用いるべきである。

ノージックはその自由な社会の構想において、試行錯誤される単位をコミュニティとしてのユートピアと狭く規定したために、善い生の多様性という最初の前提を裏切ることになってしまった。人間の多種多様性から出発したノージックの論理は、整合的に展開すれば多様なきずなユニット群のリベラリズムに行き着くはずである。しかしノージック自身は、多元的共同体主義の方向に逸れてしまった[3]。

## 3　自由な社会の構想

以下では、第九章で提示する教育改革案の基底的論理となる、自由な社会の構想を示そう。

すべての人にとって望ましい一種類の生のスタイルやきずなは存在しない。現実の人間の姿は次のようなものである。

Aさんにとって「このおかげで生まれてきてよかった」と思えるすばらしいものは、Bさんにとっては醜悪きわまりない。Bさんが命がけで守ろうとしている価値は、Cさんにとってはおぞましい野蛮人の習俗である。Cさんにとっての幸福は、Dさんにとっては退屈な牢獄以外の何ものでもない。Dさんが「生きている」と感じるきらめきの瞬間瞬間は、Eさんにとっては底冷えのするようなウソの世界である。

こういったAさん、Bさん、Cさん、Dさん、Eさん……が、共通の望ましい生き方（共通善）を無理強いされることなく、それぞれにとっての望ましい生のスタイルときずなを生きることができる社会状態が、望ましい社会状態である。

このような社会状態は、放っておけばおのずからできあがる、というものではない。一人一人が自由に生き、さまざまな善い生のスタイルときずなが殲滅《せんめつ》し合うことなく発展を遂げるためには、しっかりした社会的インフラストラクチャーが必要である。このインフラの役割は、他のスタイルを生きる人に対する攻撃を禁止し、個人の選択と移動の自由を実質的に保障するといったことだ。

リベラリズムによる政策は、構造的な力関係によって人格的な隷属を引き起こしやすい社会領域（学校・会社・家族・地域社会・宗教団体・軍隊……）に対して、個の自由と尊厳を確保しやすくするための制度的な介入のしくみをはりめぐらせる。また人々がさまざまなライフチャンスにアクセスする権利を保障しなければならない。そのためには中程度の規模の政府が必要になる。

もちろん、この自由のインフラは、好みのコスモロジーが人間界を覆いつくしていて欲しいという欲望によって他人を強制的にコントロールすることでアイデンティティを保っている者にも強制する。リベラリズムは他人の自由を侵害する自由をみとめず、それを徹底的に阻止する。

その意味で自由な社会は、次のようなタイプの人には都合が悪い社会である。たとえば、自分を中心とした勢力の場に他人を巻き込んだりコントロールしたりして、強大なパワーを感じたい人がいる。こういう権勢欲の人たちは、自分が苦労して牛耳った集団のノリの中で浮き上がったまま堂々としている個人をみると攻撃せずにはいられない。あるいは、人間はかくあるべきという共通善に関する思い込みをもっていて、その信念に反する人々が存在するのを目にすること自体が耐え難いと言う人がいる。こういう人は、若い人がチャパツで学校や街を歩いていたり、電車の中でキスしていたりするのを見かけるだけで、被害感と憎悪でいっぱいになる。こういう人たちには不快な思いをしてもらうことになる。自由な社会では、互いに相容れない多様な生のスタイルを生きる人たちが、平和に共存しなければならない（他人への迫害は厳しく禁止される）。だから街や職場や学校で、肯定的に受けとめることができない別のタイプの生を生きる人たちが存在しているのを、いつも目にして生きることになる。自由な社会では、このことだけは我慢しなければならない。

それに対して特定の共同体が強いられる場合、特定の生のスタイルが共通善として強いられ、それ以外の多様な生のスタイルが絶滅させられがちである。そして個々人には次のようなきわめて耐え難い事態が降りかかってくる。

①自分の好みの生のスタイルを共通善の玉座にすえるための陰惨な殲滅戦。
②主流派になれなかった場合には、自分の目からは醜悪としか思えない共通善への屈従（へつらいの人生）を生きなければならない苦しみ。さらには、
③「われわれの特定の善なる共同世界を共に生きる」ために自分を嫌いになってまで、その共通善に「自発的」に悦服している「かのように」おのれの人格を加工しなければならない（いわば魂の深いところからの精神的売春を強制される）屈辱と絶望。

こういった共同体が強制される苦しみと比較して、自由な社会で強制されるのは、なじめない者の存在を許す我慢（寛容）だけである。「存在を許す」というのは、攻撃しないという意味であって、「なかよくする」のとは違う。むしろ「なかよく」しない権利が保障されるからこそ、「存在を許す」ことが

可能になる。
自由な社会では、攻撃することは許されないが、嫌悪を感じる者とのあいだに距離をとる権利（あるいは生々しいつきあいを拒絶する権利）が保障される。自分にとって醜悪な者が大手を振って生きているのを見ることに耐えなければならないだけで、自分がそのスタイルに巻き込まれる心配はない。この安全保障が、人間社会に絶えず自然発生し続ける憎悪と迫害の力を弱め、一人一人が自分なりのしかたで美しく生きる試みを可能にする。

ここで自由の秩序ということを考えてみよう。自由は、人が誇りをもってそれぞれの生を美しく生きるためになくてはならないものであると同時に、多種多様な相容れない生のスタイルを生きる人々が、「なかよく」しなくても共存できるようにする社会の秩序原理でもある。「存在を許す」自由の秩序は、「なかよく」しなくても安心して暮らせるしくみである。

ところで、このような自由の原則を社会に行きわたらせるためには、理念を語るだけではなく、社会制作の具体的な方針を立てる必要がある。

最も重要な方針は、他者コントロールによって全能を体験するチャンスと、生活環境の利害図式（特に権力図式）を、構造的に一致させないようにすることである。他者コントロールによる全能をむさぼる人たちの集団心理‐利害闘争について詳細に研究するのは、制度・政策的に生態学的環境条件を変えて、彼らが他者コントロールの全能をむさぼるチャンス空間をミクロ・メゾ・マクロ接合的に破砕する社会設計のためである。

具体的な枠組としては、たとえば次の二点が重要である(4)。

①人々を狭い閉鎖空間に囲い込むマクロ条件を変えて、生活圏の規模と流動性を拡大すること。
②公私を峻別し、こころや態度を問題にしない、客観的で普遍的なルールによる支配。

狭い交際圏では人格的隷従から逃れようがない。自由に移動できる広い交際圏があってはじめて、ある人間関係が酷いものであった場合に縁を切ったり薄めたりしながら、別の人間関係へ重点を移すことができる。

公私の峻別については、たとえば仕事や勉強をすること（公）と「なかよく」すること（私）を峻別する社会システムのなかで、はじめて個の人格権が保障される。「なかよく」しなければ仕事や勉強にならない社会では、生きていくために「へつらう」、つまり上位者や有力なグループに自分の生のスタイルを引き渡さざるをえない。それに対して公私の明確な峻別は、職務や認定試験の公的基準に達していれば、私的な感情を売り渡して「なかよく」しなくても身の安全が保障されるという安心感を与える。この安全保障が、卑屈にならなくても生きていける人格権保護の最低ラインである。

支配は、こころを問題にしない客観的で普遍的なルールによって行われる必要がある。ルールが客観的で普遍的なものになればなるほど、他者コントロールによる全能を享受するのがむずかしくなる。また、普遍的なルールの支配に従う者は、人格のごく一部、それも外形的な乾いた部分だけを服従に充てることができる。「みんなとなかよくしろ」「おれ（たち）の気分のいいようにしろ」といった全人的な配慮の支配はきわめて屈辱的で耐え難いのに対して、「一定以上の収入があれば税金を払え」とか「医者になりたければ国家試験に合格しろ」といった普遍的なルールによる支配は耐えやすいものだ。

こういう普遍的なルールの支配は、人間の憎悪と妬みと悪意に満ちた邪悪な部分に、出る幕を与えない傾向がある。そして「悪ずるい」政治的な能力の出る幕を減らす。

もちろん普遍的で客観的なルールといっても、それを狭い人間関係の自治で決めてはならない。また運用も恣意的であってはならない。たとえばヒトラーの父親は小役人をしていて、日ごろ憎んでいる人物に不利になるように役所のルールを運用したという。こういうことは世の中にあふれかえっている。特に利益分配あるいは利権配分、そして公共的なサービスの運営やメンバーの処罰にかかわることについては、仲間内の自治をさせないことが大切である。普遍的なルールは個々の人間関係を超えた広い公共圏で民主的な手続きによって定め、運用の恣意性を排除するためのチェック機構を張りめぐらす必要がある。

たしかに、国家権力の暴虐や中間集団による人権侵害（そして地震や火災）などに対して自治的な団結をすることは大切であるが。しかし組織の私物化的な運営や財の分配やボス支配のための自治を許してはならない。これら二つの自治は、まったく別物である。

さて、これまで述べてきたリベラリズムの主張は、なぜか「きずなをバラバラにするものだ」といった誤解を受けやすい。

こういう誤解は、「きずな」なるものを単数で（しかも宿命的に）イメージすることから来る。「たとえ屈従的なきずな（単数）であっても、それが現に生きられているかぎり、まったくきずな（単数）が存在しないよりはましだ。なぜならば、自己はきずな（単数）によって位置ある自己として成立し、きずな（単数）がなくなれば、ひとは屈従状態よりもおそろしい真空状態（無）を生きることになるからだ。人は砂粒として無であるよりは、むしろ同胞と共に奴隷であることの方を選ぶ」、というわけである。

もちろんこのような考え方は事実に反する。確かに自己が何らかのきずなに支えられていることは確かだが、その**きずなと自己のセット**を単数で考えるのは誤りである。さまざまな生活環境で、多種多様なタイプのきずなと自己のセット（複数）が生態学的にせめぎあっているのが、実際の姿である。そしてあるタイプのきずなと自己のセットが衰退することは、別のタイプのきずなと自己のセットが繁茂することを意味する。重度の精神病でもない限りは、きずなと自己のセットそのものが失われること（真空状態）などありえない。

重要なことは、きずなと自己の様々なセットがせめぎあう動態の、生態学的な環境条件が、いかなるものであるかということだ。強制的な共同体では囲い込みと迫害の淘汰圧によって、きずなと自己のセットの生態学的布置が決定される。それに対して自由な社会では、魅力と幸福感による淘汰によって、一人一人にフィットしたきずなと自己のスタイルが洗練され進化していく（きずなと自己のセットのスタイルを、生のスタイルと呼ぼう）。

リベラルなインフラストラクチャーによる環境の作用は、単に悪いもの（迫害や囲い込み）を排除する効果があるだけではない。このインフラ条件が可能にする自由な生活環境のなかで、幸福を追求する人々が新たなスタイルを工夫したり、模倣したり、「いっしょにやろう」と誘惑したり、失望して撤退したりする試行錯誤の積み重ねによって、多種多様なきずなと自己のスタイルが生成し、洗練され、繁茂する（**試行錯誤的な交錯による生のスタイルの多様化と洗練**）。

魅力と幸福感による淘汰の場合、ある時点で淘汰のハードル（複数）を通過した生のスタイル（複数）が試行錯誤的に交錯し、さらなる生のスタイルの多様化と洗練をもたらす。このことによって、より高い魅力の基準（複数）が多様に分岐・創設され、次の時点での第二次淘汰の際には、第一次淘汰を通過した生のスタイルがふるい落とされる。この第二次淘汰のハードル（複数）をくぐり抜けた生のスタイル（複数）の試行錯誤的交錯が、さらに新しい多様化と洗練をもたらし、さらに高い魅力と幸福感のハードルを分岐・創設し……、という繰り返しが続く[5]。

このように、魅力と幸福感による淘汰は、生のスタイルの選択肢空間をますます複雑で魅力的で贅沢なものにしていく。このことは愛や信頼や倫理や快楽やきずなに関する、洗練されたスタイルの享受可能性の増大を意味する。生のスタイルを自由に選べる人間は、高貴さや美や愛やきずなの質に関して贅沢になり、自己の尊厳の感覚が染みつき、完成度の低いものをますます愛さなくなる。こうして人間世界と人格は多元的に洗練されていく。

これは、市場競争のような印象を与えるかもしれない。しかし問題は、①何が淘汰されるのか（淘汰単位）、②何によって淘汰が起こるのか（淘汰媒体）、③淘汰の受益者は誰か（受益主体）ということである。

かつての野蛮な優勝劣敗モデルは淘汰される単位が個々の人間であり、また想定された淘汰の受益者は個々人ではなく全体であった。

これに対して自由な社会では、淘汰されるのは個々の人間ではなく、自己やコミュニケーションやきずなのスタイル（生のスタイル）である。この淘汰は魅力と幸福感を媒体とする。そして淘汰の受益者は、磨き上げられたスタイルを享受しながら多様に成長することができる自由な個々人である。

自由は、人間の尊厳を支える大切な価値の一つであると同時に、各人にとっての十人十色の高貴さ（それぞれの生のスタイルの完成度の高さ）を可能にする、成長促進的な生態学的環境条件でもある。

このように生のスタイルの完成度を高めていくことは、自分に馴染んでいくことでもある。たとえば自分はなにが好きでなにが嫌いか、なにを愛しなにを憎むか、どんなときに幸福でどんな場合に不幸か……、といったことがぴたっと身についていて、それに従って動いていると的確に幸福感がわいてくる――こういう状態を、自分に馴染んでいる状態と呼ぶことができる。自分に馴染んだ生活をしているとき、その人は幸福である。

自分が感じる魅力や幸福感によって、他者との距離の調節を自由に繰り返すことで、自分（が他者とともにある馴染みの存在様式）がわかってくる。こういう距離の調節の繰り返しは、自分を知る旅のようなものだ。この旅の目的は、自分に馴染むことだ。自分はなにが好きでなにが嫌いか、自分はなにを愛しなにを憎むか、どんなときに幸福でどんなときに不幸かを確かめながら、馴染みのスタイル（複数）をつくりあげる。(6)

さらにいうと、自分というものは最初からできあがっているものではなく、こういう自分を知る旅をしながら、発見される瞬間瞬間にできあがっていくものである。

確固とした自己ができあがっていない者に自由を与えるのは危険だという論もあるが、逆である。大人も子どもも確固とした自己などないからこそ、いつも魅力と幸福感を羅針盤とする自由の旅を繰り返しながら、自分に馴染むスタイルの調整をしつづける必要がある。そしてこの調整によって「たしかな自己」という虚構を、生きるために必要な虚構として成立させることが可能になる。

特定の共同体を強制されない自由な生活環境であればあるほど、人は安心して、そして思う存分、他者と共に生きる試行錯誤の旅をすることができる。つまり魅力と幸福感に導かれて自由にあちこちフラフラ（遊動）しながら、さまざまな仕方で他者との関係に自己感覚を埋め込む（着床する）試行錯誤を繰り返す。このことによって、それぞれが十人十色のしかたで自分と世界に馴染んでいく。またこのようにして、人々は深く自己感覚を埋め込んだきずなをむすぶ能力を獲得していく。このような遊動と着床の積み重ねによって、人々はオーダー・メイドの自己形成ときずな形成を遂げる[7]。このような自由の旅において、遊動と着床（自由ときずな）は相克するのではなく相乗しあうものである。この相乗するループを〈**遊動‐着床**〉と呼ぶ。

多くの人々の〈遊動‐着床〉の積み重ねから、生活圏はさまざまなきずなユニットで満たされる。広い生活圏に自生する多様なきずなユニット群は、魅力と幸福感によって淘汰され進化する。そしてこの淘汰と進化の受益者は、一人一人の人間である。

最後に行政の役割を指摘する。行政は、さまざまな生のスタイルやきずなユニットの魅力による淘汰と進化と多様化が十全に展開するような生態学的な大枠としての、自由な空間を設定したり維持したりする役割を担う。これを、個々の要素の形態や振る舞いを指定しつつ組織する通常の設計に対して、生態学的な枠の設計、あるいは生態学的設計と呼ぼう。

この大枠のなかで、どのような善い生やきずなや「人間像」が発生し、展開し、多様化するかは、生態学的環境設計者にも**わからない**。むしろ環境設計者としては、何が善い生であるかを追求したり指定したりしては**ならない**。行政は、**さまざまな生のスタイルやきずなユニットの生態学的布置が、囲い込みや脅しや不安によってではなく、人々が魅力と幸福感による試行錯誤を繰り返した結果であり、また魅力と幸福感による将来の展開可能性に開かれているのであれば、「それでよし」とする。**

このように魅力と幸福感を媒体として人間の不透明な豊饒化を可能にする、自由の環境秩序を、細心の注意を払って保持するのが、生態学的環境設計者としての行政の仕事だ。たとえば行政は、自由な〈遊動‐着床〉のライフチャンスを万人に提供する責任を有する[8]。たとえば行政は、街を〈遊動‐着床〉

の誘惑空間と化する都市計画を行う(9)。

行政がこれらの責任を十分に果たしているかどうかが、選挙の大きな争点となる。行政は、いわばさまざまな生のスタイルやきずなユニットが共存する自由の雑木林(10)の多様性を守るエコロジストとしてちゃんと働いているかどうかを、市民によってチェックされる。市民はその仕事ぶりをチェックしながら、市民運動から選挙による「裁き」にいたる、さまざまな介入を行う。この介入が活発になされなければ、行政はよい仕事をすることができない。自由な社会のための生態学的設計主義は、活発な民主主義によって支えられる。

**［注］**

（1） これらの分類は部分的に重なり合っている。

（2） 自己感のさまざまなタイプについては、たとえば［Stern, N., 1985＝1989］を参照。

（3） 通常ノージックは、共同体主義に反対する論者として引き合いに出される。それに対して筆者は、ノージックは多元的共同体主義の方向にひきずられ過ぎていると批判している。

（4） ［Simmel, G., 1890, 1908, 内藤、一九九九（b）］を参照。

（5） 洗練と多様化に限りがないわけではない。魅力と幸福感による淘汰をくぐり抜け続けた馴染みの生のスタイルは、「いくたび生まれ変わっても、こういう生き方をしたい」といったものになりがちである。

（6） 自分が壊れてわけがわからなくなる「むかつき」は、このメカニズムの失調状態のことである。

（7） 赤の他人を強制的に囲い込んで一日中ベタベタさせる共同体主義の教育政策は、このような自己形成ときずな形成を根本のところから破壊する。学校共同体では、自由に距離を調節することができない。そこでは、「ともだち」が酷い人たちであった場合に、彼らを遠ざけ別の友を選ぶのではなく、自分の「こころ」の方を酷い「ともだちのノリ」にあわせて変造しなければならない。このような集団主義教育がなされる場所では、自分にフィットした生のスタイルを試行錯誤しながら成長することが不可能になる。

（8）提供されるべきはカリキュラムや指導ではなくライフチャンスである。

（9）さまざまなアクターが〈遊動‐着床〉のいわば「フェロモン」をまき散らしやすい環境を整備する。

（10）雑木林のイメージについては（森、一九八三）を参照。

# 第九章

# 新たな教育制度（中長期的改革案）

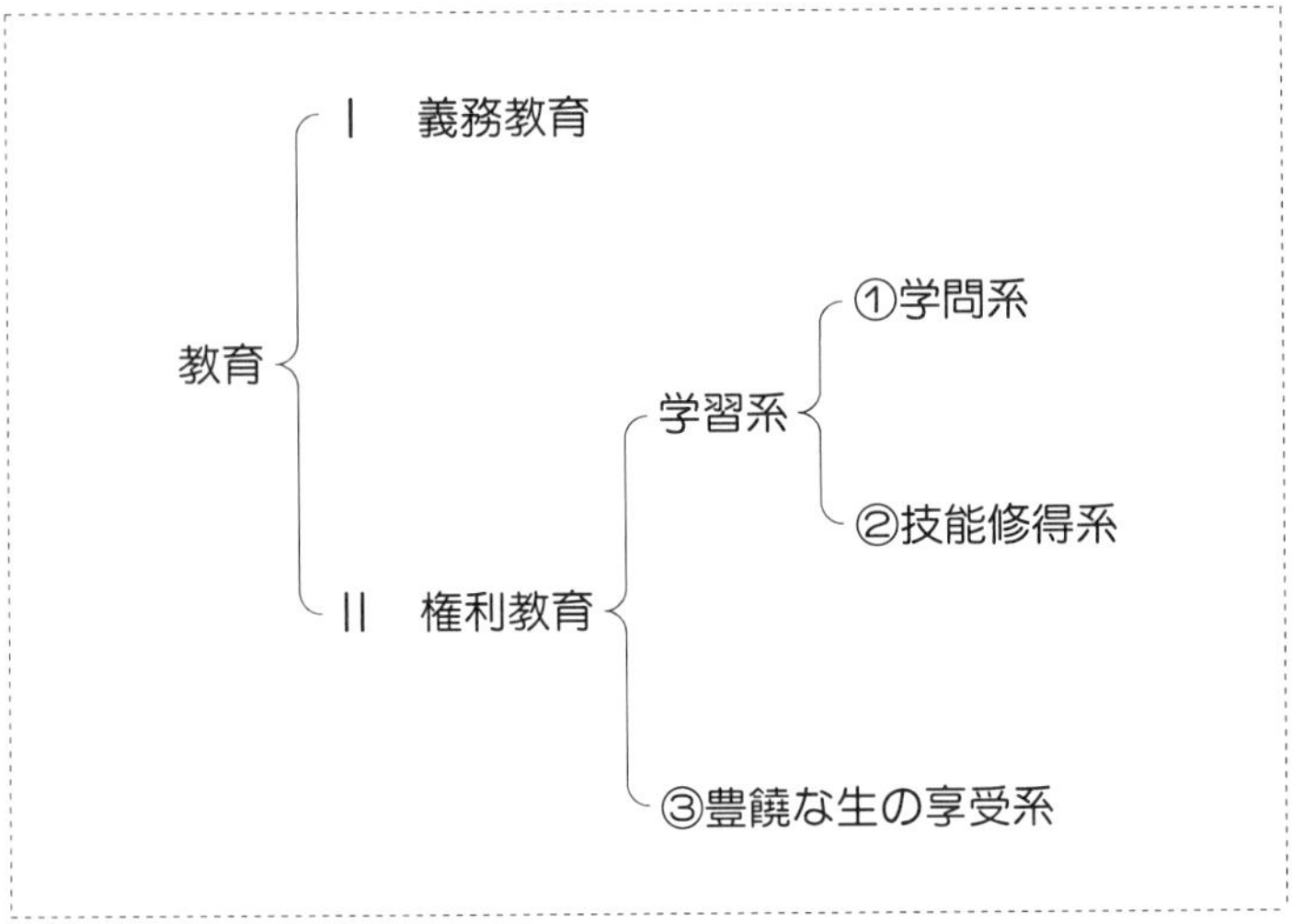


図9-1

これまでの議論をもとに、二一世紀の新たな教育制度の青写真を提示する。

図9-1は、国や地方公共団体がバックアップするタイプの教育に関する区分図である。

図9-1の区分を順を追って説明していこう。

義務教育は強制してでも身につけさせなければならない基本に関して保護者や国や地方公共団体に義務を課すタイプの教育である。

従来の義務教育は、保護者や国や地方公共団体が若い人に学校教育を受けさせることを義務づけるものであった。この義務規定は実質的には本人が学校に通う義務となる。さらに学校の卒業がありとあらゆる社会的キャリアの前提条件とされるので、学校に行くことは運命的ともいうべき義務となる。

それに対して新しい義務教育の「義務」は、次の三つに限定される。

①日本社会で生活していくのに必要最低限の知識を習得しているかどうかをチェックする国家試験を子どもに受けさせる保護者の義務
②国家試験に落ち続けた場合には、後述の教育チケットを消化させる保護者の義務
③国が国家試験を行い、またさまざまな学習サポート団体や教材を利用するためのチケットを国や地方公共団体が人々に配る義務

上記「必要最低限の知識」の内容は次の三つに限定する。

（a）生活の基盤を維持するのに必要な日本語
（b）お金をつかって生活するのに必要な算数
（c）身を保つために必要な法律と公的機関の利用法

子どもに試験を受けさせない場合と、子どもが試験に落ち続けているにもかかわらず教育チケットを消化しない場合に限って、保護者は処罰される。義務教育の国家試験の合否は本人以外には知らせず、将来の職業上の地位に影響しない。

義務教育の内容に関して、どんな勉強のしかたをしようと当人の自由である。後述のチケット制のもとで街にはさまざまな学習サポート団体が林立し、さまざまな教材がでまわっている。各人はそれらを自由に選択して利用する。

新しい義務教育は、現行の義務教育に比して、大幅に規模を縮小したものになる。義務教育を縮小し

た分、その何倍も権利教育を拡大する。学校教育から生涯教育・社会教育への重点移動を、教育を受ける権利の拡大として行う。

権利教育は、当人が自己の意志によって参加する権利を有する教育である。国や地方公共団体は、この権利を万人に保障するよう義務づけられる。権利教育は生涯教育に含める。年齢制限はない。権利教育の対象は子どもから老人までのすべての市民である。また権利教育の場所は、老若男女が混じる市民的な空間となる。権利教育は、さまざまな年齢の人たちが混じりあって対等な市民として交際する市民状態にふさわしいものである。

権利教育は、まず学習系と豊饒な生（きずな形成と自己形成）の享受系（後述）に区分される。公的な扱いとしては学習ときずな形成を分割し、きずな形成はきずな形成として当人たちが魅力と幸福感によって自由に享受できるようにする。

現行の学校制度では、「なかよくする」ことと「まなぶ」ことが強制的に抱き合わせにされている。本書で問題にしてきた残酷な心理－社会現象の蔓延は、第三章で詳しく論じたように、「まなび」の「共同態」というしかたで若い人たちを一日中強制的に「べたべた」させる学校共同体主義によるものである。

また現行制度のもとでは、学校で集団生活することが「勉強する」ことであるといった現実感覚が蔓延する。多くの生徒たちは、終日ぼんやりと教室に座っているだけで国語や英語や数学をろくに習得していなくても、「学校で授業を受ける」という集団行動（集団学習）をすることでもって、自分が「勉強した」と思っている。一日中学校で「授業」を受け、さらに塾に通い、それでも（その結果！）勉強ができないといったありさまは、**生徒にされた人たち**のあいだでは普通のことである。彼らは、第三章で論じたように強制的な集団生活のなかで無限定的な人格支配を受けるだけでなく、さらに、その集団学習（「まなび」の「共同態」）の反復によって無能の習慣を植えつけられる。しかし、一日中「授業」を受けて何も学習しない習性を身につけてしまった彼らも、自動車教習所ではきわめて有能に技能を習得する。現行の学校制度を廃止して、街に林立する教習所型の学習サポート団体をチケットを使って自由に選択するしくみにすることによって、彼らは強いられた無能と奴隷状態から解放される。

さらに学校では、努力して数学や国語や英語で優秀な能力を身につけたとしても、「態度が悪い」「協調性に欠ける」とみなされると、ひどい成績をつけられる。高校へは勉強して行くのではなく、「先生やみんなとなかよくして、人からよくおもわれて、行かせてもらう」といった感覚すら蔓延する。内申や推薦や情意評価といった制度は、卑屈な精神を滋養し、精神的売春を促進し、さらに課題遂行という点では人間を無能にする（これは短期的政策の部類にはいるが、内申や推薦や情意評価といった制度は即座に廃止すべきである）。

さて、学習系と豊饒な生の享受系を分割したうえで、学習系はさらに学問系（学をつける）と技能習得系（手に職をつける）に区分される。学問系は国家試験、技能習得系は国家試験あるいは業界団体試験(1)によって習得認定がなされる。認定試験は努力を要しキャリアに直結し、向上心を滋養する(2)。

学問系においても、技能習得系においても、どんな学習のしかたをしようと当人の自由である。各人は、街に林立する多種多様な学習サポート団体や、豊富に供給される多種多様な教材を自由に選択する。

技能習得系を学問系と等しい重要性で権利教育に位置づけるのは、技能習得系の復権をねらったものでもある。実質的な高校全入以降の数十年で、職人的な世界の価値がひどく掘り崩されてしまった。職人系の人たちがもういちど誇りをもって生きていけるようにする必要がある。しかも単に昔に戻すのではなく、技術革新にキャッチ・アップする新たな技能系の資格システムをつくる。このことは、学問系の相対的な地盤沈下をもたらすが、それは好ましいことである。新たな教育制度によって、東大卒や京大卒のような学歴ではなく、職種に応じた技能系の資格によって有利な条件で職につくシステムができる。

次に教育チケットについて説明する。教育チケットは教育のみに利用できる特殊貨幣で、義務教育用と権利教育用の二種類がある。義務教育用チケットは国家試験に合格するまで無制限に与えられる。権利教育用チケットは、収入に対して逆比例的に行政から配分される。この逆比例傾向を強くすることによって機会の平等を確保することができる。もちろん通常の貨幣を使用することもできる。

教育用の特殊貨幣を収入に対する強い逆比例で配分すれば、教育に関する機会の平等が実現する。しかも学校に児童生徒を強制収容する囚人の平等とちがって、平等と自由が両立する。収入に逆比例するチケット制は、教育の自由化と福祉拡充主義の相乗効果を経済的に下支えする。親が職を失って貧乏になると若者が高校を中退したり、大学受験を諦めたりしなければならない現在の残酷な教育制度よりも、新しい制度の方がはるかに平等主義的になる。これが教育チケット制による自由な福祉主義である。

各人はどんな学習の仕方をしようと自由である。各人は試行錯誤しながら、自分に馴染んだ学習スタイルをつくりあげる。このような自由な学習者たちのために、さまざまな学習サポート団体が街に林立する。学習者は質のよい団体を自由に選択し、チケットを渡す。学習サポート団体は渡されたチケットに応じて国や地方公共団体からお金をもらったり、税金を控除されたりする。

学習サポート市場での技能競争によって、試験に何回も落ち続ける人のための効果的な教授技術や教材が開発される。これは習得能力の低い人には、現在の学校をはるかに超えた質の高いサービスが提供されることを意味する。また（試験に一発で合格しそうな）習得能力の高い人にとっては、何年間も無意味に学校のいすに座り続ける拷問から解放されることを意味する。かけ算ができ、漢字やアルファベットまで読める小学生が、朝から夕方まで「あいうえお」とか「2＋3」をやらされる苦痛は、かなりのものだ。[3]

あらゆる認定試験に共通の原則として、学習サポート業務と習得認定業務を分割することが必要である。この分割によって教員は、「おまえの運命はおれの評価しだいだ。おれの気分のいいようにしろ。おれのことをないがしろにしたら、どういうことになるかわかっているだろうな」といった、**誇大気分の役得**をむさぼることができなくなる。内部評価だと、評価する者の「胸先三寸」をおしはかる卑屈競争になりかねない。

それだけではない。さまざまな学習サポート団体が多様化しながら豊かに進化するためにも、学習サポート業務と資格認定業務を分割する必要がある。

役所や商工会議所で受ける認定試験に合格するニーズに支えられて、さまざまなスタイルの学習サポート団体が地域に林立し、人々はそれらを自由に選択したり見限ったりする。すると、さまざまな工夫をし、質の高い学習サポートを提供する団体が生き残る。教え方が下手なくせに教員がやたらと威張っていたり、いじめが蔓延したりする団体は見限られて消えていく。こういう淘汰圧によって、学習サポート団体の質は高くなっていく。こういう公正な競争を確保するためにも、学習サポート業務と資格認定業務は分割しなければならない。

次に豊饒な生の享受系を説明する。

豊饒な生の享受系は、自由な〈遊動‐着床〉の積み重ねによる、オーダーメイドの自己形成ときずな形成を支援するものである。当然のことながら、豊饒な生の享受系には試験はない。キャリアにも無縁である。

第八章で述べたように、きずなユニットにはさまざまなタイプがある。大雑把には、①自然との関係のようなノン・ヒューマン関係、②自己の心理的身体的感覚群の関係といった自己内関係、そして③カップルや家族や友人や共同体や教団のような人的関係という、三層に区分することができる。

この三層は互いに複雑に結合し合っている。一人一人のきずなユニットは複雑で把握不能であり、また行政はこれを把握しようとしてはならない。ただ各人のきずな形成と自己形成を、生態学的な環境整備によって支援することができる。最も有効なのは、各人に生活の安定と暇が両方あるという状態を提供することである。「暇があると金がない。金があると暇がない」という世の常に対して、一年のうちそれなりの期間「金も暇もある」状態になると、各人はさまざまなきずな形成と自己形成の動きを活性化するチャンスを手にする。人々にこの状態を提供する具体的な施策は、有給休暇制度である。

おそらく「暇と金」と自由と出会いのチャンスが豊富にあれば、(対人接触要求の質と量には個人差があるが)かなりの人口層が社交的な関係を楽しむようになるであろう。かなり多くの人々は市民クラブ(複数)を自由に行ったり来たりする積み重ねによって、オーダーメイドの自己形成ときずな形成を遂げるだろう。街には自然発生的な市民クラブが林立するようになる。

自由な〈遊動‐着床〉の積み重ねによって、一人一人がオーダーメイドのきずな形成と自己形成を遂げるためには、さまざまな市民クラブ群が林立し、さまざまな市民的交際が展開する生活空間が適している。行政は、地域をさまざまな魅力による出会いの密度を高めるような誘惑空間（「フェロモン」が漂う街）とするような都市計画を行う。行政は、有給休暇制度を整え、市民クラブ用の経費チケットを配布し、旅費や設備費や人件費を援助する。魅力と幸福感によって人が集まる市民クラブほど、経費チケットを集めることができる。人がいなくなるとその市民クラブは消える。

地域に林立する多様な学習サポート団体と市民クラブは、魅力によって淘汰され進化する。そしてこの淘汰と進化の受益者は、一人一人の人間である。

市民クラブは魅力と幸福感だけを媒体にして人を集める。市民クラブを好まず一人でいることを好む少数派の権利は完全に尊重される。また学習サポート団体を利用せず、一人で勉強する少数派の権利も完全に尊重される。

行政は、権利教育にアクセスするライフチャンスを万人に提供する義務を有する。すなわち行政は、街を権利教育の誘惑空間と化する都市計画を行い、収入に逆比例するチケット配布によって機会の平等を達成する責任を有する。行政は、魅力による淘汰が展開する自由な空間を維持する役割を担う。

従来の設計主義的な教育は、「望ましい人間像」を設定してそれに近づけるためのコントロールをめざしてきた。これは杉の植林のようなものである。それに対して、生態学的な設計主義は、魅力による淘汰と進化と多様化が十全に展開するような生態学的な大枠を維持しようと努力する。

最後に未来の教育制度のなかで生きる少年に登場してもらおう。

## 【未来の少年 その1・チケット制と市民クラブ】

九歳のA君は教育チケットで評判のいい学習支援技能者B氏の算数クラスに参加する。教員は親切に学習を支援する。

「君はだいぶん小数のかけ算わり算ができるようになったね。もうそろそろ算数2級を受けに行くかい」「はい、行ってきます」。

区役所の算数2級試験会場には、三歳から一七歳までのいろいろな年齢の人がいた。二〇三〇年の日本は超高齢化社会で、子どもの試験のような簡単な仕事はパートタイムの老人がやっている。彼は試験を受けて帰ってくる。

「合格しました。Bさんがわかりやすく教えてくれたおかげです。ありがとう」「よかったね」。

収入に反比例するチケット配布で貧富の差は埋められる。三〇年前の大改革で年功賃金が廃されたかわりに、教育費はほとんどチケットでまかなわれるようになったのだ。現在、親の職業上の失敗が子どもの教育機会に与える影響はきわめて小さくなっている。

小数のかけ算わり算レベル（算数2級）の国家試験に合格すると、消費税の計算能力を認定され、子どもでも年齢に応じて一定時間店番の仕事をしてお金を稼ぐことができるようになる。彼の年齢では一日おきで一回二時間が限度だ。雇い主は教育支援特別控除を受けるが、労働時間などの規定を守らないと処罰される。A君はこのアルバイトでエンジンつきのラジコン飛行機を買って近くの河原で飛ばしている。

A君は近所の複数の市民クラブを行ったり来たりしながら、四歳から九〇歳までのいろいろな友だちとつきあっている。

街は「やってみようよ。楽しいよ」という市民クラブの誘惑に満ちている。市民クラブはフレンドリーで隣人愛に満ちていることが多い。なぜかというと隣人愛に満ちた（そして他人が嫌がることをしない）人たちのまわりに人が集まり、人が集まるクラブはチケットによる補助金がたくさん入るからだ。こうして魅力あるいは参加するときの幸福感によって市民クラブは淘汰される。教員に殴られても、「友だち」にいじめられても通わねばならないかつての学校共同体とは大違いである。

親に問題のある子は、癒しやきずなへのニーズをクラブで出会った人たちの隣人愛で補完していることが多い。さまざまな市民クラブでにぎわう街では、かつての学校で蔓延した暴力や身分的支配の連鎖とは逆に、隣人愛の連鎖が起こっている。(4)

### 【未来の少年　その2・自由な試行錯誤によって自分に馴染む旅】

一〇歳のA君は子どもクラブ（複数）の一つでBたちのグループと知り合った。最初楽しそうな感じがして、「いいかなー」と思って近づいてみた。しかし次第に、ノリだけで中身のない人たちで、陰口とかもひどいと感じるようになった。

みんなそのときそのとき仲良くしていても、周囲から浮いたり、「むかつくね」と言われたりしたら、トゲトゲしい残酷さが向けられる。A君はターゲットになったことはないが、こういう情景を目にすると反吐が出るような嫌悪感でいっぱいになった。

しばらくいっしょにいると、自分が嫌な人間になってしまいそうな気がして、Bたちとつきあうのをやめた（結局Bたちのグループは、メンバーたちがもっと楽しい人間関係へと逃げていって、消滅した）。そしてBたちのいる子どもクラブからも足が遠のいていった。

別の子どもクラブで知り合った物知りのCはなんとなくノリのわるそうな人だったけど、しばらくするといいヤツだという感じがしてきた。それで距離を縮めた。

Cは個人と個人でいろんな人とつきあっていて、そのツテでDやEと知り合った。Dには人間として親しみを感じないがその音楽の才能に魅力を感じた。Eはいいヤツで親しみを感じるが、なんとなくバカっぽい。

A君は最近なんだか自分が変わってきたような気がする。いままでは幼稚園の延長で、みんなで楽しくやっていればいいという感じだった。でも最近はそれだけでは満足できなくなった。一人一人の人格が気になるようになった。また、親しみを感じることと才能をみとめることが別のことだとわかってきた。

顔の広いCの紹介で、親に連れられて通っていた子どもクラブ（複数）だけでなく、いろいろな市民クラブ（複数）に顔を出すようになった。

今、音楽クラブで、元ミュージシャンの老人Fからドラムを習っている。A君は区役所からもらうチケットをFにわたしてレッスンを受ける。するとそれがFの年金プラスアルファの小遣いになる。子どもにドラムやギターを教えるのが老後の趣味で、そのうえ小遣いも稼げるというので、Fはとても楽しそうだ。

A君は、CやDやEといった子どもだけでなく、ドラマーのFや、エンジン式ラジコンクラブのGやHといった大人たちともつき合いが広がっていった。

A君はこんなふうに動きまわることで、世界が広がり、自分が複雑になってきて、人付き合い（市民的交際）がますます楽しくなった。

まるで御馳走といえばハンバーグしか知らなかったときに、叔父さんに寿司屋に連れて行ってもらって鮑や雲丹の複雑な味がわかるようになったときのようだ。子どもクラブだけで「みんなでわいわい」やっていたときよりも、今の複雑性が、一番自分に馴染んでいるような気がする。

というよりも、試行錯誤しながら自分に馴染むように複雑性を自律的に調整し、このことがひるがえって自己の複雑性を増大させるループから、これから始まる一〇代の成長が加速していく。こういう一〇代の成長が、長い人生の基礎体力になるだろう。

また、こんなふうに一人一人の試行錯誤と複雑性増大のペースにあわせて、子どもたちは子どもクラブを少しずつ「卒業」していく。

- 教育
  - Ⅰ　義務教育
    （人生初期限定
    国家試験。

    内容は、①国語、②算数、③身を守るための法律と公的機関の利用法だけ。

    子どもに試験を受けさせることと、落ち続けた場合にチケットを消化させることが、保護者の義務。

    どんな学習の仕方をしようと自由。

    様々な学習支援団体。

    チケット給付。

    職業選択とは無関係。）
  - Ⅱ　権利教育（生涯教育・社会教育）
    - 学習系
      - ①学問系　学をつける
        （国家試験。

        自由選択。

        どんな学習の仕方をしようと自由。

        様々な学習支援団体。

        チケット給付。

        職業選択に影響する。）
      - ②技能修得系　手に職をつける
        （国家試験・業界団体試験。
        自由選択。
        どんな学習の仕方をしようと自由
        様々な学習支援団体。
        チケット給付。
        職業選択に影響する。）
    - ③豊饒な生の享受系　自由な遊動と着床の積み重ねによるオーダーメイドの自己形成ときずな形成
      （試験はない。

      自由選択。

      それ自体のよろこびによって参加する。

      有給休暇制度。

      多種多様な市民クラブ。

      チケット給付。

      職業選択とは無関係。）

図9－2　21世紀の教育制度のアウトライン

［注］

（1） 業界団体試験は、罰則つきの法律によって不正を厳しくチェックするという条件のもとでのみ認められるべきである。チェック機構があまいと、学習サポート団体と試験を作成する業界団体との癒着による不正がしばしば起きるか、あるいは常態化するであろう。ただし流動性の高い技術に関しては、業界団体試験の方がリアルタイムに対応できる。また業界団体試験は、それ自体が市場によって有用性がテストされ、多様に進化する。したがって、厳しいチェック機構のもとで業界団体試験を積極的に振興するのが上策であろう。

（2） それに対して現行の学校制度では、自分で努力して成果をかちとる向上心が育たない。現在の学校では、内部の人間関係（「ともだち」「せんせい」「せんぱい」）が残酷なほどきびしく、勉強がおろそかになっている。実際上は、どんなに成績が悪くても単位を落とすことはない。現在の学校は、学力認定業務という観点からは詐欺組織であるといってもよい。

（3） 強いられる「まなび」が本人にとって有害な場合に「まなびから逃走」するのは、自己保存という観点から好ましいことである。学校共同体主義者は、これを「学級崩壊」とか「規範意識の解体」と呼ぶ。

（4） 傷ついた子どもに注がれる隣人愛の姿を描いた作品としては、たとえば『アーベル指輪のおまじない』（横湯園子、岩波書店）を参照。

# 引用文献一覧


1 青木悦、一九八五、『やっと見えてきた子どもたち』あすなろ書房。
2 生地新、一九九八、「反社会性人格障害」松下正明編『臨床精神医学大系　第七巻　人格障害』中山書店。
3 井上達雄、一九九五、「個人権と共同性」加藤寛孝編『自由経済と倫理』成文堂。
4 井上達夫、一九九八、「自由の秩序」井上達夫編『新・哲学講義7　自由・権力・ユートピア』岩波書店。
5 井上達夫、二〇〇一、『現代の貧困』岩波書店（文献3を収録）。
6 井上眞理子、一九九九、「ファミリー・バイオレンス」日本犯罪社会学会編『犯罪社会学研究』24、一四八―一五四ページ。
7 太田覚、一九九五、六―一三ページ、「いじめ地獄絶望の報告書」『週刊朝日』一九九五・一・六―一三、朝日新聞社。
8 「夫（恋人）からの暴力」調査研究会、一九九五、『「夫（恋人）からの暴力」調査研究報告書』
9 「夫（恋人）からの暴力」調査研究会、一九九八、『ドメスティック・バイオレンス』有斐閣。
10 梶山寿子、一九九九、『女を殴る男たち』文藝春秋社。
11 門野晴子、一九八六、『少年は死んだ』毎日新聞社。
12 川島武宜、一九四六→二〇〇〇、「日本社会の家族的構成」『日本社会の家族的構成』岩波書店。
13 木下律子、一九八八、『妻たちの企業戦争』社会思想社。
14 草柳和之、一九九九、『ドメスティック・バイオレンス』岩波書店。

15 熊谷文枝、一九八〇、「家庭内暴力の理論的研究」日本社会学会編『社会学評論』31(2)、三六—四四ページ。
16 小林篤、一九九五、「ボクは旅立ちます」『現代』二月号、講談社。
17 斎藤学、一九八八、「嗜癖」『異常心理学講座Ⅴ』みすず書房。
18 阪井敏郎、一九八八、『いじめと恨み心』家政教育社。
19 佐瀬稔、一九九二、『いじめられて、さようなら』草思社。
20 佐藤学、一九九七、『学びの身体技法』太郎次郎社。
21 鈴木隆文・石川結貴、一九九九、『誰にも言えない夫の暴力』本の時遊社。
22 鈴木隆文・後藤麻里、一九九九、『ドメスティック・バイオレンスを乗り越えて』日本評論社。
23 盛山和夫、二〇〇〇、『権力』東京大学出版会。
24 竹川郁雄、一九九三、『いじめと不登校の社会学』法律文化社。
25 土屋守監修・週刊少年ジャンプ編集部編、一九九五、『ジャンプいじめリポート』集英社。
26 東京都生活文化局、一九九八、『「女性に対する暴力」調査報告書』。
27 鳥山敏子、一九九四、『みんなが孫悟空』太郎次郎社。
28 豊田充、一九九四、『「葬式ごっこ」八年後の証言』風雅書房。
29 内藤朝雄、一九九五、「いじめ・全能感・世間」『季刊　人間と教育』第七号（特集・現代のいじめ）労働旬報社。
30 内藤朝雄、一九九六、「「いじめ」の社会関係論」鬼塚雄丞・丸山真人・森政稔編『ライブラリ相関社会科学Ⅲ　自由な社会の条件』新世社。
31 内藤朝雄、一九九七(a)、「いじめ」、浦野東洋一・坂田仰編『入門　日本の教育』ダイヤモンド社。
32 内藤朝雄、一九九七(b)、「『いじめ』の論法——素人理論依存型『いじめ』論から問題こわし型構築主義をへて確信犯的実体モデルへ」第四〇回教育社会学会大会発表。
33 内藤朝雄、一九九八、「「いじめ」のミクロ・メゾ・マクロ統合理論」日本精神衛生会編『心と社会』No.91
34 内藤朝雄、一九九九(a)「精神分析学の形式を埋め込んだ社会理論」『情況』六月号、情況出版。

35　内藤朝雄、一九九九（b）、「心理と社会をつなぐ理論枠組と集団論」日本社会病理学会『現代の社会病理』第一四号。
36　内藤朝雄、一九九九（c）、「自由な社会のための生態学的設計主義」家計経済研究所編『季刊　家計経済研究』第四四号。
37　内藤朝雄、二〇〇〇（a）、「アセスメント」『現代のエスプリ』三九三号（特集　臨床社会学の展開）至文堂。
38　内藤朝雄、二〇〇〇（b）、「利害と全能を機能的に連結する技能」日本家族社会学会『家族社会学研究』一二（1）号。
39　内藤朝雄、二〇〇〇（c）、「関係主義の共同体と物象化による解放」第73回日本社会学会大会報告。
40　中井久夫、一九九七、「いじめの政治学」『アリアドネからの糸』みすず書房。
41　中川伸俊、一九九九、『社会問題の社会学』世界思想社。
42　中村正、一九九九、「アメリカにおけるドメスティック・バイオレンス加害者救済プログラムの研究」『立命館産業社会論集』三五（1）、五七―七九ページ。
43　二宮皓編著、一九九五、『世界の学校』福村出版。
44　日本ＤＶ防止・情報センター、一九九九（a）、『ドメスティック・バイオレンスへの視点』朱鷺書房。
45　日本ＤＶ防止・情報センター、一九九九（b）、『ドメスティック・バイオレンス』かもがわ出版。
46　廣松渉、一九七二→一九九一、『世界の共同主観的存在構造』講談社。
47　福島章、一九九三、「人格障害」加藤正明・保崎秀夫他編、『精神医学事典』、弘文堂。
48　福島章、一九九八、「人格障害の概念とその歴史的展望」松下正明編『臨床精神医学講座　第七巻　人格障害』中山書店。
49　藤井誠二、一九九八、『暴力の学校　倒錯の街』雲母書房。
50　藤井誠二、二〇〇〇、「犯罪少年たちの罪と罰／第一回　少年リンチ殺人と親の責任」『週刊朝日』二〇〇〇年一一月一七日号、朝日新聞社。
51　本間康平・田野崎昭夫・光吉利之・塩原勉編、一九八八、『社会学概論〔新版〕』有斐閣。

52 町沢静夫、一九九五、「いじめられ体験の克服」『児童心理六月号臨時増刊』。
53 毎日新聞社、『毎日新聞』。
54 松宮満、二〇〇一、「十代の売春」矢島正見編著『生活問題の社会学』学文社。
55 宮台真司、一九八九、『権力の予期理論』勁草書房。
56 森田洋司、一九八七、「共同性の崩壊としての〝いじめ〟」『日本教育年鑑'87』。
57 森田洋司・清永賢二、一九八六→一九九四、『新訂版　いじめ』金子書房。
58 森毅、一九八三、『雑木林の小道』朝日新聞社。
59 森政稔、一九九六、「『学校的なもの』を問う」『知のモラル』東京大学出版会。
60 横湯園子、一九九二、『アーベル指輪のおまじない』岩波書店。
61 吉浜美恵子、一九九四、「ドメスティック・バイオレンス――アメリカにおける取り組み」『アルコール依存とアディクション』一一(3)、一八一―一九二ページ。
62 吉廣紀代子、一九九九、『殴る夫　逃げられない妻』青木書店。
63 若林慎一郎・榎本和、一九八八、「他罰的な子へのいやがらせ」『メンタルヘルス実践体系5　いじめ・自殺』日本図書センター。
64 鷲田清一、二〇〇〇、「教育への問い　生徒は学校の『感情労働者』　求められる『社会性の形成』」『朝日新聞』二〇〇〇／一一／二七。

＊

65 The American Psychiatric Association, 1994, Diagnostic and Statistical Manual of Mental Disorders, ed. 4, The American Psychiatric Association.（高橋三郎・大野裕・染矢俊幸訳、一九九六、『DSM－Ⅳ精神疾患の診断・統計マニュアル』医学書院）
66 Bion, W. R. 1961 Expreriences in Groups and other papers, Associated Book Publishers.（池田数好訳、一九七三、『集団精神療法の基礎』岩崎学術出版社）
67 Canetti, E., 1960 Masse und Macht, Claassen Verlag.（岩田行一訳、一九七一、『群衆と権力』法政大学出

版局）
68 Davies, M. (ed.), 1994, Women and Violence.（鈴木研一訳、一九九八、『世界の女性と暴力』、明石書店）
69 Davison, G. C. & Neale, J. M., 1994, Abnormal Psychology, 6th Edition.（村瀬孝雄監訳、一九九八、『異常心理学』誠信書房）
70 Department of State, U. S., 1997, Country Reports on Human Rights Practices for 1997.（有澤知子・小寺初世子・鈴木清美・米田眞澄訳、一九九九、『なぐられる女たち』東信堂）
71 Durkheim, E., 1895 Les Regles de la Methode Sociologique, Felix Alcan.（宮島喬訳、一九七八、『社会学的方法の基準』岩波書店）
72 Durkheim, E., 1912 Les Formes Elementaires de la vie Religieuse, Felix Alcan.（古野清人訳、一九七五、『宗教生活の原初形態』岩波書店）
73 Edelman, G., 1992, Bright Air, Brilliant Fire, Basic Books（金子隆芳訳、一九九五、『脳から心へ』新曜社）
74 Eysenck, H., J. 1986, Decline and Fall of Freudian Empire, Pelican Books.（宮内勝他訳、一九八八、『精神分析に別れを告げよう』批評社）
75 Goldstein, W. N., 1991, Clarification of Projective Identification, American Journal of Psychiatry, 148: 153-161.
76 Grinberg, L., Sor, D. & Bianchedi, E. T., 1977, Introduction to the work of Bion: Jason Aronson.（高橋哲郎訳、一九八二、『ビオン入門』岩崎学術出版社）
77 Herman, J. L., 1997, Trauma and Recovery: Basic Books.（中井久夫訳、一九九九、『心的外傷と回復』みすず書房）
78 Hochschild, A. 1983, The Managed Heart.（石川准・室伏亜希訳、二〇〇〇、『管理される心』世界思想社）
79 Holtzworth-Munroe, A. & Stuart, G. L., 1994, “Typologies of Male Batterers: Three Subtypes and the

"Differences Among Them", Psychological Bulletin, 116 (3), 476-497
80 Hopper, E., 1991, Encapsulation as a Defence against the Fear of Annihilation, International Journal of Psychoanalysis, 72: 607-624.
81 Kernberg, O. F. 1976 Object Relations Theory and Clinical Psychoanalysis, Jason Aronson.（前田重治監訳、一九八三、『対象関係論とその臨床』岩崎学術出版社）
82 Kernberg, O. F. 1980 Internal World and External Reality, Jason Aronson.（山口泰司訳、一九九二、『内的世界と外的現実（上）』、（山口泰司監訳、一九九三、『内的世界と外的現実（下）』文化書房博文社）
83 Klein, M., 1946, Notes on some Schizoid Mechanismus（狩野力八郎・渡辺明子・相田信男訳、一九八五、「分裂機制についての覚書」小此木啓吾監修『メラニー・クライン著作集4　妄想的・分裂的世界』誠信書房）
84 Klein, M. 1975 The Writings of Melanie Klein Ⅰ-Ⅳ, Hogarth.（小此木啓吾他監訳、一九八三〜一九九七、『メラニー・クライン著作集』誠信書房。小此木啓吾他監訳、一九八五、『メラニー・クライン著作集4　妄想的・分裂的世界』。小此木啓吾他監訳、一九九七、『メラニー・クライン著作集2　児童の精神分析』誠信書房）
85 Kohut, H., 1972, Thought on Narcissism and Narcissistic Rage, Psychoanalytic Study of the Child, 27: 360-400.
86 Kohut, H. 1971 The Analysis of the Self, International Universities Press.（一九九四、水野信義他監訳『自己の分析』みすず書房）
87 Kohut, H. 1977 The Restoration of the Self, International Universities Press.（本城秀次他監訳、一九九五、『自己の修復』みすず書房）
88 Kohut, H. 1978 The Search for the Self —— Selected writings of Heinz Kohut: 1950-1978 Volume 1, edited by Paul H. Ornstein, International Universities Press.（伊藤洸監訳、一九八七、『コフート入門』岩崎学術出版社）
89 Kohut, H. 1984 How does Analysis Cure?, The University of Chicago Press.（本城秀次他監訳、一九九五、

『自己の治癒』みすず書房）
90 Kuhn, T., 1970, Structure of Scientific Revolutions, University of Chicago Press; 2nd ed.（中山茂訳、一九七一、『科学革命の構造』みすず書房）
91 Lacan, J., 1966, Le stade du miroir comme formateur de la fonction du Je, in Ecrits, Seuil, Paris.（宮本忠雄訳、一九七二、「〈わたし〉の機能を形成するものとしての鏡像段階」『エクリⅠ』弘文堂）
92 Lacan, J. 1948 → 1966 "L'aggressivite en psychanalyse", in Ecrits, Seuil, Paris.（高橋徹訳、一九七二、「精神分析における攻撃性」『エクリⅠ』弘文堂）
93 Masterson, J. F. 1972 Treatment of The Borderline Adolescent, John Wiley & Sons.（成田他訳、一九七九、『青年期境界例の治療』金剛出版）
94 Masterson, J. F. 1980 From Borderline Adolescent to Functioning Adult, Brunner/Mazel.（作田他訳、一九八二、『青年期境界例の精神療法』星和書店）
95 Masterson, J. F. 1981 The Narcissistic and Borderline Disorders, Brunner/Mazel.（富山他訳、一九九〇、『自己愛と境界例』星和書店）
96 Medline：インターネット（http://medserv1.m.u-tokyo.ac.jp/ovidweb/ovidweb.cgi）にて検索。
97 Nietzsche, F. W., 1968〜: Nietzsche-Werke, Kritische Gesamtausgabe.（秋山訳、一九八三、『ニーチェ全集第二期第三巻　道徳の系譜』白水社）
98 Nozick, R., 1974, Anarchy, State, and Utopia, Basic Books（嶋津格訳、一九九八、『アナーキー・国家・ユートピア』木鐸社）
99 Ogden, T. H. 1979. On Projective Identification,International Journal of Psychoanalysis, 60.
100 Olweus, D., 1993, Bullying at School: Blackwell.
101 Orwell, G., 1949 → 1954, Nineteen Eighty-Four: Penguin Books.
102 Randall, P., 1997, Adult Bullying: Routledge.
103 Saunders, B. 1991, Assessment in Clinical Sociology, in Handbook of Clinical Sociology, Plenum Press.

104 Scheler, M., 1915, Das Ressentiment im Aufbau der Moralen, in Vom Umsturz der Wert.（林田・新畑訳、一九七七、「道徳の構造におけるルサンチマン」『シェーラー著作集４』白水社）
105 Segal, H 1973, Introduction to the work of Melanie Klein.（岩崎徹也訳、一九七七、『メラニー・クライン入門』岩崎学術出版社）
106 Simmel, G. 1890 Über sociale Differenzierung, Duncker & Humblot（居安正訳、一九九八、「社会分化論」『現代社会学大系１　ジンメル　社会分化論　宗教社会学』青木書店）
107 Simmel, G. 1908 Soziologie, Duncker & Humblot（居安正訳、一九九四、『社会学』（上、下）白水社）
108 Smith, P. K. & Sharp, S., 1994, School Bullying: Routledge.（守屋慶子・高橋道子監訳、一九九六、『いじめととりくんだ学校』ミネルヴァ書房）
109 Spitzer, R. L.,Gibbon, M., Skodol, A. E., et al., 1994, DSM-Ⅳ Case Book, American Psychiatric Press.（高橋三郎・染矢俊幸訳、一九九六、『ＤＳＭ－Ⅳケースブック』創造出版）
110 Stern, D., 1985, The Interpersonal World of Infant: A View from Psychoanalysis and Developmental Psychology: Basic Books.（小此木啓吾・丸田俊彦監訳／神庭靖子・神庭重信訳『乳児の対人世界』理論編（一九八九）臨床編（一九九一）岩崎学術出版社）
111 Stolorow, R. D. 1984 “Aggression in the Psychoanalytic Situation” Contemporary Psychoanalysis, Vol. 20, No. 4
112 Stolorow, R. D. & Atwood, G. E. 1984 → 1993 Structures of Subjectivity, Analytic Press
113 Stolorow, R. D., Brandchaft, B. & Atwood, G. E. 1987 Psychoanalytic Treatment,Analytic Press.
114 Stolorow, R. D. & Atwood, G. E. 1992 Contexts of Being, Analytic Press.
115 Taylor, C., 1985, Atomism in Philosophy and the Human Sciences, Cambridge University Press.（田中智彦訳、一九九四、「アトミズム」『現代思想』22(5)、一九三－二一五ページ、青土社）
116 Tocqueville, A., 1888, De la Democratie en Amerique.（井伊玄太郎訳、一九八七、『アメリカの民主政治』（上）（中）（下））

117 Walker, L. E., 1979, The Battered Woman, Harper & Row.（斎藤学監訳／穂積由利子訳、一九九七、『バタードウーマン』金剛出版）

118 Weber, M. 1904 "Die 》Objektivitat《 sozialwisssenschaft und sozialpolitischer Erkenntnis" Archiv fur Sozialwissenschaft und Sozialpolitik, Bd 19.（富永祐治・立野保訳／折原浩補訳、一九九八、『社会科学と社会政策にかかわる認識の「客観性」』岩波書店）

119 Weber, M. 1920-21 Gesammelte Aufsatze zur Religionssoziologie, 3 Bde.（大塚久雄・生松敬三訳『宗教社会学論選』みすず書房）

120 Woolgar, S. & Pawluch, D. 1985 "Ontological Gerrymandering: The Anatomy of Social Problems Explanations", Social Problems, Vol. 32, No. 3

# あとがき

「あとがき」で言うべきことは、すべて「まえがき」で書いてしまった。ここでもう一度「まえがき」を読んでいただければ幸いである。本書が終わるところから、わたしたち大人の未来がはじまる。

本書は五つの章からなる書きおろしのベースに、これまで発表してきた四つの論文を加筆のうえ嵌め込んだ構図になっている。もちろん内容的には論文集ではなく、それぞれの章が緊密に結びついた新たな書物となっている。

書きおろしおよび初出は次の通りである。

第一章　書きおろし
第二章　「『いじめ』の社会関係論」（森政稔・丸山真人・鬼塚推丞編『ライブラリ相関社会科学3 自由な社会の条件』新世社、一九九六年）
第三章　書きおろし
第四章　「心理と社会をつなぐ理論枠組と集団論」（日本社会病理学会編『現代の社会病理』第一四号、一九九九年）
第五章　「精神分析学の形式を埋め込んだ社会理論」（『情況』第二期第一〇巻第六号、情況出版、一

九九九年）
第六章　書きおろし
第七章　「利害と全能を機能的に接合する技能」（日本家族社会学会編『家族社会学研究』第四四号、二〇〇〇年）
第八章　書きおろし
第九章　書きおろし

横湯園子氏は、無名の大学院生であった筆者に本書の出版をすすめてくださった。森政稔氏と橋本努氏からは貴重なアドバイスをいただいた。また、以前の論文に比べて本書が読みやすくなっているとすれば、それは折にふれ文体改善指導をしてくださった内田隆三氏のおかげである。トヨタ財団からは二回も研究助成をいただいた。明治大学の先輩諸氏は、新たな職場に慣れる間もなく執筆で疲労困憊してしまった筆者をあたたかく見守ってくださった。これらの方々と、最初に論文の発表の機会を与えてくださった方々にも深く感謝申しあげる。最後に、柏書房の五十嵐茂氏がところてんをぐいと押すようにして、本書が生まれたことを記しておこう。

二〇〇一年六月

内藤　朝雄

内藤朝雄（ないとう・あさお）
1962年、東京に生まれる。
東京大学大学院総合文化研究科博士課程、明治大学専任講師を経て現在、明治大学准教授。
著書『いじめと現代社会』（双風舎・2007年）、『〈いじめ学〉の時代』（柏書房・2007年）、『いじめの構造』（講談社・2009年）、『いじめ加害者を厳罰にせよ』（KK ベストセラーズ・2012年）、『이지에의 구조』（『いじめの構造』の韓国語版、한얼이디어・2013年）
共著『「ニート」って言うな！』（光文社・2006年）、『学校が自由になる日』（雲母書房・2002年）、『いじめの直し方』（朝日新聞出版・2010年）、『ネットいじめの構造と対処・予防』（金子書房・2016年）
論文 「いじめの心理社会学的生態学」（『精神科治療学』第26巻第5号、2011年）、「学校の秩序分析から社会の原理論へ——暴力の進化理論・いじめというモデル現象・理論的ブレークスルー」（『岩波講座現代 第8巻 学習する社会の明日』、2016年）、他多数。
E-mail: naitoa@kisc.meiji.ac.jp

いじめの社会理論《しゃかいりろん》 その生態学的秩序の生成と解体

2001年7月15日 第1刷発行
2019年4月15日 第7刷発行

著　者 内藤朝雄

発行者 富澤凡子

発行所 柏書房株式会社

東京都文京区本郷2-15-13（〒113-0033）
電話 03(3830)1891（営業）
03(3830)1894（編集）

印　刷 藤原印刷株式会社
製　本 小高製本工業株式会社


ISBN4-7601-2088-2 C0037